LE
PARADIS PERDU
DE MILTON

PAR

M. L'ABBÉ ROUSIER.

LIBRAIRIE DES BONS LIVRES.

LIMOGES,	PARIS,
Chez Martial Ardant Frères,	Chez Martial Ardant Frères,
rue des Taules.	quai des Augustins, 25.

BIBLIOTHÈQUE
RELIGIEUSE, MORALE, LITTÉRAIRE,
POUR L'ENFANCE ET LA JEUNESSE,

APPROUVÉE
PAR Mgr L'ARCHEVÊQUE DE BORDEAUX,

DIRIGÉE
PAR M. L'ABBÉ ROUSIER,
Aumônier du Lycée de Limoges.

Propriété des Editeurs.

Martial Ardant frères

EXTRAIT DE LA BIBLIOGRAPHIE CATHOLIQUE.
(NOVEMBRE 1842.)

Nous avons comparé, du commencement à la fin, cette traduction épurée avec le texte original, et nous avons pu remarquer l'attention qu'on a mise à la purger soigneusement, et à faire disparaître les nombreux passages qui, dans le poète anglais, attaquent la foi ou les mœurs. M. l'abbé ROUSIER, au zèle duquel nous devons ce travail, a dû beaucoup retrancher; il a mis en simple récit tout-à-fait inoffensif ce qui dans Milton forme tableau; souvent même il a supprimé complétement ces endroits délicats. Cette épuration est une de celles qu'on a faites avec le plus de soin et le plus de succès.

JEAN MILTON.

LE
PARADIS PERDU

DE MILTON

TRADUIT PAR DUPRÉ DE SAINT-MAUR.

ÉDITION REVUE ET CORRIGÉE PAR M. L'ABBÉ ROUSIER,

Aumônier du Lycée de Limoges, Directeur de l'œuvre
des Bons Livres.

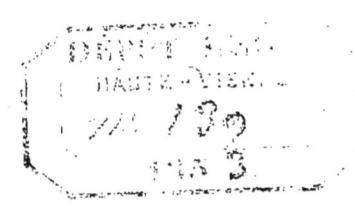

LIBRAIRIE DES BONS LIVRES.

LIMOGES	PARIS
CHEZ MARTIAL ARDANT FRÈRES,	CHEZ MARTIAL ARDANT FRÈRES,
rue des Taules.	quai des Augustins, 25.

1853

NOTICE

SUR MILTON.

Jean Milton naquit à Londres, en 1608, d'une famille riche et noble. Il resta jusqu'à l'âge de vingt-quatre ans dans les colléges, constamment occupé à l'étude des langues anciennes. Dès sa première jeunesse, il donna des marques de ses heureuses dispositions pour la poésie. A quinze ans, il paraphrasa quelques psaumes, et à dix-sept il composa en anglais et en latin plusieurs pièces de vers remplies de chaleur et d'enthousiasme, étincelantes de traits originaux, mais quelquefois dépourvues de goût et de jugement. Bien que ces premiers essais annonçassent un véritable talent, cependant ils étaient loin de faire pressentir l'auteur du Paradis perdu.

A l'âge de vingt-quatre ans, il quitta les colléges et se retira auprès de son père, à la campagne, afin d'y étudier l'histoire ancienne et moderne, les langues vivantes, et particulièrement le français et l'italien, les mathématiques et la philosophie. C'est sans doute pendant cette retraite qu'il donna à son esprit tout son développement, à sa pensée le caractère de vigueur et de fécondité que l'on remarque dans ses ouvrages. En s'isolant ainsi pour perfectionner son éducation intellectuelle, il a suivi l'exemple de la plupart des hommes qui ont fait époque dans la littérature ou dans les sciences : presque tous en effet, après avoir acquis les premières connaissances, ont achevé de les mûrir et d'en extraire le fruit dans la solitude.

A trente ans, Milton interrompit ses études solitaires pour voyager dans les pays illustrés par le génie : il parcourut successivement différentes villes de France et d'Italie, Paris, Florence, Rome, Naples, Venise, Genève. Pendant son séjour à Paris, il eut occasion de voir le célèbre Grotius, alors ambassadeur de Suède à la cour de France. Quelques biographes disent qu'il dut à ce savant la première idée de son poème, idée d'abord vague et flottante, qu'un drame publié en Italie : *Adam exilé du Paradis*, concourut à fixer et à affermir.

Vers le temps de la seconde expédition de Charles Ier contre les Ecossais, il retourna dans sa patrie. Alors on le chargea de la tutelle de deux fils de sa sœur, auxquels il voulut bien servir de précepteur. Il prit soin aussi de l'éducation de quelques enfants de ses amis, et leur enseigna les langues, l'histoire, la géographie, les mathématiques et la philosophie. La mort tragique de Charles Ier, arrivée en 1648, et qui étonna l'Europe, enchanta Milton. Les factieux, qui avaient osé, Cromwell à leur tête, porter leurs mains régicides sur ce prince infortuné, crurent leur attentat légitime, et choisirent Milton pour le justifier. Il n'hésita pas à se charger de cette tâche difficile. Ce fut pour lui une occasion de se lancer dans l'arène de la polémique politique et religieuse. Du moment où l'amour effréné de l'indépendance se fut emparé de cette tête ardente, il ne cessa, pendant douze ans, de combattre la légitimité de l'Eglise catholique par une multitude de libelles et d'écrits tous empreints du cachet de la violence et du fanatisme.

Les services qu'il rendit à la cause de l'usurpation et du schisme anglican lui valurent l'emploi de secrétaire d'Olivier Cromwell, de

Richard Cromwell, et du parlement qui dura jusqu'à la restauration. Il ne fut point inquiété après le rétablissement de Charles II ; tranquille dans sa maison, il s'y tint néanmoins renfermé jusqu'après la proclamation de l'amnistie.

Milton, qui s'était déclaré partisan de la liberté avec toute l'ardeur de la bonne foi et avec toute la témérité d'un jugement altéré par la passion, fut forcé, dans des temps de calme et de raison, de condamner le parti auquel il avait consacré ses nombreux travaux. Privé de la vue par suite de ses labeurs politiques, témoin de l'ambition hypocrite des hommes qu'il avait servis, affligé des funestes effets de la révolution qu'il avait encouragée et soutenue de la puissance de son talent, sans cesse harcelé par les attaques de ses ennemis, il déplora les maux qui accablèrent sa patrie, et réprouva le principe qui les avait produits. *Il serait bien plutôt à désirer, écrivait-il à un de ses amis, que cette révolution dont vous écrivez l'histoire, au lieu d'être transmise à la postérité, fût ensevelie dans un silence éternel.* L'expression de ses regrets se trouve encore dans ces vers du 7e livre du PARADIS PERDU, si heureusement traduits par Delille :

> Dans ces temps malheureux, dans ce siècle de haine,
> J'irai, je calmerai la discorde inhumaine,
> Ma triste cécité, l'orgueil de mes rivaux,
> Et le toit solitaire où se cachent mes maux.

Si Milton eut de justes motifs de blâmer la révolution à laquelle il prit une si grande part, la postérité n'est pas moins fondée à regretter l'emploi qu'il fit des plus précieuses années de sa vie, consacrées presque exclusivement à la défense du parti dont il était le fougueux champion. Quel malheur que cette intelligence de premier ordre, que cette imagination éminemment poétique, ne se soit pas renfermée dans la sphère que la nature lui avait tracée ! A la place de nombreux libelles qui n'offrent pas aujourd'hui d'intérêt, il nous aurait laissé de riches trésors littéraires ; son mérite serait bien plus grand, et sa gloire ne serait pas ternie par les productions qui la déshonorent.

Retiré du tumulte du monde, du chaos des affaires, rendu à lui-même après les agitations des guerres civiles, Milton mit la dernière main au Paradis perdu, qu'il publia en 1667. Dans les premières années de son apparition, ce poème n'eut pas de lecteurs. Ce fut le célèbre Addisson qui en découvrit les beautés à l'Angleterre et à l'Europe. Frappé des images grandes et sublimes, des idées neuves et hardies répandues dans ce poème, il écrivit pour le faire connaître, et lui procura d'innombrables admirateurs. Depuis ce temps-là, le Paradis perdu n'a cessé d'être regardé comme l'ouvrage d'un génie brillant et élevé, d'une imagination féconde, et toujours il sera comparé aux meilleurs poèmes épiques connus.

Milton, épuisé par le travail et par les maladies, mourut à Brunhill, en 1674, âgé de soixante-six ans. Quoique à cette époque il fût d'usage d'honorer la cendre des hommes célèbres par un monument, ou du moins par une inscription, dans l'abbaye de Westminster, la mémoire de Milton fut privée de cet hommage. Ses doctrines politiques et religieuses attachèrent tant d'horreur à son nom, qu'il fut jugé indigne d'un édifice consacré à la piété.

En 1727 cependant on oublia ses erreurs, pour ne se souvenir que de son talent, et une statue fut élevée *à Milton, le plus grand poète de l'Angleterre.*

ARGUMENT DU LIVRE PREMIER.

Milton propose d'abord, en peu de mots, le sujet du poème, la désobéissance de l'homme et sa punition. Il nomme ensuite l'auteur du péché, le Serpent, ou plutôt Satan, qui sous la forme du serpent séduisit nos premiers pères pour se venger de Dieu, dont la justice redoutable l'avait chassé du ciel en le précipitant dans l'abîme avec les compagnons de sa révolte. Après avoir passé légèrement sur cette action, le poëte entre en matière, et présente Satan et ses anges au milieu des enfers, qu'il ne place point au centre du monde, puisque le ciel et la terre n'existaient point encore, mais dans les ténèbres extérieures, qui sont mieux connues sous le nom de *Chaos*. Ils y paraissent plongés dans l'étang de feu, évanouis et foudroyés. Le prince des ténèbres reprend ses esprits, et, revenu à lui-même, il adresse la parole à Belzébuth, le premier après lui en puissance et en dignité; ils confèrent ensemble sur leur chute malheureuse. Satan réveille ses légions. Elles s'élèvent hors des flammes. On voit leur nombre prodigieux, leur ordre de bataille, et leurs principaux chefs sous le nom des idoles connues par la suite en Chanaan et dans les pays voisins. Le prince des démons les harangue et les console par l'espérance de regagner le ciel. Il leur parle aussi d'un nouveau monde et d'une nouvelle créature qui devait un jour exister, car plusieurs Pères croient que les anges ont été créés longtemps avant ce monde visible; il propose d'examiner en plein conseil le sens d'une prophétie sur la création, et de déterminer ce qu'ils peuvent tenter en conséquence. Ses associés y consentent et construisent en un moment *Pandæmonium*, palais de Satan. Les puissances infernales s'y assemblent pour délibérer.

LE
PARADIS PERDU.

LIVRE PREMIER.

Je chante la première désobéissance de l'homme, et ce fruit défendu dont le goût apporta le mal et la mort sur la terre, et causa la perte d'un paradis, jusqu'à ce qu'un Dieu-Homme vînt nous régénérer et reconquérir le séjour bienheureux.

Divin génie, enfant du Très-Haut, descendez des sommets solitaires d'Horeb et de Sina, où vous inspirâtes le berger qui le premier apprit à la race choisie comment le ciel et la terre sortirent du chaos ; où, si vous chérissez davantage la montagne de Sion et les claires fontaines de Siloé, qui coulent près des lieux où l'Eternel rendait ses oracles, c'est de là que j'attends votre assistance. Mes chants s'élevant hardiment au-dessus du mont d'Aonie, embrasseront des choses qui n'ont point encore été tentées ni en prose ni en vers.

O vous surtout, Esprit saint, qui préférez à tous les temples un cœur droit et pur, instruisez-moi, car rien ne vous est inconnu. Dès le commencement vous étiez ; et déployant vos puissantes ailes, ainsi qu'une colombe qui dispose à la vie ses productions encore inanimées, vous avez couvé le vaste abîme, et l'avez rendu fécond. Eclairez mes ténèbres, soutenez ma faible voix. Je veux disculper la Providence, et justifier devant les hommes les voies du Seigneur.

Dites-moi d'abord, car le ciel ni le profond abîme de l'enfer ne cachent rien à votre vue, dites-moi quelle cause engagea nos premiers pères à transgresser l'unique loi imposée par leur créateur, au milieu même du torrent de délices où son amour les avait placés ? Quel séducteur les entraîna dans cette infâme révolte ? Ce fut le serpent infernal ; ce fut lui dont la malice, animée par l'envie et par la vengeance, trompa la mère des humains, et l'enveloppa dans sa ruine.

Rival ambitieux du trône et de la monarchie suprême, il eut la témérité d'allumer dans le ciel une guerre impie, et de livrer bataille au dieu de la victoire ; mais ses efforts furent vains. Du haut de la voûte éthérée, le bras de l'Eternel le précipita dans un gouffre d'horreur, de misère et de perdition, pour y gémir, accablé de chaînes, au milieu des douleurs et des flammes. La toute-puissance ne se laisse point braver impunément. Privé de sentiment, il roula pendant neuf jours au gré des vagues de feu avec son abominable armée. Comment tant de maux ne l'ont-ils point anéanti ? La fureur céleste lui conserva l'immortalité pour prix de ses forfaits.

Il revient donc à lui, et l'horreur le saisit. Le passé l'afflige, l'avenir le désespère : il promène partout ses yeux étincelants : on lit dans son funeste regard la tristesse, la confusion, l'orgueil et la haine. Sa vue perçante, telle que les anges la possèdent, embrasse tout d'un coup ce lieu maudit, affreux, épouvantable. Les flammes en font une fournaise, mais elles n'y produisent aucune lumière. Elles répandent seulement une obscure lueur qui ne sert qu'à découvrir un abîme de misère, des régions de tristesse, des ombres lugubres, lieux que la paix et le repos n'habiteront jamais. L'espérance ne s'y trouve point, elle qui se trouve partout.

Tels étaient les antres que la justice divine avait creusés pour ces rebelles. Renfermés dans d'épaisses ténèbres, ils se voient trois fois plus éloignés du trône de Dieu et du séjour de la lumière que l'on ne mesure de distance depuis le centre du monde jusqu'aux astres les plus élevés. Que cette demeure est différente des royaumes qu'ils ont perdus!

Le prince des démons discerne les compagnons de sa chute ensevelis dans un fleuve et dans un tourbillon de flammes dévorantes. Il reconnaît ce concurrent superbe, le premier après lui en puissance comme en crime, celui que dans les temps suivants les Philistins appelèrent Belzébuth. A cette vue, Satan, l'implacable ennemi de Dieu, rompit le silence.

« Es-tu ce chérubin qui protégeait les autres à l'ombre de ses ailes? Es-tu cet ange dont l'éclat éblouissait les cieux? Mais que tu lui ressemble peu! Naguère une ligue mutuelle, une union de pensées et de desseins, la même espérance et les mêmes périls t'ont joints avec moi dans une entreprise glorieuse. Hélas! la misère nous unit aujourd'hui. Tu vois dans quel abîme, et de quelle hauteur nous sommes tombés. Cruelles armes dont la force nous était inconnue! Cependant nos malheurs présents, et toutes les peines que le vainqueur peut encore nous imposer dans sa colère, n'arracheront de moi aucun repentir : rien ne me peut changer. Si mon éclat extérieur est effacé, mon courage et mon esprit demeurent inébranlables. J'ai toujours ce même cœur qui n'a pas craint pour ennemi le Tout-Puissant. Une foule innombrable d'anges indignés de sa tyrannie est encore engagée dans ma querelle. Ils ont brisé son joug; ils m'ont mis à leur tête. Notre puissance a tenu contre la sienne, et par un combat douteux dans les plaines du ciel nous avons ébranlé son trône. Eh quoi! pour avoir perdu le champ de bataille, tout est-il perdu? Une volonté inflexible nous reste encore, un désir ardent de vengeance, une haine immortelle, et un courage indomptable. Sommes-nous donc vaincus? Non; malgré sa colère, malgré toute sa puissance, il n'aura point la gloire de m'avoir forcé à fléchir un genou suppliant pour lui demander grâce. Je ne reconnaîtrai jamais pour souverain celui dont

ce bras a pu faire chanceler l'empire. Ce serait une bassesse, une ignominie, un affront plus sanglant encore que notre défaite. Faut-il qu'un revers nous ôte tout courage? cherchons notre consolation dans les arrêts du Destin. Notre substance est immortelle ; nos armes sont toujours les mêmes : nos lumières sont augmentées par l'expérience. Nous pouvons donc, avec plus d'espoir de succès, par force ou par ruse, faire une guerre éternelle à notre grand ennemi qui maintenant triomphe, et qui, charmé de régner seul, exerce dans le ciel toute sa tyrannie. »

Ainsi s'exprimait l'ange rebelle au milieu des tortures. Il se parait de constance au-dehors, mais il était intérieurement tourmenté d'un profond désespoir. Son fier compagnon lui répond aussitôt :

« O prince, ô chef de puissances et de trônes infinis, qui, servant sous vos drapeaux, ont par leurs exploits redoutables mis en péril le perpétuel roi des cieux, et contraint à une rude épreuve sa haute souveraineté, je vois trop l'état où nous sommes, et je le vois avec horreur. Le malheureux succès du combat nous a fait perdre le ciel. La gloire dont nous jouissions est entièrement éteinte, et la félicité de notre origine se trouve absorbée dans la misère. Enfin nous sommes détruits autant que peuvent l'être des dieux et des natures célestes. Nous vivons, il est vrai, et notre vainqueur (que je commence à croire tout-puissant, puisqu'il a pu nous vaincre) nous a laissé le courage et la force, peut-être afin que nous puissions suffire aux peines que nous prépare sa colère vengeresse. Peut-être nous réserve-t-il comme des esclaves pour de durs travaux dans le fond des enfers, ou pour de pénibles messages dans les ténèbres de l'abîme. Que nous sert donc la force si nous sommes condamnés à l'esclavage, et la vie s'il faut toujours souffrir ?

Le prince des démons lui répliqua par ces paroles rapides :

« Infortuné chérubin, la force est toujours utile, soit qu'il faille agir, soit qu'il faille souffrir ; mais rassure-toi. Nous ne saurions être condamnés à faire le bien : notre ennemi ne nous donnera point cette conformité avec lui. Goûtons donc le plaisir de faire le mal, et qu'il gémisse lui-même en voyant ses desseins renversés : mais, vois, notre vainqueur a rappelé autour de lui les ministres de ses vengeances et les soldats de ses armées. Les montagnes de soufre qu'il a lancées sur nous dans sa fureur étouffent les flammes où nous sommes tombés. Peut-être ses traits sont-ils épuisés. Ses foudres, portées sur les ailes des tempêtes et des éclairs, cessent de mugir dans la vaste immensité des abîmes. Saisissons les moments que nous laissent le mépris de notre ennemi ou sa fureur assouvie. Vois-tu cette aride plaine, séjour de la désolation, et qui n'est éclairée que par la lueur sombre que répandent ces flammes lugubres ? Tournons-y nos pas ; et, nous retirant de l'agitation de cette mer ardente, reposons-nous dans ce lieu, si nous pouvons y trouver du repos. Rassemblons nos puissances ; consultons sur les moyens d'affliger notre ennemi par l'endroit le plus sensible. Examinons ce qu'il nous faudra faire pour réparer nos pertes, et pour surmonter cette fâcheuse calamité : voyons enfin quelle consolation nous tirerons de l'espérance, ou du moins quelle résolution nous inspirera le désespoir. »

Ainsi parla Satan, la tête élevée au-dessus des vagues, et les yeux étincelants de feu. Le reste du corps, flottant sur le fleuve, couvrait plusieurs stades. Moins énormes en grandeur furent ceux dont la fable vante la taille prodigieuse, les Titans, enfants du Ciel et de la Terre, qui firent la guerre à Jupiter; Briarée ou Tiphon, qui habitait la caverne voisine de l'ancienne Tarse ; ou plutôt ainsi paraît Lévithan, la plus grande des créatures qui nagent dans l'Océan. Souvent, sur la mer de Norwége, dit-on, pendant que les ténèbres investissent les eaux et retardent le jour désiré, le pilote de quelque petit bâtiment égaré dans la nuit, trouvant la monstrueuse bête endormie, la prend pour une île, jette l'ancre dans ses côtes chargées d'écailles, et s'amarre contre elle à l'abri du vent. Tel le prince des démons, couché sur le lac brûlant, présentait la surface de ses membres chargés de chaînes. Jamais il n'eût pu se lever, ou même soulever la tête, si la permission du suprême régulateur des cieux ne l'avait laissé libre dans ses noirs desseins : mais ses crimes réitérés devaient consommer sa ruine. Il cherche maintenant à faire des malheureux ; mais quel désespoir pour lui de voir un jour éclater envers l'homme, séduit par ses artifices, la grâce, la miséricorde et la bonté infinie ! Sa malice infernale ne servira qu'à répandre sur lui-même un trésor de confusion, de colère et de vengeance.

Satan élève sur le lac sa haute stature ; des deux côtés, les flammes, chassées en arrière, roulent en tourbillons, et son mouvement laisse entre elles une horrible vallée. Il déploie ses ailes et prend son vol en haut, se balançant sur l'air ténébreux qu'il comprimait de son poids immense. Enfin il s'abat sur la terre aride, si l'on peut appeler terre ce qui brûlait toujours d'un feu solide, comme le lac brûlait d'un feu liquide ; terre semblable pour la couleur à celle qu'on voit après qu'une montagne a été arrachée du Pélore par la force des vents souterrains ; ou, lorsque les flancs de l'Etna mugissant se sont entr'ouverts, ses entrailles sulfureuses, enflammées par l'énergie minérale, s'élèvent, appellent les tempêtes, et laissent un fond brûlé tout couvert de bitume et de fumée. Tel est le terrain sur lequel se portent les pieds du réprouvé. Belzébuth l'accompagne ; les voilà sortis du fleuve stygien : ils se croient des dieux, et tous deux ils se glorifient comme s'ils étaient sauvés par la force de leurs bras.

« Est-ce là la région, le terrain, le climat, dit l'archange ; est-ce là le séjour que l'on nous destine ? Et cette obscurité lugubre doit-elle nous tenir lieu de la lumière céleste ? Il le faut, puisque la volonté d'un seul est la règle de tous. La nature l'a fait notre égal en raison, et la force notre souverain. Adieu, champs heureux où la joie règne pour toujours : j'embrasse les horreurs du monde infernal ! Et toi, profondeur de l'enfer, reçois ton nouveau monarque : il t'apporte un esprit que ni le temps ni les lieux ne changeront jamais. L'esprit n'a d'autre demeure que soi-même : il peut faire en soi d'un enfer un ciel, et d'un ciel un enfer. Qu'importe en quels lieux je réside, si je suis toujours le même, et si je me trouve encore en état de poursuivre la guerre contre le maître du tonnerre ? Ici du moins nous resterons libres. L'envie du Tout-Puissant ne nous disputera point ce séjour malheureux. Ici nous pourrons exercer notre empire. Régnons dans les enfers, au lieu de servir dans le ciel. Mais pourquoi laisser au fond du lac d'oubli les fidèles amis qui ont bu dans la même coupe que nous ? Pourquoi ne les appelons-nous pas pour partager cette triste demeure, ou plutôt pour essayer une seconde fois, en ralliant nos forces, si nous avons quelque chose à regagner dans le ciel, ou à perdre encore dans les enfers ? »

Belzébuth lui répondit : « Conducteur de ces brillantes légions que le Tout-Puissant seul pouvait ne pas trouver invincibles, il n'est pas étonnant que les soldats tombés d'une hauteur si prodigieuse soient languissants, abattus sur l'étang de feu ; mais fais-leur seulement entendre cette voix, le plus ferme appui de leur espérance dans la crainte et dans les dangers ; cette voix, leur signal dans les assauts, leur soutien dans les plus fâcheuses extrémités, quand elle tonnait dans la chaleur d'un combat terrible, et bientôt tu verras leur courage se ranimer. »

A peine a-t-il achevé, que le prince des ténèbres s'avance vers le brûlant rivage. Son bouclier, d'une trempe céleste, pesant, massif, vaste en circonférence, était rejeté derrière lui. Telle paraît la lune quand, sur le soir, du haut de Fiésole ou dans Valdarno, l'astronome toscan en observe l'orbe à travers le télescope, pour découvrir dans les taches de son globe des fleuves, des montagnes, ou quelque terre nouvelle. Le plus haut pin coupé sur les monts de Norwége pour être le mât de quelque grand amiral eût paru un faible roseau en comparaison de la lance qui servait à soutenir, sur les brasiers ardents, sa démarche pénible, et bien différente de ce qu'elle était autrefois sur l'azur céleste. Une zone torride et une voûte de feu lui faisaient endurer les maux les plus cuisants, mais ne lui ôtaient rien de sa fierté.

Arrivé au bord de cette mer enflammée, il s'arrête, il appelle ses légions immobiles et couchées comme les feuilles d'automne qui couvrent les ruisseaux de Vaillombreuse, où les forêts de l'Etrurie répandent l'ombre et l'horreur. Tels encore flottent les joncs épars, quand l'Orion, soulevant les vents furieux, bat les côtes de la mer Rouge, dont les ondes engloutirent Busiris et la cavalerie de Memphis, lorsque, animés d'une haine perfide, ils poursuivaient les étrangers de Gosen, qui virent de l'autre bord leurs cadavres flottants et les roues de leurs chariots brisés. Ainsi couvraient les flots ces substances angéliques, maintenant troupe vile et méprisable, plongée dans la consternation. Il appelle, et sa voix formidable retentit dans les antres creux de l'enfer.

« Princes, potentats, guerriers, autrefois l'ornement, aujourd'hui l'horreur des cieux, une telle stupeur peut-elle saisir des esprits éternels? Vous croyez-vous encore dans les vallées de l'Olympe, pour vous délasser dans un doux sommeil des rudes travaux de la bataille? ou bien, dans cette posture abjecte, avez-vous juré d'adorer le vainqueur qui maintenant voit chérubins et séraphins se roulant dans les flots du gouffre avec leurs armes et leurs enseignes éparses? Attendez-vous que ses ministres ailés, découvrant des portes du ciel leur avantage, descendent pour vous écraser dans votre assoupissement, ou que de leurs foudres ils vous percent au fond de cet abîme? Ouvrez les yeux, levez-vous, ou restez perdus pour jamais. »

Ils ont entendu, et, saisis de honte, ils battent des ailes. Tels des guerriers que le sommeil a surpris tressaillent au son d'une voix qu'ils repectent, et se rangent précipitamment à leur devoir. Ils s'aperçoivent du malheureux état où ils sont réduits, et ils sentent l'excès de leurs peines. Cependant à l'appel de leur général ils obéirent sur-le-champ. Ainsi quand la verge du fils d'Amram, puissante en merveilles au jour funeste pour l'Egypte, eut décrit un cercle par les airs, on vit arriver sur les ailes du vent d'Orient un nuage épais de sauterelles qui se répandirent comme la nuit sur le royaume de l'impie Pharaon, et qui affligèrent toute la terre du Nil. Telle parut la troupe innombrable de ces mauvais anges planant sous la voûte infernale entre les feux qui les environnaient de toutes parts, jusqu'à ce que, d'un mouvement de sa lance, leur grand potentat eut marqué la route qu'ils devaient tenir. A ce signal, ils descendent sur leur terre de soufre brûlant, et couvrent la plaine d'une multitude telle que le Nord surchargé de peuples n'en fit jamais sortir de ses flancs glacés, quand ses enfants barbares, après avoir passé le Rhin ou le Danube, fondirent comme un déluge vers le Midi, et s'étendirent au-delà de Gibraltar, jusqu'aux sables de Lybie.

Les chefs des diverses légions se rendent en hâte auprès de leur grand général, semblables à des dieux, la taille et la figure au-dessus de l'humaine, princes majestueux, puissances autrefois placées sur des trônes ; mais à présent leurs noms sont effacés dans les cieux ; ils ont été retranchés du livre de vie. Ceux qu'ils ont ici-bas leur furent donnés dans la suite des temps par les enfants d'Eve. Ils les obtinrent d'eux, quand, errant sur la terre pour tourmenter l'homme, suivant la permission du Très-Haut, ils eurent porté, par leurs faussetés et par leurs mensonges, la plus grande partie du genre humain corrompu à abandonner son créateur. Alors les hommes, négligeant la gloire invisible de Dieu qui les a faits, le transformèrent souvent, par une folle superstition, en l'image d'une brute ornée d'or et de diamants. Ainsi les démons furent adorés comme des dieux. Ainsi ils furent connus sous différents noms, et pour diverses idoles que leur dédia le monde païen.

Muse, dis-moi leurs noms alors connus. Dans quel ordre, sur cette mer embrasée, se réveillèrent-ils de leur léthargie ? A la voix de leur grand empereur, et suivant les degrés de mérite, ils se rendent l'un après l'autre autour de lui sur l'aride rivage, tandis qu'une foule confuse était encore dans l'éloignement. Les plus distingués furent ceux qui, sortant des enfers pour chercher leur proie sur la terre, eurent l'audace, dans la suite des temps, de fixer leurs siéges à côté de celui de Dieu, leurs autels près de ses autels : dieux adorés parmi les chananéens, ils bravèrent Jehovah tonnant du haut de son trône fixé dans la ville de Sion au milieu des chérubins ; souvent même jusque dans son sanctuaire ils placèrent leurs idoles, horribles abominations! et, profanant par un culte détestable ses saintes cérémonies et ses fêtes solennelles, ils osèrent opposer les ténèbres de l'erreur à la lumière de la vérité.

Le premier qui s'avance est Moloch, horrible roi, souillé du sang des victimes humaines et des larmes paternelles, bien que le bruit des tambours et des timbales étouffe les cris des enfants livrés au feu en l'honneur de son exécrable idole. L'Ammonite l'adorait en Rabba, dans sa plaine aquatique; en Argob et Basan, et jusqu'aux rives de l'Arnon; mais il ne se contenta pas de ce territoire. A la faveur de cette insolente proximité du lieu saint, il amena par fraude le plus sage des hommes, Salomon, à lui bâtir un temple vis-à-vis du temple de Dieu, sur la montagne d'opprobre, et il s'établit dans un bocage de l'agréable vallée d'Hinnon, appelée de là Thophet et la noire Géhenne, figure de l'enfer.

Après vient Chamos, l'obscène terreur des enfants de Moab, depuis Aroa jusqu'à Nébo et au désert méridional d'Abbarim, en Hésébon et Horonaïm, royaume de Séon, au-delà des vallons fleuris de Sibma, fertile en vins, et dans Eléalé, jusqu'au lac Asphaltite. Péor était son autre nom, quand Israël, s'éloignant des bords du Nil, lui rendit en Sittim un culte impudique qui fut pour ce peuple une source de maux. Il étendit encore ses orgies lascives vers la montagne du scandale, le long du bocage de l'homicide Moloch. Ainsi la débauche s'unit à la haine jusqu'au temps où le pieux Josias renversa leurs autels.

Avec eux vinrent ces esprits connus depuis le rivage qui borde l'ancien Euphrate jusqu'au ruisseau qui sépare l'Egypte des terres de Syrie, Baalim et Astaroth; ceux-là mâles, ceux-ci femelles; car les esprits peuvent prendre à leur gré l'un ou l'autre sexe, ou tous les deux ensemble, tant leur essence est souple et déliée. Ils ne sont point asservis à des membres enchaînés par des cartilages, ni fondés sur le frêle appui des os, comme la chair qui nous appesantit; mais, dans la taille qu'ils choisissent, dilatés ou condensés, brillants ou obscurs, ils exécutent leurs promptes volontés, et satisfont également leur amour ou leur haine. Pour ces faux dieux, les enfants d'Israël abandonnèrent souvent leur créateur, et renonçant à ses saints autels, profanèrent devant de vils animaux l'encens qui n'était dû qu'à la divinité. L'Eternel à son tour oublia son peuple, et aussitôt il tomba sous le glaive de l'ennemi.

On vit s'avancer en grand cortége Astaroth, que les Phéniciens appellent Astarté, reine du ciel, avec des cornes en croissant. A la clarté de la lune les filles de Sidon offraient leurs hymnes et leurs cantiques en l'honneur de son image brillante. Elle fut aussi révérée dans Sion, où, sur le mont d'iniquité, son temple fut bâti par un roi renommé pour les dons qu'il avait reçus du ciel. L'amour dégrada son cœur : il suivit les conseils des femmes, et, séduit par de belles idolâtres, il s'avilit devant les infâmes objets de leur culte.

Thammuz vint ensuite, Thammuz dont la blessure, qui se renouvelle une fois tous les ans, attire chaque année sur le Liban les filles de Syrie, pour y plaindre pendant un jour entier sa triste destinée ; tandis qu'Adonis, échappé de son roc natal, coule doucement vers la mer, teinte, à ce qu'elles supposent, du sang de Thammuz. Leur exemple criminel infecta les filles de Sion, dont Ezéchiel observa, dans le parvis sacré, les égarements impurs, quand ses yeux ravis en extase découvrirent les noires prévarications de l'idolâtre Juda.

Après Thammuz marchait celui qui répandit des larmes véritables quand l'arche captive mutila son image stupide, et lui brisa la tête et les mains au milieu de son propre temple, où sur le seuil de la porte il tomba contre terre, et rendit ses adorateurs confus. Dagon était son nom, monstre marin, homme depuis la ceinture en haut, et poisson par le reste du corps : cependant il avait un temple élevé dans Azot, et redouté par toute la Palestine ; à Get, à Ascalon, et dans les confins d'Accaron et de Gaza.

Il était suivi de Rimmon, qui fit son lieu de délices de la riante ville de Damas, sur les bords fertiles des clairs ruisseaux d'Abana et de Pharphar. Il conjura aussi contre la maison de Dieu ; et s'il fut abandonné par un sujet miraculeusement guéri de sa lèpre, il se consola par le culte que lui rendit un monarque insensé, Achaz, son propre vainqueur, qui défigura l'autel du Très-Haut pour en bâtir un semblable à celui des Syriens, et y brûler d'odieuses victimes en l'honneur des dieux qu'il avait vaincus.

Ensuite parut une multitude autrefois renommée, Osiris, Isis, Orus, et toute leur suite. Sous des figures monstrueuses, ils abusèrent par leurs prestiges l'Egypte entière et ses prêtres assez fanatiques pour chercher leurs dieux vagabonds parmi des animaux stupides. Israël n'en évita point l'infection, quand un or emprunté composa le veau dans Horeb : prévarication qu'un roi rebelle répéta dans Béthel et Dan, confondant avec le bœuf qui pâture son créateur Jehovah, qui, dans une nuit, passant à travers l'Egypte, extermina d'un seul coup ses premiers nés et ses dieux mugissants.

Le dernier qui se présenta fut Bélial : nul esprit plus impur ne tomba du ciel, et nul plus grossièrement adonné au vice pour l'amour du vice. Il n'avait point de temples ni d'autels fumants en son honneur; cependant quel autre assiste plus souvent dans les temples et devant les autels, quand le prêtre tombe dans l'oubli de Dieu, comme firent les fils d'Héli, qui remplirent la maison du Seigneur de leurs excès et de leurs violences. Il règne aussi dans les cours, dans les palais, et dans les villes scélérates, où le bruit des débauches, des injures et des querelles s'élève par-dessus les tours les plus superbes; et quand la nuit obscurcit le ciel, alors rodent les fils de Bélial, bouffis d'arrogance et de vin : témoin les rues de Sodome et de Gabaa.

Ces démons étaient les premiers en ordre et en puissance. Je ne finirais point si je voulais nommer tous ceux qui parurent. Les dieux d'Ionie, à qui la postérité de Javan décerna des autels, mais longtemps après qu'on eut déifié Cœlus et la Terre, pères célèbres d'un peuple de faux dieux; Titan, le premier né du Ciel. Titan, avec sa race énorme, privé du droit d'aînesse par Saturne son frère puîné ; ce dernier fut à son tour chassé par son propre fils, le puissant Jupiter, qu'il avait eu de Rhéa son épouse : ainsi régna l'usurpateur Jupiter. Ceux-ci furent d'abord connus en Crète et sur l'Ida; de là, passant sur le sommet glacé de l'Olympe, ils régnèrent dans la moyenne région de l'air, leur plus haut ciel, ou sur le mont Delphique, ou en Dodone, et dans toute l'étendue de la Doride. Je pourrais aussi parler de celui qui, fuyant avec le vieux Saturne, passa par le golfe Adriatique aux champs Hespériens, et qui, traversant la Celtique, aborda aux îles les plus éloignées.

A leur suite marchait sans ordre une troupe nombreuse : à travers leurs regards mornes et languissants, on démêlait un rayon de la joie qu'ils ressentaient, dans le sein même de la perdition, en observant que leur chef ne s'abandonnait point au désespoir. Satan pénétra leurs sentiments ; cette vue radoucit un peu les traits de son visage ; mais bientôt, reprenant sa fierté naturelle, par des discours spécieux et pleins d'orgueil il relève leur courage. Il commande qu'au bruit martial des trompettes et des clairons on arbore son puissant étendard. Azazel, avant sa chute, exerçait dans le ciel cette fonction éclatante. Il déploie l'enseigne impériale flottante au gré du vent; elle brille comme un météore, et sa broderie de perles et d'or offre aux yeux éblouis les titres de la grandeur séraphique.

Cependant la bruyante trompette sonne l'alarme : l'armée y répond par un cri qui perce les concavités de l'enfer. La frayeur passe jusque dans les royaumes du Chaos et de la Nuit; aussitôt dix mille bannières, à travers l'obscurité, réfléchissent dans les airs les couleurs de l'aurore. La terre se couvre d'une forêt hérissée de lances, les casques étincellent, et des boucliers sans nombre jettent d'épouvantables éclairs. La phalange infernale se met en marche ; les flûtes, les fifres et les hautbois se conforment au mode dorique. Ce mode porta jadis au plus haut degré le courage des héros armés pour le combat. Il inspirait non la fureur, mais une valeur réglée, et rendait les cœurs inaccessibles aux terreurs de la mort. Ses tons vifs et majestueux avaient la vertu de calmer le trouble des pensées, et de chasser des esprits mortels et immortels la tristesse, la crainte, le chagrin et les alarmes. Pleins de résolution, serrés l'un contre l'autre, ils marchaient en silence au son des instruments qui charmaient leurs pas douloureux sur la terre embrasée. Tels les anciens guerriers couverts d'armes éblouissantes allaient chercher la gloire au milieu des combats.

Après avoir formé leurs rangs et leur front d'une étendue épouvantable, ils attendent l'ordre du général. Au travers des files guerrières, il darde ses yeux pénétrants, il parcourt de sa vue les divers rangs, il observe leur disposition, leur contenance, et leurs statures semblables à celles des dieux. Enfin il fait le dénombrement de ses forces. Alors son cœur enflé d'orgueil, et s'endurcissant de plus en plus, se glorifie de sa puissance. Toutes les troupes qu'on pourrait assembler sur la terre comparées à cette armée seraient plus méprisables que la petite infanterie qui se réunit contre les grues; quand même on y ajouterait les géants de Phlégra, et les héros assistés des dieux auxiliaires qui combattirent des deux côtés devant Thèbes et Pergame, et quand on y joindrait les chevaliers bretons et armoriques qui entourèrent le fils d'Uther, suivant le roman fabuleux, et tous ceux, tant chrétiens qu'infidèles, qui signalèrent leurs armes dans Aprémont et Montauban, à Damas, à Maroc, à Trébisonde ; ou ceux encore que Biserte envoya de la côte d'Afrique quand Charlemagne vit tomber tous ses pairs près de Fontarabie : ainsi ces guerriers célestes l'emportaient de beaucoup sur des forces mortelles. Ils déféraient néanmoins à leur redoutable chef, dont la taille et le maintien se faisaient admirer. Sa forme n'avait pas encore perdu tout le brillant de son origine, et représentait noblement un archange dont le mal avait un peu obscurci la gloire auparavant excessive. Tel au point du jour le soleil se montre à travers l'horizon brumeux ; ou tel il paraît dans une éclipse, quand offusqué par la lune il répand un jour formidable sur la moitié des nations, et laisse aux monarques alarmés la crainte de quelques révolutions. Tel l'archange obscurci brûle encore par dessus les autres. Son visage est sillonné de cicatrices profondes que la foudre y a gravées : l'inquiétude se découvre sur ses joues flétries, mais son front plein d'audace et d'orgueil annonce la vengeance.

Son œil, tout cruel qu'il est, donne pourtant des marques de remords et de compassion en voyant ces anges qui l'avaient égalé, ou plutôt suivi dans le crime; ces anges autrefois si distingués dans la béatitude, aujourd'hui si humiliés dans la misère. Il envisage avec regret des millions d'esprits que sa faute a privés du ciel, et que sa révolte a chassés des splendeurs éternelles, mais qui demeurent toujours fidèles à ses ordres, quoique leur éclat soit presque entièrement effacé. Ainsi l'on voit les chênes des forêts et les pins des montagnes, frappés du feu du ciel, soutenir encore sur la bruyère aride leurs troncs immenses, quoique à demi consumés.

Satan se dispose à parler. Les rangs doublés se replient sur les ailes, et les grands de sa cour l'environnent. Tous gardent un silence respectueux : trois fois il essaie de se faire entendre, et trois fois, en dépit de sa fierté, des larmes telles que les anges en peuvent répandre coulent de ses yeux : à la fin des paroles entrecoupées de soupirs se font ainsi passage :

« O myriades d'esprits immortels, ô divinités, à qui le Tout-Puissant seul peut s'égaler, votre combat n'a point été ignominieux, quoique l'événement en ait été fatal. Ces ruines que je ne puis regarder sans horreur le témoignent assez ; mais l'esprit le plus pénétrant, le plus versé dans la connaissance du présent ou du passé, aurait-il jamais prévu que des dieux tels que nous, ligués ensemble, dussent être repoussés ? Et malgré l'état où nous sommes, puis-je croire encore que ces légions, dont l'exil a dépeuplé le ciel, ne se relèveront pas pour rentrer un jour dans leur demeure natale ? Armée céleste, vous me devez au moins ce témoignage, qu'aucune diversité de sentiments ou d'intérêts, aucune faiblesse dans le cœur, aucune crainte du péril, n'ont de ma part renversé nos espérances ; mais le monarque suprême nous cachait sa force ; assis sur un trône qui n'était soutenu en apparence que par l'ancienne opinion, le consentement ou l'usage, il nous découvrait seulement l'éclat de sa grandeur. Voilà la cause de notre attentat, et la source de notre ruine. Nous la connaissons aujourd'hui cette puissance : ce n'est donc plus à nous de commencer la

Le Paradis perdu.

guerre ; mais devons-nous la craindre ? nous pouvons tenter par artifice ce que nous n'avons pu exécuter par la force. Il apprendra qu'un ennemi n'est vaincu qu'à demi quand il n'a fait que céder à la force. L'espace peut produire de nouveaux mondes : or, le bruit courait dans le ciel que ce Dieu était sur le point de créer une terre, et d'y placer une génération que sa bonté ne devait guère moins favoriser que ses enfants célestes. Ce monde, quand nous n'irions que pour le reconnaître, sera peut-être l'objet de notre première irruption. Les esprits de l'empirée ne sont pas destinés à rester dans les prisons de ce gouffre infernal, et l'abîme ne les ensevelira pas pour jamais en son obscurité ; mais ces pensées doivent être mûries en plein conseil. Plus d'espoir de paix ! car qui de nous voudrait un maître ? La guerre donc, la guerre ! Examinons seulement si elle doit être ouverte ou cachée. »

Il dit, et des millions de chérubins tirant leurs épées flamboyantes les agitent en signe d'applaudissement ; l'éclat en rejaillit jusqu'aux voûtes de l'enfer. Ils blasphèment le saint nom de Dieu, et faisant retentir un bruit de guerre sur leurs boucliers qu'ils choquent fièrement de leurs armes, ils hurlent un défi de la route du ciel.

Non loin de là était un mont dont le sommet affreux vomissait des tourbillons de flamme et de fumée ; le reste brillait d'une croûte jaunâtre, signe indubitable de l'or, enfant du soufre, qu'enfermaient ses entrailles. Un détachement considérable de brigades ailées s'y rendit en diligence. Ainsi l'on voit des bandes de pionniers, armées de pics et de bêches, devancer une armée royale pour creuser des tranchées, ou pour élever un rempart. Mammon les conduisait ; Mammon l'esprit le plus rampant de tous ceux qui tombèrent du céleste lambris ; car, même dans les palais du Tout-Puissant, ses regards et ses pensées étaient toujours tournés en bas, et la richesse des cieux pavés d'or massif le touchait plus que tout ce que la présence de l'Éternel peut avoir de saint et de divin. C'est lui qui le premier apprit aux hommes à piller le centre de la terre, et à déchirer d'une main impie les entrailles de leur mère, pour y chercher des trésors que la nature avait sagement cachés. Ses travailleurs ont bientôt ouvert une large plaie dans les flancs de la montagne, et en retirent d'énormes lingots d'or. Que l'on ne s'étonne point de voir les richesses renfermées dans le sein des enfers : cette région mérite mieux qu'aucune autre d'être infectée de ce précieux poison. O vous qui vous glorifiez dans les choses périssables, et qui parlez avec admiration de Babel et des ouvrages des rois de Memphis, mortels, apprenez combien les plus superbes monuments de votre gloire et la force et l'art sont aisément surpassés par les esprits réprouvés ; ils accomplissent en une heure ce qu'en un siècle, avec des travaux infinis et des mains innombrables, vos aïeux ont à peine achevé.

Une seconde troupe d'esprits travaillaient aux fourneaux préparés dans la plaine voisine, sous laquelle un feu liquide sortait du lac à gros bouillons : elle raffinait l'or avec un art merveilleux, et le purifiait jusqu'au dernier degré.

D'autres formaient en terre des moules artistement façonnés, dans lesquels, au sortir des creusets, la matière liquide coulait par une secrète communication. Ainsi, dans l'orgue, le vent, d'un seul coup de soufflet, se distribue par le sommier aux différents tuyaux. Bientôt, aux sons d'une symphonie mélodieuse de voix et d'instruments, s'élève hors de terre, comme une vapeur, un immense édifice en forme de temple. Il était porté sur des colonnes et sur des pilastres d'ordre dorique. L'architrave superbe soutenait une frise chargée d'un admirable bas-relief, et surmontée d'un riche toit ciselé. Jamais Babylone ni Memphis ne portèrent si loin la magnificence de leurs chefs-d'œuvre, soit dans les palais de leurs rois, soit dans les temples de leurs dieux Bélus et Sérapis, quand l'Egypte et la Syrie rivalisaient de luxe et de richesses.

Tout-à-coup les portes d'airain s'ouvrent ; le vaste intérieur du manoir infernal paraît dans tout son éclat. Une rare mosaïque s'offre sous les pieds. De la voûte pendent, par une puissante magie, plusieurs rangs de lampes lumineuses, avec des fanaux brillants entretenus de naphte et d'asphalte, qui répandent une lumière pareille à celle des cieux. La multitude pleine d'empressement et d'admiration entre en foule. Les uns vantent l'ouvrage, et les autres l'ouvrier. La main de l'architecte s'était signalée dans le ciel par la construction de plusieurs tours admirables. Elles servaient de palais aux anges que le roi suprême avait élevés au rang des princes, pour gouverner chacun selon l'ordre admirable de la céleste hiérarchie. Le nom du même architecte ne fut pas inconnu et sans honneur dans l'ancienne Grèce. Les peuples d'Ausonie l'appelèrent Mulciber, et ils racontent que Jupiter en courroux le fit voler par-dessus les célestes remparts. L'infortuné, disent-ils, roula du matin jusqu'au soir pendant un jour entier d'été, et, semblable à une étoile qui se détache du firmament à l'heure où le soleil se couche, il tomba dans Lemnos, île de l'Egée ; mais leur tradition est fausse. Il tomba longtemps auparavant avec sa troupe rebelle. Les tours qu'il avait bâties dans le ciel et toutes ses machines lui furent inutiles. Il se trouva précipité avec ses entrepreneurs pour aller bâtir dans les enfers.

Cependant les héros ailés, en grand et terrible appareil, par ordre du général, proclament dans l'armée, au son des trompettes, la tenue prochaine d'un conseil solennel à Pandémonium, la grande capitale de Satan et de ses pairs. Les plus dignes, suivant l'ancienneté des rangs, ou suivant la nouvelle promotion, y sont convoqués. Ils y viennent à l'heure même escortés d'une cour nombreuse qui marche par centaines et par milliers : Bientôt les avenues des portes et le vestibule sont encombrés par la foule : elle remplit la vaste étendue du lieu destiné à tenir le conseil ; ce lieu ressemblait à une plaine couverte de peuple, où les champions, montés sur de fiers coursiers, armés de toutes pièces, s'avancent, et devant le trône du soudan défient les plus braves des chevaliers païens à un combat mortel ou à rompre la lance. On entend au loin un sifflement produit par le battement des ailes des démons, qui forment sur terre et dans l'air un essaim innombrable. C'est ainsi que les abeilles au printemps, quand le Soleil entre dans le Taureau, font sortir par pelotons leurs jeunes colonies : la troupe bourdonnante voltige çà et là parmi les fleurs et la fraîche rosée, ou, se promenant sur la planche unie qui sert d'avenue à leur citadelle de chaume récemment parfumée, elles s'entretiennent des affaires de leur état. Telle fourmillait la multitude aérienne, et le palais pouvait à peine la contenir ; mais au signal donné (tel est leur pouvoir), ceux dont la taille surpassait la hauteur des géants fils de la Terre se réduisent presque à un point, et s'assemblent, quoique sans nombre, dans un espace étroit. Ils ressemblent à cette race de pygmées qui habite au-delà des montagnes de l'Inde, ou bien à des fées, dans leurs divertissements nocturnes, que voit ou croit voir un berger marchant à côté d'un bois ou d'une fontaine. La lune étonnée s'arrête, et, près de la terre, se rabaisse en tournoyant avec une lueur pâle. Cependant ces nymphes appliquées à leurs danses et à leurs jeux charment l'oreille du paysan par leur musique agréable, et son cœur tressaille tout à la fois de joie et de crainte ; de même ces esprits incorporels réduisent à la plus petite forme leur taille immense, et se trouvent à l'aise malgré leur multitude ; mais dans un appartement retiré, les séraphins et les chérubins, conservant seuls leur hauteur majestueuse, tiennent un conseil secret.

ARGUMENT DU LIVRE DEUXIÈME.

Satan agite dans le conseil s'il est à propos de hasarder encore une bataille pour recouvrer le ciel. Quelques-uns sont de cet avis, d'autres s'y opposent. Un troisième parti prévaut. On conclut qu'il faut avant tout suivre l'idée de Satan, et éclaircir la prophétie où la tradition du ciel, au sujet du nouveau monde destiné à des créatures peu inférieures aux anges, et qui devaient exister à peu près dans ce temps. Embarras pour savoir qui sera envoyé à la découverte du monde. Satan se charge tout seul de cette entreprise ; il reçoit des honneurs et des applaudissements. Le conseil fini, les esprits se dispersent, et, pour charmer leurs maux, s'occupent à différents exercices en attendant le retour de leur grand général. Satan arrive aux portes de l'enfer qu'il trouve fermées et gardées par des monstres affreux. Après quelques éclaircissements les portes lui sont ouvertes. Il aperçoit le gouffre entre l'enfer et le ciel : il traverse l'abime avec beaucoup de difficultés. Le Chaos, qui préside dans cet espace, lui désigne sa route vers le monde qu'il cherchait.

LIVRE DEUXIÈME.

Assis sur un trône érigé par le crime, Satan dominait sur les rebelles esprits. L'éclat qui partait de sa couronne effaçait les plus brillantes productions d'Ormus et d'Arabie, et des riches contrées où l'Orient somptueux répand d'une main prodigue, sur ses rois barbares, l'escarboucle et le rubis; cependant son orgueil n'était point encore satisfait; il en voulait à la monarchie suprême, et, sans songer aux événements passés, son imagination superbe, lancée dans un avenir chimérique, lui dicta ces mots :

« Trônes, Dominations, Divinités! une puissance immortelle, tout opprimée qu'elle peut être, ne saurait se renfermer dans les gouffres de l'abîme : ainsi je ne regarde point le ciel comme perdu pour nous. Les Vertus célestes, se relevant de leur chute, n'en seront que plus glorieuses, et désormais elles n'auront plus à craindre les coups du hasard. Un juste droit et les lois fixes du destin m'ont d'abord fait votre chef : un choix libre de votre part m'a enfin confirmé dans ce haut rang, sans parler des obligations que vous avez à ma valeur ou à ma prudence ; mais nos malheurs même affermissent encore ce trône. La faveur du divin monarque, et les grâces qu'il partage, dans un degré différent, à ses élus, excitent naturellement entre eux une secrète jalousie ; mais l'envie ne peut nous diviser. Quel serait son objet? Ici le plus haut rang expose de plus près aux coups de la foudre, et ce sceptre brûlant me condamne à la plus grande mesure de tourments. Là où il n'est point de bien à contester, il ne saurait naître de disputes. Nul ne réclamera la préséance dans les malheurs : nul n'aura la folle ambition d'augmenter le poids de ses peines. Nous avons donc pour nous l'avantage d'une plus grande union, d'une meilleure fidélité, et d'un accord plus parfait que dans l'armée de l'Eternel ; en réclamant notre ancien et juste héritage, nous sommes plus sûrs de triompher que si nous eussions déjà remporté la victoire. Mais agirons-nous à force ouverte ou par de sourdes ruses ? C'est ce qu'il faut examiner : chacun dira librement son avis.

Il dit ; et le premier après lui, Moloch, le sceptre en main, se leva ; Moloch le plus violent et le plus furieux des esprits qui combattirent dans les plaines de l'empirée. Le désespoir augmentait encore sa férocité naturelle. Il avait l'audace de se soutenir égal au Tout-Puissant, et plutôt que de fléchir il aimait mieux cesser d'être. Cette ardeur effrénée lui fit perdre toute crainte : il ne considéra plus ni Dieu, ni l'enfer, ni les tourments les plus affreux ; et dans cette disposition il parla de la sorte :

« Armons-nous, déclarons la guerre, prenons le parti d'agir à force ouverte. Je n'emploierai ni ruses ni stratagèmes ; c'est la ressource des lâches. Tandis que nous concerterons des mesures indignes de nous, faudra-t-il que des millions d'esprits armés, qui n'attendent que le signal de l'escalade, restent ici languissants et bannis de leur véritable patrie? Faudra-t-il qu'ils acceptent pour leur demeure cette infâme et noire caverne où nous a renfermés le cruel qui règne par notre lâcheté ? Non ;

servons-nous des flammes et de la rage des enfers pour forcer tous ensemble un passage vers les montagnes éternelles. Faisons de nos propres tortures des armes contre notre tyran : qu'il entende le tonnerre infernal affronter la foudre dans ses mains ; opposons à ses éclairs le feu livide qui nous dévore ; jetons l'horreur parmi les anges, et qu'il tremble en voyant son trône même couvert de ce soufre et de ces flammes qu'il a préparées contre nous. Mais, dira-t-on, la route est inaccessible ; comment aller d'un plein vol assaillir un ennemi si élevé ? Considérez donc (si le breuvage assoupissant de ce lac d'oubli ne vous tient point encore engourdis) que de notre propre mouvement nous montons vers notre siége natal ; la descente est contraire à notre nature. Eh quoi ! quand le fier ennemi poursuivait notre armée rompue à travers l'abîme, ne sentiez-vous pas quels efforts il nous fallait faire pour descendre, malgré l'impulsion que nous avions reçue ? il nous est donc facile de nous relever. On craint l'événement : si nous nous attaquons de nouveau à plus fort que nous, sa colère, dit-on, pourrait augmenter nos malheurs. Est-il donc encore quelque chose à craindre dans les enfers ? Quoi de plus désolant que de se voir à jamais privés de la béatitude, que de gémir sans cesse dans ce gouffre abominable, livrés à un feu qui ne s'éteint point, toujours dans l'attente de l'heure fatale où les chaînes de l'enfer nous entraîneront aux tourments ! De plus grands châtiments seraient au-dessus de toute force créée : ils nous anéantiraient. Qu'avons-nous donc à redouter ? Pourquoi craindre d'irriter la colère de notre ennemi ? Qu'elle s'enflamme à son plus haut point, et elle nous consumera entièrement ; la mort est préférable à une éternelle misère ; ou, si notre substance divine est immortelle, nous aurons toujours la consolation de nous voir à l'abri du néant, de nous sentir capables de troubler la demeure du Très-Haut, et de porter l'alarme jusqu'à son trône. Si ce n'est là une victoire, ce sera du moins une vengeance. »

Il finit en fronçant les sourcils ; son regard annonçait une vengeance désespérée, une guerre dangereuse pour tout autre que pour Dieu.

De l'autre côté se leva Bélial, dans une attitude plus gracieuse et plus modérée. L'Olympe n'avait point perdu de plus bel habitant. Par la noblesse de son extérieur libre et guerrier, il semblait créé pour des actions d'éclat ; mais en lui tout était vide et faux. Sa voix, plus douce que la manne du ciel, savait donner une couleur favorable aux crimes les plus noirs. Il possédait l'art de confondre la raison et de faire avorter les desseins les mieux conçus. Ses pensées basses et industrieuses pour le vice étaient timides et lentes quand il s'agissait d'une noble résolution. Il parla cependant ; et d'un ton flatteur pour l'oreille, et persuasif pour le cœur, il prononça ces paroles :

« Chers compagnons, je suis très porté à la guerre ; je ne le cède en haine à personne ; mais ce qui vient d'être allégué de plus fort pour la persuader ne sert qu'à m'en détourner. Quel augure devons-nous tirer du succès, quand le plus brave de nos troupes, se défiant lui-même de son conseil et de sa force, fonde son courage sur le désespoir, et consent à périr pourvu qu'il se venge. Quelle vengeance pouvons-nous prendre ? Les tours éternelles sont gardées par des troupes invincibles. De distance en distance, les légions du Tout-Puissant sont campées sur les confins de l'abîme, et d'une aile obscure, ses coureurs, fouillant au loin dans le royaume de la Nuit, mettent l'empirée à l'abri de la surprise. Pourrions-nous nous ouvrir un chemin par la force ? Quand tout l'enfer marcherait après nous, pour confondre par l'épaisseur de ses ténèbres la pure lumière des cieux, notre grand ennemi, assis sur son trône incorruptible, dissiperait par l'éclat de sa présence tout ce qui pourrait l'offusquer, et sa cuirasse, que rien ne saurait endommager, repousserait bientôt nos faibles traits.

» C'est donc le désespoir que l'on nous présente pour unique ressource. On veut que nous allumions encore la colère du vainqueur. Dans quelle vue ? C'est, dit-on, que, s'il redouble nos maux, leur excès pourra enfin nous anéantir. Triste délivrance ! Qui d'entre nous, malgré les peines dont nous sommes accablés, n'aimera pas mieux jouir de sa substance intellectuelle, et se promener, à travers l'éternité, dans la variété de ses pensées, que de périr englouti dans le sein de la nuit éternelle. Mais supposons que la mort soit un bien pour nous : notre vainqueur courroucé voudrait-il nous en gratifier, ou même le pourrait-il ? Il est douteux qu'il le puisse, sûr qu'il ne le voudra jamais. Voudra-t-il, étant si sage, lâcher toute sa colère ? Et pourrait-il bien, par faiblesse ou par inadvertance, donner à ses ennemis ce qu'ils désirent ? Détruirait-il dans sa fureur ceux que cette même fureur réserve et destine à des châtiments éternels !

» Pourquoi donc balançons-nous ? disent ceux qui conseillent la guerre. Nous sommes condamnés sans retour à des malheurs sans bornes : nos peines, quoi que nous fassions, ne sauraient augmenter ; que pourrions-nous souffrir de plus ? Ce que nous pourrions souffrir de plus ! Est-ce donc le plus triste des états que d'avoir la liberté de parler, d'agir ou de s'assembler ? Rappelez-vous cette fuite précipitée ou, frappés du terrible tonnerre, et vivement poursuivis, nous conjurions l'abîme de nous ouvrir son sein, et de nous dérober aux traits du vainqueur ; l'enfer nous semblait alors un asile. Notre état n'était-il pas plus affreux tout le temps où nous nous sommes vus enchaînés et ensevelis dans le lac brûlant ? Quoi ! si le souffle qui alluma ces tristes feux se ranimait pour les rendre sept fois plus ardents ; si sa vengeance presque assoupie venait à se réveiller ; si tous les trésors de sa colère s'ouvraient ; si les voûtes infernales croulant faisaient fondre sur nos têtes leurs torrents enflammés, et toutes les horreurs qui nous menacent, notre sort ne serait-il pas plus infiniment à plaindre ? Peut-être qu'au moment où nous projetons une guerre glorieuse il s'élève contre nous une tempête qui nous submergera dans les flammes. Peut-être une main invisible va-t-elle nous enlever et nous clouer sur divers rochers, pour être le jouet et la proie des tourbillons déchirants. Cette situation ne serait-elle pas plus horrible ? Non, non, ne songeons plus à la guerre. Ne présumons point de vaincre celui qui possède la force, ni de tromper celui qui voit tout d'un coup d'œil. Egalement puissant pour repousser nos coups, et sage pour dissiper nos trames, du haut des cieux il se rit de nos vaines émeutes. Mais vivrons-nous déshonorés, foulés aux pieds, bannis du ciel, notre chère patrie? Le destin l'a voulu, soumettons-nous. La force ne nous manque pas; manquerons-nous de patience? Dans l'incertitude du succès, nous aurions dû faire nos réflexions avant que de prendre les armes contre un si grand ennemi; mais nous nous sommes livrés aux mouvements de notre courage. Pourquoi frémir des violences qu'on exerce contre nous? L'exil, l'ignominie, l'esclavage, sont des maux inévitables pour des vaincus : sachons supporter notre destinée. Notre vainqueur pourra s'apaiser avec le temps. Si nous cessons de l'insulter, peut-être il nous laissera tranquilles dans ces lieux écartés de sa vue. Qui sait même si, satisfait un jour de ce que nous aurons souffert, il n'écoutera pas sa clémence? Ces feux brûlants se ralentiront quand son souffle n'en rallumera plus les flammes. Alors notre essence purifiée surmontera leur vapeur suffoquante, et notre tempérament, s'accoutumant au climat, n'en ressentira plus aucune incommodité. Cette horreur se convertira en douceur, et cette obscurité en lumière. L'instabilité des choses, que le temps dispose à des révolutions continuelles, doit élever nos espérances. Nous pouvons nous flatter de quelque changement heureux : notre condition était autrefois fortunée, elle est aujourd'hui déplorable; mais elle peut empirer si nous nous exposons à de plus grands châtiments. »

Ainsi Bélial, sous des termes revêtus du manteau de la raison, n'osa directement conclure pour la paix; mais il insinua le parti du repos et d'une inaction paisible. Après lui parla Mammon.

« Si nous faisons la guerre, nous la ferons ou pour détrôner le divin monarque, ou pour nous remettre en possession des droits que nous avons perdus. Pour le détrôner, il faudrait que le Destin immuable cédât à la Fortune volage, et que le Chaos fût l'arbitre de la victoire. Le peu de fondement qu'il y a d'espérer le premier fait voir la vanité du dernier. Est-il pour nous aucune place dans l'enceinte du ciel, à moins que nous n'en subjuguions le grand roi? Supposons même qu'il s'attendrît, et qu'il publiât une amnistie générale, à la charge de lui jurer de nouveau l'obéissance ; de quel œil pourrions-nous, humiliés, nous tenir en sa présence, et recevoir les dures lois qu'il nous imposerait? Aurions-nous bien la lâcheté de rendre hommage à son trône par des hymnes mélodieux, et de chanter en l'honneur de sa divinité des cantiques forcés, pendant qu'il serait assis en maître, et que ses autels fumeraient de parfums suaves et de fleurs d'ambroisie que nos serviles mains viendraient y prodiguer? Car telle serait notre occupation dans le ciel ; tels seraient nos plaisirs. Qu'une éternité employée à faire sa cour à l'objet de sa haine secrète est longue et ennuyeuse! N'entreprenons point l'impossible : nous ne saurions forcer les portes éternelles ; mais quand on voudrait nous les rouvrir, nous devrions rejeter une grâce pareille. Ce que nous avons perdu n'était en soi qu'un pompeux esclavage ; cherchons notre bonheur en nous-mêmes, et ne songeons qu'à vivre pour nous, dans cette vaste retraite, indépendants, affranchis de toute tyrannie, et préférant une liberté pénible à l'éclat servile du joug le plus brillant. Notre grandeur n'appartiendra qu'à nous, lorsque nous ferons servir à notre gloire, à notre avantage, à notre félicité, ce qui devait être méprisable, nuisible, pernicieux ; tirant à force de travail et de patience notre satisfaction du mal même.

» Craignons-nous l'obscurité de ces profondes régions? Combien de fois le grand souverain se plaît-il à s'envelopper de nuages épais et sombres? Les tonnerres cachés grondent alors de toutes parts, et le ciel paraît un enfer. Mais sa gloire, environnée de la majesté des ténèbres, conserve en lui-même toute la pureté de son éclat. Comme il imite notre obscurité, ne pouvons-nous pas, quand il nous plaira, imiter sa lumière? Ce terrain brut a ses beautés cachées, l'or et les perles s'y rencontrent. Nous ne manquerons ni d'adresse ni d'art pour en tirer des prodiges de magnificence. Et qu'est-ce que les palais divins peuvent présenter de plus à nos yeux? Qui sait même si nos tourments ne deviendront point avec le temps notre élément? Peut-être ces feux perçants seront un jour pour nous aussi doux qu'ils sont maintenant cruels. Si nous pouvons une fois nous transformer en leur nature, il n'y aura plus rien de sensible dans nos peines. Tout nous invite à des conseils paisibles et à voir comment nous adoucirons nos misères, eu égard à l'état et au lieu où nous sommes. Bannissons tous les projets de guerre, et ne songeons plus qu'à tirer avantage des richesses que nous possédons. »

A peine eut-il fini qu'un bruit sourd s'éleva dans l'assemblée, bruit semblable à celui qu'on entend après une tempête, quand les antres des rochers conservent le son des vents impétueux qui toute la nuit ont bouleversé la mer; alors leur rauque murmure endort les matelots épuisés de veilles, et dont le vaisseau se trouve à l'ancre dans une baie pleine d'écueils. Tel fut l'applaudissement qu'on entendit quand Mammon cessa de parler. Son avis pour la paix fut goûté. L'impression qu'avaient formée sur eux la foudre et l'épée du vainqueur leur faisait craindre, plus que l'enfer même, un nouveau combat. Ils se sentirent flattés du projet de fonder un empire pareil à celui des cieux.

Belzébuth qui, après Satan, tenait le premier rang, remarqua leur disposition. Il se leva d'un air grave, et en se levant il parut le soutien d'un état. La délibération et les soucis publics étaient profondément gravés sur son front; dans ses traits majestueux, quoique défigurés, brillait encore le conseil d'un prince. Capable de porter sur ses épaules, plus robustes que celles d'Atlas, le fardeau des plus puissantes monarchies, il attira dès son premier regard toute l'attention de l'auditoire, et l'assemblée fut calme comme la nuit, ou comme le midi d'un beau jour d'été.

« Puissances impériales, Divinités du ciel, Vertus éthérées, ou plutôt lâches habitants des enfers; car, renonçant à vos premiers titres, toutes les voix ne tendent qu'à fonder ici un empire nouveau, quelle est donc votre erreur? L'Eternel ne vous destine point ici des trônes, mais des cachots. Il ne vous y a point placés pour vous y soustraire à son empire, encore moins pour vous mettre en état de former contre son trône une ligue nouvelle : sa volonté suprême est de vous y retenir dans l'esclavage. Lui seul, soyez-en sûrs, toujours le plus haut et le plus profond, le premier et le dernier, lui seul est le monarque qui règne, et nos révoltes ne peuvent donner atteinte à sa gloire. Nous sommes encore sous sa domination, et sa verge de fer, levée sur nos têtes, nous forcera de subir ses lois, comme il gouverne les célestes esprits du plus léger mouvement de son sceptre d'or. Pourquoi donc délibérer si nous ferons la guerre ou la paix ? La guerre a fixé notre sort ; on ne nous offre point la paix, ne la recherchons point. Quelle paix peuvent espérer des esclaves ? Ils ne doivent s'attendre qu'à des fers, qu'à d'indignes traitements, au gré du vainqueur. Rendons haine pour haine, hostilités pour hostilités. Vengeons-nous, quoique avec lenteur, puisque notre état ne nous permet point une prompte vengeance. Notre unique objet doit être de priver le vainqueur du fruit de sa victoire. Ne le laissons point jouir tranquillement du cruel plaisir qu'il goûte à la vue de notre misère. Qu'est-il nécessaire que, par une irruption dangereuse, nous envahissions l'empirée, dont les superbes remparts ne craignent ni assaut, ni siége, ni surprise de la part de l'abîme ? Ne pourrions-nous trouver quelque entreprise plus facile et plus sûre ?

» Une ancienne prophétie nous a révélé dans le ciel qu'un monde nouveau devait sortir du néant. Si j'ai bien combiné les termes et les signes de la prophétie, il doit en être déjà sorti pour servir de demeure à une créature nouvelle appelée *l'homme*, dont la nature, semblable à la nôtre, mais inférieure en excellence, est cependant plus favorisée de celui qui règle tout. La volonté du Très-Haut s'est expliquée là-dessus parmi les dieux, et il l'a confirmée par un serment qui fit trembler toute la circonférence du ciel. Tournons de ce côté-là toutes nos pensées : tâchons d'apprendre quelles créatures habitent ce monde, quelle est leur forme et leur substance, quels sont leurs talents, en quoi consiste leur force ou leur faiblesse, et si, pour les surmonter, il faut employer l'artifice ou la violence. Les portes de l'Olympe nous sont fermées : tout assure la gloire et le repos du grand monarque ; mais peut-être cette autre place, frontière de son royaume, est ouverte, dénuée de troupes, et n'a d'autre défense que ses premiers habitants. Portons contre eux nos armes, détruisons leur monde, ou soumettons-le à titre de conquête. Chassés du ciel, chassons de la terre ces nouveaux sujets, ou soulevons-les contre leur Dieu, afin qu'il devienne leur ennemi, et que dans sa fureur il extermine son propre ouvrage. Ne sentez-vous pas tout le plaisir d'une telle vengeance? Elle troublerait la joie que le vainqueur ressent de notre confusion, et notre joie naîtrait de son trouble. Il regretterait ses enfants bien-aimés, qui, partageant avec nous et nos fautes et nos peines, maudiraient leur origine et pleureraient leur trop courte félicité. Voyez donc si ce projet mérite votre attention, ou s'il vous convient mieux de vous occuper, dans cette triste demeure, à rêver des empires chimériques. »

Tel fut l'avis détestable qu'ouvrit Belzébuth, sur la première idée qu'en avait donnée Satan.

Quel autre que l'auteur du mal pouvait concevoir un dessein aussi noir que celui de frapper le genre humain dans sa racine, et d'envelopper la terre avec l'enfer, pour contrister le Créateur? Mais la malice infernale ne servira qu'à relever la gloire du Très-Haut. Le projet audacieux fut admiré, et la joie étincela dans les yeux des anges de ténèbres. Ils approuvèrent d'un consentement unanime; et Belzébuth reprit ainsi la parole :

« Enfin vos débats ont fini, mes raisons ont prévalu : il convient à des dieux de former de grands desseins; par là vous vous relèverez du fond de l'abîme, en dépit du destin; par là vous vous rapprocherez de votre ancienne demeure : peut-être même serez-vous à portée de ces confins glorieux que vous possédiez autrefois; et qui sait si nous ne pourrons point tirer avantage de la proximité pour rentrer, les armes à la main, soit dans le lieu de notre origine, soit dans quelque zone tempérée où nous vivrons tranquilles, perpétuellement visités de la charmante lumière des cieux. Les brillants rayons de l'Orient ranimeront notre éclat, et le baume de l'air adoucira les cruels effets de ces feux corrosifs.

« Mais, avant tout, il s'agit d'un point important. Qui d'entre vous s'offrira pour aller à la découverte de ce nouveau monde?

Qui voudra sonder de ses pieds errants l'immense profondeur de l'abîme ténébreux ? Qui saura démêler cette route épineuse à travers la nuit palpable ? Quelle force, quel art pourra suffire pour soutenir d'une aile infatigable un vol rapide au-dessus des vastes précipices du vide avant que d'arriver au terme fortuné ? Comment échapper au travers des sentinelles serrées et des bataillons d'anges épars ? Cette entreprise demande une conduite et une résolution étonnante dans celui que l'on choisira, et dans nous une grande prudence pour déterminer notre choix. Il ne s'agit de rien moins que de lui remettre notre sort avec notre dernier espoir. »

Il dit, et s'assied. Le regard suspendu, immobile, il attend que quelqu'un se lève pour appuyer, contredire ou entreprendre la périlleuse aventure : tous restent dans le silence, admirant le projet, étonnés de l'exécution. Chacun lit dans les yeux des autres sa propre frayeur. Nul parmi l'élite et la fleur de ces guerriers ne se trouve assez hardi pour s'offrir. Satan, qu'une gloire transcendante élève au-dessus du vulgaire, fier de sa supériorité, parle ainsi d'un ton de monarque :

« Princes du ciel, trônes empirés, si nous gardons le silence, ce n'est pas que la crainte puisse nous ébranler. La difficulté, et non le péril, nous étonne. Le chemin qui d'ici conduit à la lumière est long, et peut-être impraticable; cette prison est barricadée de toutes parts. Une vaste convexité de feu dévorant nous entoure neuf fois de son circuit, et des portes de diamant défendent la sortie. Ces portes passées, si l'on peut les passer, la vide profondeur de la nuit informe nous reçoit dans sa gueule béante, et menace d'un entier anéantissement celui qui osera se plonger dans son gouffre. S'il pénètre de là dans quelque monde inconnu, il se trouvera exposé à de nouveaux dangers, et il lui faudra surmonter encore les mêmes obstacles dans sa retraite. Mais je soutiendrais mal l'honneur de ce trône orné de splendeur, armé de puissance, si le danger ou la difficulté pouvaient m'arrêter un instant quand il y va de l'intérêt de l'état. La royauté dont je suis revêtu, et le sceptre que je porte, m'avertissent que qui jouit de la gloire du trône en doit assumer les périls. Les grands dangers sont pour les places éminentes. Allez donc, redoutables puissances, qui même après votre chute êtes encore la terreur du ciel : concertez entre vous ce qui pourra soulager la misère de ces lieux, et rendre l'enfer supportable tandis qu'il vous faudra l'habiter. Inventez quelque moyen, quelque charme pour suspendre, pour éluder et ralentir vos maux. Veillez sans cesse en mon absence; vous avez un ennemi vigilant. Je vais moi-même à travers la noire destruction chercher la délivrance commune. Personne ne partagera cette entreprise avec moi. »

A ces mots, le monarque se leva ; il prévint sagement toute réplique, de peur que, encouragés par sa résolution, d'autres entre les principaux, dans l'assurance d'un refus, ne vinssent s'offrir à cette expédition dont la première vue les avait épouvantés. En briguant cet emploi ils auraient été regardés comme ses rivaux, et, sans aucun dessein de le remplir, sans courir aucun risque, ils eussent partagé la gloire qu'il lui fallait moissonner au travers d'une infinité de dangers ; il leur défendit donc de penser à le suivre ; le son de sa voix ne les effraya pas moins que l'idée du voyage terrible.

Ils se levèrent avec lui. Le bruit qu'ils firent en se levant fut pareil au mugissement du tonnerre entendu dans le lointain. Ils s'inclinèrent en sa présence avec une soumission profonde, et ils l'exaltèrent comme un dieu égal au Très-Haut. Sa générosité, qui l'engageait à se dévouer pour le bien public, ne resta point sans éloges. Les démons, malgré la corruption de leur nature, sentent ce qui mérite ou la louange ou le blâme. Par là seront un jour confondus ces hommes pervers dont les actions spécieuses n'ont d'autre principe que la vaine gloire, ou l'ambition colorée du nom de zèle.

Ils sortirent du conseil agités de diverses pensées, mais se réjouissant dans leur chef incomparable. Ainsi, tandis que le vent du nord repose, les sombres nuages partent du sommet des montagnes, s'étendent sur la face riante des cieux, et, répandant la neige ou la pluie, attristent la terre et défigurent les campagnes. Si par hasard le soleil, en finissant sa carrière, montre ses rayons, et favorise d'un dernier regard la nature affligée, les champs reprennent vie, les oiseaux recommencent leurs chansons, et les troupeaux témoignent leur joie par des mugissements qui font retentir les montagnes et les vallées. A la honte des hommes, les démons, au milieu des tourments, vivent ensemble en bonne intelligence. Les hommes seuls, de toutes les créatures raisonnables, sont en discorde malgré l'assistance du ciel; et tandis que l'Eternel publie la paix, ils entretiennent entre eux l'inimitié, la haine et la dissension. Ils se font de cruelles guerres, et ravagent la terre pour se détruire l'un l'autre, comme si l'homme (ce qui devrait nous engager à nous réunir) n'était point entouré d'un assez grand nombre d'ennemis invisibles qui veillent jour et nuit pour sa ruine.

Ainsi finit le conseil stygien : les pairs infernaux se retirèrent en ordre. Au milieu d'eux marchait leur grand empereur, qui semblait seul l'antagoniste du ciel. Redoutable souverain des sombres royaumes, par cette pompe extérieure, il affectait la grandeur de la Divinité. Un globe de séraphins de feu l'entourait à la ronde avec des blasons brillants et des armes fulminantes. Ils firent publier au son royal des trompettes la décision du conseil. Vers les quatre vents, quatre chérubins actifs embouchèrent le métal sonore, et disposèrent le peuple à entendre la voix des hérauts; l'abîme en retentit. Toute l'armée renvoya de hautes acclamations. Ainsi l'éblouissante lueur d'une présomptueuse et fausse espérance leur rendit un peu de tranquillité.

Les puissances infernales se séparèrent et prirent divers chemins, selon que le penchant ou un triste choix le leur présentait, dans cette situation affreuse, comme un moyen de calmer leur désespoir, et d'amuser les heures ennuyeuses jusqu'au retour de leur grand chef.

Les uns, sur la plaine ou dans l'air, s'ébattent en s'élevant sur leurs ailes, ou s'exercent à la course, comme aux jeux olympiques ou dans les champs pythiens; ceux-ci domptent leurs coursiers de feu, ou, d'une roue rapide, évitent adroitement la borne. Là une troupe forme un bataillon carré : telle est l'image de la guerre, qui paraît quelquefois dans les cieux pour servir d'avertissement à des villes débordées. On y voit des armées se choquer en bataille dans les nuages ; les chevaliers aériens se poussent en avant des deux parts, baissent leurs lances, et bientôt les épaisses légions se mêlent. La chaleur du combat met en feu toute l'étendue de l'horizon.

D'autres, avec une rage plus furieuse que celle des Titans, arrachent les rochers et les montagnes, et volent par les airs en forme de tourbillons. L'enfer peut à peine soutenir l'horrible tumulte. Tel Alcide, vainqueur d'Œchalie, sentant la robe empoisonnée, au fort de la douleur déracina les pins de Thessalie, et lança Lychas du haut d'Œta dans la mer d'Eubée.

Quelques-uns, dans une vallée retirée du bruit, accordant leurs voix mélodieuses avec la lyre et la harpe, chantaient leurs faits héroïques et le malheur de leurs armes : ils se plaignaient du destin, dont l'injuste loi assujétissait le courage à la force ou à la fortune. Leurs chants remplis de vanité célébraient leurs exploits infortunés ; mais l'harmonie (qu'y a-t-il d'impossible aux voix des immortels?) suspendait la violence des flammes, et produisait dans ces esprits turbulents une espèce de calme.

Occupés à des discours plus doux (car les sons charment les sens, tandis que l'éloquence charme l'âme,) quelques autres étaient assis à part sur un mont solitaire. Ils s'entretenaient de pensées plus élevées ; ils raisonnaient sur la Providence, la prescience, la liberté, la prédestination, le libre arbitre, la détermination absolue ; mais ils se perdaient dans des labyrintes embarrassés, disputant à l'infini sur le bien et sur le mal, la béatitude et la misère finale, la passion et l'apathie, la gloire et la honte. Vaine sagesse, et fausse philosophie ! cependant ces spéculations, toutes creuses qu'elles étaient, par un doux enchantement charmaient quelquefois leurs peines et leurs douleurs ; en faisant naître en eux un espoir séduisant, elles armaient leur cœur endurci d'une patience opiniâtre, ainsi que d'une triple cuirasse.

D'autres, en escadrons et en grandes troupes, s'étendent hardiment au loin pour reconnaître leur triste monde, et cherchent s'ils ne trouveront point en quelque autre climat une plus douce habitation. Ils prennent en volant leur route par quatre rivières qui dégorgent dans le lac brûlant leurs ondes lugubres. Là se trouve le détestable Styx, fleuve de haine ; ici le triste Achéron dans son lit noir et profond traîne un chagrin mortel ; ailleurs est le Cocyte, ainsi nommé des hautes lamentations qui se font entendre sur son courant de douleurs ; plus loin roule l'impétueux Phlégéton, dont les vagues de feu allument la rage dans les cœurs.

Au-delà de ces quatre rivières, le lent et tranquille Léthé, fleuve d'oubli, replie ses eaux tortueuses ; quiconque en boit oublie sur-le-champ son premier état, et perd toute idée ou des plaisirs ou des maux passés.

Plus loin encore est un continent glacé, sombre, affreux, battu sans cesse des tempêtes, des ouragans, et d'une grêle meurtrière qui ne se fond jamais sur la terre durcie, mais s'amasse en monceaux, et paraît comme les ruines d'un ancien bâtiment.

Ce continent est terminé par des abîmes de neige aussi profonds que le lac Serbonite, entre Damiette et l'ancien mont Casius, où des armées entières ont été englouties. Sous cette zone glaciale, les frimas de l'air brûlent tout, et le froid produit le même effet que le feu.

C'est là que, à certaines époques, tous les rebelles sont traînés par les Furies aux serres de Harpies ; alors ils ressentent tour à tour la différence horrible d'un contraste furieux. Le changement ne fait que rendre leur sort encore plus rude. Tantôt plongés dans la glace au sortir d'un lit de feu terrible, ils sentent éteindre en eux la douce chaleur qu'ils tenaient du ciel, et languissent pendant un certain temps immobiles et raides de foid ; tantôt ils sont rejetés dans le feu. Pour augmenter encore leur misère, en allant d'un supplice à l'autre, ils traversent le Léthé. A la vue de ses ondes assoupissantes dont ils se trouvent si proches, ils désirent, ils s'efforcent d'en prendre quelque goutte pour effacer dans un doux oubli leurs peines et leurs maux ; mais le Destin s'y oppose : Méduse aux regards terribles, de ses bras armés de serpents, les repousse, et, semblable à celle qui se dérobait autrefois des lèvres de Tantale, l'onde fuit, et ne se laisse point approcher.

Ainsi, errantes dans leur marche confuse et incertaine, les bandes infernales ne trouvaient partout que des sujets de désespoir. Saisies d'horreur et d'un mortel tremblement, la pâleur sur le front, les yeux hagards, elles envisageaient de tous côtés leur partage lamentable : le repos les fuyait. En vain traversaient-elles des vallées sombres et hideuses, des régions de douleurs, des montagnes de glace et de feu. En vain franchissaient-elles des rochers, des fondrières, des lacs, des précipices, des marais empestés ; elles retrouvaient toujours d'épouvantables ténèbres, les ombres de la mort que Dieu forma dans sa colère au jour qu'il permit les maux, inséparables du crime. Elles ne voyaient que des lieux où la vie expire, et où la mort seule est vivante : la nature perverse n'y produit rien que d'énorme et de monstrueux : tout en est horrible, inexprimable, et pire encore que tout ce que les fables ont feint ou que la crainte a jamais imaginé : Gorgones, Hydres et Chimères dévorantes.

Cependant l'adversaire de Dieu et de l'homme, Satan, les pensées enflammées des plus hardis projets, déploie ses ailes rapides, et vole vers les portes des enfers : quelquefois il suit la droite, quelquefois la gauche ; tantôt d'un vol horizontal il rase la plaine infernale, puis prenant son essor il pointe en haut vers la voûte de feu. Tel que dans la pleine mer on voit de loin, suspendue dans les nues, une flotte partie du Bengale par les vents de l'équinoxe, ou des îles de Ternate et de Tidor, d'où les marchands tirent d'utiles aromates, les vaisseaux voguant au cap, sur les liquides plaines de l'océan éthiopique, s'avancent vers le pôle malgré les ténèbres et la marée : tel en son vol paraissait le prince des démons.

Enfin les extrémités de la voûte infernale se découvrent à ses yeux ; il en aperçoit les horribles portes. Trois battants étaient de cuivre, trois de fer, trois d'un roc de diamant, impénétrables à toute force, et palissadés d'un feu qui brûlait toujours sans jamais se consumer.

Deux monstres formidables se tenaient au-devant. L'un jusqu'à la moitié du corps ressemblait à une belle femme, mais se terminait en un serpent écailleux à vaste replis, et armé à l'extrémité d'un aiguillon meurtrier : autour de sa ceinture, les chiens de l'enfer, aboyant sans cesse de leurs gueules de Cerbère, poussaient des hurlements effroyables.

L'autre figure, si l'on peut nommer ainsi ce qui n'avait point de forme distinctive en ses membres, en ses jointures et dans son assemblage énorme ; ou, si l'on peut appeler substance ce qui ressemblait à une ombre, surpassait la nuit en noirceur : féroce comme les Furies, terrible comme l'enfer, elle brandissait un dard effroyable, et portait sur sa tête bizarre une espèce de couronne royale.

Sitôt que Satan fut à portée, le monstre s'avança contre lui à grands pas. Sa démarche fit trembler l'enfer. Le prince des démons fut étonné de cette vision : il fut étonné, mais il ne trembla pas. Comme il ne redoutait que l'Éternel et son Verbe, il regarda le monstre d'un air fier, et lui parla de la sorte :

D'où viens-tu ? Qui es-tu ? Exécrable objet, assez téméraire pour m'opposer ta figure hideuse, prétends-tu me fermer ces portes ? J'y passerai malgré tes efforts ; retire-toi, où je te ferai sentir ta folie, et tu apprendras, monstre d'enfer, qu'il ne faut pas disputer avec les esprits du ciel.

« Es-tu donc, lui répondit le spectre plein de courroux, es-tu cet ange perfide qui le premier rompit dans le ciel la paix et la foi qui devaient être inviolables ? Es-tu cet orgueilleux qui entraîna dans sa révolte la troisième partie des enfants de lumière ? Conjurés à ton exemple contre le Très-Haut, ils ont été rejetés de la présence de Dieu, et se voient condamnés à passer avec toi des jours éternels dans la misère et les tourments. Infâme victime de l'enfer, oses-tu bien te compter entre les esprits du ciel ? Oses-tu porter ici le défi et me braver dans mon royaume, où, pour combler ton désespoir, tu te trouves mon sujet? Retourne à ton supplice, lâche déserteur; hâte-toi, ou d'un fouet armé de scorpions je presserai ta marche; et si tu résistes je te frappe de mon dard qui cause des maux plus violents que tout ce que tu ressentis jamais. »

Ainsi parla le monstre épouvantable. Son air menaçant le rendit dix fois plus terrible et plus difforme. Satan, brûlant de colère sans être épouvanté, lançait de ses yeux enflammés mille traits foudroyants : semblable à une comète qui met en feu toute l'étendue du vaste Ophiucus dans le ciel arctique, et qui, de sa chevelure horrible, secoue la peste et la guerre, ils se portèrent des regards furieux, et levèrent l'un sur l'autre un bras exterminateur. Tels deux sombres nuages chargés de l'artillerie des cieux s'avancent en grondant sur la mer Caspienne, se tiennent en face l'un de l'autre, et tournoient jusqu'à ce que les vents soufflent le signal de la noire mêlée dans les airs. D'un œil plus sombre encore se regardèrent ces puissants combattants; l'obscurité des royaumes ténébreux en devint plus grande. A les voir tous deux si redoutables, on eût dit que ces superbes rivaux pouvaient seuls faire ensemble l'essai de leurs forces. Mais ils trouveront un jour leur vainqueur. L'enfer aurait retenti de leurs coups terribles, si l'autre monstre, dépositaire de la clef fatale, ne se fût jeté entre eux avec un cri épouvantable.

« O mon père, s'écria-t-elle, que projette ta main contre mon fils unique? Et toi, mon fils, quelle rage te porte à tourner ce dard mortel contre mon père? Pour qui? pour celui qui est assis là-haut, qui nous humilie, et qui se rit de te voir le ministre de sa justice, ou plutôt de sa colère : ignores-tu qu'il doit un jour nous détruire? »

A ces mots, le fantôme infernal s'arrêta, et Satan répondit :
« Ton cri, ton discours étrange, ont suspendu tout-à-coup mon bras. Je consens qu'il diffère à te faire sentir sa pesanteur jusqu'à ce que je sache de toi qui tu es sous cette double forme. Tu n'as point encore paru à mes yeux dans les vallées infernales : comment oses-tu m'appeler ton père? comment

ce spectre est-il donc ton fils? Je ne connais ni l'un ni l'autre, et jamais objets si hideux ne choquèrent ma vue. »

« M'as-tu donc oubliée, lui répliqua la portière d'enfer, et semblé-je si difforme à tes yeux? Ne suis-je plus ta fille bien-aimée? Souviens-toi que, en présence des séraphins conspirant avec toi contre le Très-Haut, tout d'un coup de cruelles douleurs te surprirent; tes yeux se couvrirent d'un nuage, et les ténèbres de l'évanouissement t'environnèrent. Ton front jetait des flammes en abondance; il s'ouvrit enfin du côté gauche : aussitôt, semblable à toi, déesse armée, je sortis de ta tête. L'étonnement saisit les immortels, ils reculèrent d'effroi, et me donnèrent l'odieux nom de Péché. Cependant la guerre s'éleva, la bataille se donna : notre ennemi ne put succomber, il remporta une pleine victoire; tes soldats renversés tombèrent du haut de l'empirée. Je me vis entraînée avec eux : la clef de l'abîme fut remise en mes mains, et ces portes, que nul ne saurait franchir sans mon ordre, il me fut ordonné de les tenir fermées. Je restai ici quelque temps seule et pensive; mais tout-à-coup je sentis des mouvements prodigieux et des tranchées insupportables; enfin, formé de mon propre sang, l'odieux rejeton que tu vois, s'ouvrant une issue avec impétuosité, déchira mes entrailles. Ma frayeur et ma souffrance furent si excessives que toute la partie inférieure de mon corps subit cette horrible métamorphose. Mon barbare fils voyait à peine le jour, que, prêt à tout détruire, il secoua son dard fatal; je pris la fuite, et dans l'effroi où j'étais je prononçai le nom de Mort; et les cavernes de l'enfer retentirent, et répétèrent mille fois : *La Mort!*

» La Mort hideuse, mon fils, est mon ennemie; toujours elle est présente à mes yeux : et quoique je sois sa mère, sa fureur voudrait me dévorer moi-même, faute d'autre proie; mais ce monstre sait que sa fin tient à la mienne. Il sent qu'en me dévorant je lui servirais moi-même de poison : ainsi le Destin l'a prononcé. »

Elle finit; Satan comprit bientôt ce qu'il avait à faire : il se radoucit, et répondit d'un ton insinuant :

« Ma chère fille, puisque tu me reconnais pour ton père, sache que je ne viens pas comme ennemi. Je prétends affranchir de cette prison affreuse, toi, ton fils, et toute cette multitude d'esprits célestes qui se sont vu précipités pour avoir soutenu nos justes prétentions. J'entreprends sans escorte cette commission difficile, et je m'expose moi-même pour tous à pénétrer les abîmes impénétrables. Je vais errer au travers du vide immense, et chercher un monde qui, suivant la prédiction et le concours des signes, doit être maintenant créé.

« Son globe vaste et fortuné, placé sur la lisière du ciel, a été abandonné à une race de créatures sorties de la boue : l'Éternel peut-être les a destinées à remplir nos trônes vacants; il ne les y a point encore admises, de peur que l'Olympe surchargé d'une puissante multitude ne trame de nouvelles séditions ; mais soit que ce motif l'ait déterminé, soit qu'il ait eu quelque autre dessein plus mystérieux, je me hâte de le savoir. Bientôt je reviendrai pour vous établir dans un séjour délectable ; vous y demeurerez tous deux à votre aise, invisibles, tranquilles. Vous pourrez voler dans un air subtil et embaumé de suaves odeurs : tout deviendra votre proie. »

Il dit, et les deux monstres parurent transportés de joie. La Mort, flattée de rassasier bientôt sa faim insatiable, voulut sourire ; cette expression de plaisir la rendit encore plus affreuse. Sa méchante mère ne parut pas moins sensible ; elle se tourna vers Satan, et lui tint ce langage :

« Je garde les clefs de ce gouffre infernal ; le souverain du ciel l'ordonne, et m'a défendu d'ouvrir ces portes de diamant. Je n'ai point à craindre de me voir surmonter par aucune puissance vivante ; la Mort a juré de tourner son dard formidable contre tout téméraire qui voudrait me faire violence. Mais je ne dois plus rien au Très-Haut ; il me hait, et m'a précipitée dans les profondes ténèbres du Tartare, pour y rester chargée d'un office odieux. Habitante du ciel et d'une origine céleste, je me trouve ici confinée dans la peine et dans une affreuse agonie, assiégée de perpétuelles terreurs. Tu es mon père, tu es mon auteur, tu m'as donné l'être. A quel autre que toi dois-je obéir ? Tu m'introduiras bientôt dans ce nouveau monde de lumière et de béatitude, parmi les dieux qui y vivent dans la félicité : j'y règnerai au-delà des siècles, délicieusement assise à ta droite, comme il convient à ta fille, à ta bien-aimée. »

A ces mots, elle tira de sa ceinture la clef fatale, triste instrument de nos maux, et roulant vers les portes sa croupe monstrueuse, elle leva sur-le-champ la herse immense que sans elle toutes les puissances de l'enfer n'auraient pu ébranler. Les serrures obéirent, et les barres de fer massif tombèrent au premier mouvement de sa main.

Les portes infernales, reculant impétueusement avec un bruit épouvantable, s'ouvrirent des deux côtés. Le mugissement des gonds, pareil à celui du tonnerre, ébranla le plus profond de l'Érèbe. Elle ouvrit donc ces portes, mais les refermer surpassait son pouvoir. Leur ouverture énorme aurait pu recevoir de front une armée en bataille étendue sur ses ailes, marchant enseignes déployées, avec ses bagages et ses chariots. De vastes tourbillons de flamme et de fumée en sortirent comme d'une fournaise rompue par la violence du feu.

Alors aux yeux de Satan et des deux monstres apparaissent les secrets du vieil abîme : océan noir, démesuré, sans bornes, sans dimension, où la longueur, la largeur, la profondeur, le temps et l'espace se trouvent engloutis : c'est là que la Nuit primitive et le Chaos, ancêtres de la Nature, tiennent une anarchie constante, au milieu d'un bruit de guerres animées par l'antipathie. La Confusion soutient leur trône. Ici le Chaud et le Froid, le Sec et l'Humide, quatre fiers champions, se disputent l'empire, et conduisent en bataille leurs embryons d'atômes. Autour de l'étendard de chaque faction, dans leurs diverses tribus, armés légèrement ou pesamment, raboteux ou unis, prompts ou lents, on les voit fourmiller sans ordre ni mesure, pareils en nombre aux grains de sable de Barca ou du terrain brûlant de Cyrène, que les vents entraînent pour donner du poids à leur ailes légères. Celui qui a le plus d'atômes de son côté est le maître pour un moment. Le Chaos gouverne en souverain, et par ses décisions embrouille encore plus le désordre par lequel il règne. Le Hasard est son premier ministre.

Là se découvre le berceau de la Nature, et peut-être son cercueil ; on n'y voit ni mer, ni terre, ni air, ni feu ; ce n'est partout qu'un assemblage insociable de principes contraires et qui doivent se combattre toujours, à moins que le monarque suprême, par sa parole active, ne fasse la séparation de ces noirs matériaux pour créer de nouveaux mondes. Voilà ce qu'aperçoit du bord des enfers le prince des démons. Il s'arrête, il contemple, il réfléchit. Quelle affreuse traverse à faire ! Son oreille n'est pas moins étourdie de la violence du bruit que quand Bellone, s'il est permis de comparer les grandes choses aux petites, emploie contre une ville fortifiée de hauts remparts tous les foudres de la guerre. Si la structure du ciel venait à s'écrouler, si les éléments mutinés arrachaient la terre solidement fixée sur son axe, le désordre ne serait pas plus grand.

Prêt à prendre son vol, Satan déploie ses ailes plus étendues que les voiles d'un vaisseau, et frappe du pied la terre qu'il fait rejaillir en s'élevant dans des tourbillons de fumée. Il monte porté comme dans un trône de nuages ; il monte audacieux : mais bientôt tout appui lui manque. Il se trouve dans un vide prodigieux, et remuant en vain ses ailes, il tombe comme une masse de plomb à dix millions de brasses. Il tomberait encore si la violente explosion d'une nue chargée de nitre et de feu ne lui eût donné un nouvel élan pour regagner plus qu'il n'avait perdu. Cet orage passé, il se trouva enfoncé dans des syrtes mouvants qui n'étaient ni mer, ni terre ferme. Il sonde, il traverse ce sol sans consistance, et il emploie, s'il le faut, les rames et les voiles. Tel d'une course ailée, à travers les montagnes et les plaines, un griffon poursuit l'arimaspien qui emporte à la dérobée l'or confié à sa garde vigilante. Tel le prince des démons, franchissant ardemment les fondrières, les rochers escarpés, et les pas étroits, montueux, denses ou rares, poursuit son chemin de la tête, des mains, des ailes, des pieds : il nage, plonge, rampe, vole.

Enfin un murmure de sons étonnants et de voix confuses frappe son oreille avec une grande véhémence. Il y tourne ses pas, résolu d'aborder avec intrépidité tout ce qui pouvait résider dans ce tumulte, soit esprits, soit puissances de cet abîme. Ils pourront l'informer du plus court chemin qui conduit à la lumière. Tout-à-coup il aperçoit le trône du Chaos, et son lugubre pavillon prodigieusement étendu sur le gouffre désolé. Avec lui, sur un même trône, la Nuit, vêtue de noir, respectable par son ancienneté, compagne de son règne, tenait sa cour. Debout auprès d'eux étaient Orcus, Ades et le redoutable Démogorgon ; ensuite la Rumeur, le Hasard, le Tumulte, la Confusion toute brouillée, et la Discorde aux mille bouches différentes. Satan s'adressant hardiment à eux, leur dit :

« Puissances et esprits de ce bas abîme, Chaos, et vous, ancienne Nuit, je ne viens point ici pour découvrir et troubler les secrets de votre empire. Engagé sans aucun guide au milieu de ces déserts obscurs, je me suis égaré : toute mon envie est d'arriver à la lumière. Je cherche une issue pour me rendre aux lieux où vos sombres frontières confinent avec le ciel. Montrez-moi de quel côté le divin monarque a fait sa nouvelle usurpation dans vos états. Je veux l'en chasser ; il y va de votre intérêt : dirigez ma course. Si je puis réduire cette région perdue pour vous, mon dessein est de la remettre sous vos lois, et d'y faire arborer l'étendard de l'ancienne Nuit. Je vous abandonne tout ; il me suffit de la vengeance. »

Ainsi parla Satan, et le vieux Anarque lui répondit d'un ton entrecoupé :

« Étranger, je sais ton nom et tes malheurs. Tu es ce puissant chef des anges révoltés contre le monarque de l'empirée. Mes yeux ont été témoins de ta chute, et le bruit s'en est fait entendre à mes oreilles. Une armée comme la tienne devait laisser d'horribles marques de sa déroute. L'abîme en a été effrayé : les légions victorieuses sortaient par millions des portes du ciel et augmentaient encore le désordre. Ici, sur mes frontières, j'ai établi ma résidence. Je veux défendre le peu qui me reste. Vos divisions intestines soulevèrent sans cesse contre nous de nouvelles tempêtes, et le sceptre de l'ancienne Nuit s'affaiblit de jour en jour. J'ai vu d'abord arracher sous mes pieds les espaces immenses qui forment les prisons de l'enfer. Les voûtes étoilées, et le globe de la terre suspendu sur ma tête à cette partie de l'Olympe d'où tes légions ont été précipitées, sont un second démembrement de mes états : si c'est là que tu te rends, tu n'est pas éloigné du terme : l'ennemi nous menace de près. Voilà ta route, suis-la ; vole, combats, triomphe. Le dégât, la ruine et le désordre sont les seuls objets de mes vœux. »

Il finit. Satan ne s'arrêta point à répliquer ; mais, ravi de se trouver si près de son but, il reprend de nouvelles forces, et, transporté de joie, il s'élève comme une pyramide de feu dans la vaste immensité, il se fait jour à travers les éléments dont le choc l'oppresse de toutes parts. Avec moins de danger le navire Argo traversa le Bosphore entre les rochers qui s'entre-heurtaient l'un l'autre ; et le péril d'Ulysse ne fut pas si grand quand, posté fièrement sur le pont de son vaisseau, il évita Carybde, et se vit prêt à périr dans l'autre gouffre.

Tels sont les pénibles obstacles que Satan eut seul à surmonter ; mais, après qu'il eut passé, après qu'il eut séduit nos premiers pères (étrange altération!), le Péché et la Mort, suivant ardemment ses traces, construisirent un chemin ferré sur le noir abîme ; alors le gouffre bouillonnant endura patiemment un pont qui s'étendait en longueur depuis l'enfer jusqu'à l'orbe le plus avancé de ce monde fragile. Il sert encore aux esprits pervers de communication pour venir tenter et corrompre les mortels.

Après tant de fatigues, le prince des ténèbres sent l'influence sacrée de la lumière. Du haut des célestes murailles un crépuscule naissant s'insinue dans le sein de l'obscure Nuit. Ici commence l'empire de la Nature ; le Chaos se retire devant elle avec moins de tumulte et de bruit qu'un ennemi trop faible n'abandonne son camp aux approches du vainqueur. Satan vogue sur une mer plus calme, et reconnaît sa route à la faveur d'une lumière douteuse. Tel qu'un vaisseau battu des tempêtes, et dont les agrès et les cordages se trouvent rompus, mouille heureusement à la rade et attend le moment favorable pour gagner le port ; tel, dans le vide qui surmonte les airs, il plane, et, sans faire presque aucun mouvement des ailes, il considère l'empirée. Tantôt il admire son étendue, trop vaste pour qu'il puisse distinguer si la figure en est ronde ou carrée. Ses tours d'opale et leurs créneaux de vifs saphirs renouvellent sa douleur. Tantôt il observe dans le voisinage de la lune le globe terrestre inébranlablement retenu par une chaîne d'or, et pareil à une étoile de la plus petite grandeur.

A cette vue, sa fureur se réveille, la vengeance l'entraîne, et, regrettant les moments qu'il a perdus, il continue ardemment sa route.

ARGUMENT DU LIVRE TROISIÈME.

L'Eternel, du haut de son trône, voit Satan qui vole vers le monde nouvellement créé. Il le montre à son Fils assis à sa droite. Il prédit que l'homme se rendra coupable, et fait voir qu'on ne peut accuser sa justice ni sa sagesse en ce qu'il a créé l'homme libre et capable de résister à la tentation. Il déclare qu'il lui fera grâce, parce que l'homme n'est pas tombé de lui-même, comme Satan, mais par séduction. Le Fils de Dieu glorifie son Père, et lui rend grâce de sa bonne volonté pour le genre humain; mais le Tout-Puissant lui témoigne que sa justice divine veut une satisfaction, que l'homme a offensé la majesté suprême en aspirant à son rang, et qu'ainsi il doit mourir avec toute sa postérité, à moins que quelqu'un, capable d'expier l'offense de l'homme, ne subisse la punition. Le Fils de Dieu s'offre immédiatement; le Père l'accepte, consent à son incarnation, et prononce qu'il sera exalté au-dessus de tous sur la terre et dans le ciel. Il commande aux saints anges de l'adorer; ils obéissent, et tous les cœurs, unissant leurs voix aux doux sons de leurs harpes, célèbrent la gloire du Père et du Fils. Satan descend sur la surface extérieure de ce monde; de là il passe à l'orbe du soleil. Il aborde Uriel, conducteur de cette sphère lumineuse; mais avant de le joindre il se transforme en ange de lumière, et, prétextant que le zèle lui a fait entreprendre ce voyage pour contempler la nouvelle création et l'homme que Dieu y avait placé, il s'informe du lieu de sa demeure. Après l'avoir apprise, il part et s'abat sur le sommet du mont Niphatès.

LIVRE TROISIÈME.

Je te salue, sainte Lumière, fille aînée du Ciel, ou co-éternel rayon de l'Eternel! Puis-je sans offense te qualifier ainsi? Dieu est la lumière, et de toute éternité il a établi sa demeure dans une clarté inaccessible. Il habite donc en toi, brillant écoulement de l'essence incréée! ou bien préfères-tu que l'on te nomme pur et céleste ruisseau dont la source est inconnue aux humains? Avant que le soleil et le firmament fussent créés, tu existais. Dieu parla, et le monde, sortant du sein des eaux et de la noire profondeur du vide, fut couvert de ton éclat comme d'un vêtement.

Je reparais devant toi d'une aile plus hardie : les royaumes sombres ne m'ont que trop arrêté, tandis que j'employais des accords autres que ceux de la lyre d'Orphée pour chanter le Chaos et la Nuit. Grâce à la divinité qui me protége, je suis descendu dans les espaces ténébreux, et je remonte sans aucun accident aux lieux que tu éclaires ; chose rare et difficile. Vainqueur des dangers, je reparais devant toi ; je sens la douce influence de la lampe vivifiante : mais toi, tu ne te communiques point à ces yeux affligés qui te cherchent en vain depuis ton aurore jusqu'à ton coucher. L'obstruction cruelle d'un mal subit les a éteints pour toujours. Cependant, frappé de l'amour des chants sacrés, je parcours sans cesse les lieux que fréquentent les Muses, les claires fontaines, les bocages frais, ou les monts dont le soleil dore les sommets altiers. Je visite surtout la sainte montagne de Sion, et les ruisseaux qui, coulant avec un doux murmure à travers les prés et les fleurs, lavent ses pieds sanctifiés. Je m'entretiens aussi quelquefois avec ces divins favoris des Muses, l'aveugle Thamyris, l'aveugle Méonide, Tyrésias et Phinée, à qui la destinée m'égala dans le malheur : puissé-je les égaler en renommée ! ainsi je me nourris de pensées qui d'elles-mêmes produisent des nombres harmonieux. Tel l'oiseau qui se plaît à veiller chante dans les ténèbres, et, caché sous le couvert le plus sombre, compose ses airs nocturnes.

Les saisons et les années reviennent, mais le jour ne revient plus pour moi. Les riantes couleurs du soir et du matin ne me consolent point dans mes malheurs. Je ne verrai plus ni les fleurs variées du printemps, ni les roses de l'été, ni les troupeaux bondissants dans les campagnes. La beauté du visage humain, où Dieu a lui-même imprimé les traits de sa ressemblance, ne me touche plus. Hélas ! je suis entouré de nuages épais : une nuit perpétuelle m'environne. Au lieu du spectacle de l'univers, ce précieux livre de nos connaissances, je n'ai devant moi qu'un tableau informe, qu'un plan confus des ouvrages de la nature ; et la sagesse trouve dans le plus beau de mes sens un obstacle qui lui refuse l'entrée dans mon âme.

O lumière éternelle, répare en moi la perte de la lumière créée, éclaire mon esprit dans toutes ses facultés, place des yeux dans mon cœur, écarte et dissipe tous les brouillards, afin que je découvre et raconte des choses que les yeux mortels n'ont point encore vues.

L'Eternel, du haut de son trône, daigna baisser les yeux

pour contempler l'ouvrage de ses mains et celui de ses créatures. La sainte milice des cieux, nombreuse comme les étoiles, se tenait debout autour de lui, et goûtait en le voyant une béatitude qui passe toute expression. A sa droite était assis son Fils unique, l'expression de sa propre substance, la vive image de sa gloire. Il considéra d'abord nos deux premiers parents, seuls encore dans l'univers. Placés dans un jardin de délices, dans une solitude fortunée, ils cueillaient des fruits immortels de joie et d'amour, de joie sans inquiétude, et d'amour sans passion. De là son œil observa l'enfer et les abîmes du chaos. Il aperçut aussi Satan volant vers les limites célestes dans l'horizon de la nuit. Il le vit élevé dans l'air ténébreux, et tout prêt à abattre ses ailes fatiguées et ses pieds impatients sur la surface de ce monde, dont l'enveloppe aride, sans firmament, lui semble une terre ferme, arrondie, dans un espace qui n'est distinctement ni l'air ni l'océan. Dieu l'observant de sa haute demeure, d'où il contemple le passé, le présent et l'avenir, adressa la parole à son Fils unique, et développa, en présence des cieux, ses connaissances éternelles.

« Mon Fils, que j'ai seul engendré, vois-tu quelle rage transporte notre adversaire? Ni les bornes prescrites, ni les barrières de l'enfer, ni les chaînes dont il est accablé, ni le vide immense de l'abîme, rien n'a pu le retenir. Il ne respire que vengeance; mais elle retombera sur sa tête rebelle. Le vois-tu maintenant déchaîné pour suivre son vol au bord des régions de la lumière? Il s'avance vers le monde nouvellement créé : c'est à l'homme qu'il en veut. Il se propose de le détruire par la force, ou, ce qui est encore plus horrible, de le pervertir par ses artifices; et il le pervertira. L'homme prêtera l'oreille à ses mensonges : il ne respectera point l'unique défense que je lui ai faite, la seule preuve que j'exige de son obéissance. Son crime entraînera sa ruine et celle de toute sa race. A qui imputer la faute, si ce n'est à lui-même? L'ingrat! il a reçu de moi des dons suffisants : je l'ai fait juste, droit, capable de se soutenir, quoique libre de tomber; je créai dans cet état toutes les puissances célestes. Les esprits qui se sont soutenus, ceux qui sont tombés, les uns et les autres ont agi librement. Sans la liberté, comment auraient-ils pu me donner des preuves de leur soumission, de leur foi, de leur amour. Leur obéissance passive n'eût été qu'un hommage rendu à la nécessité. Je les ai donc créés libres, et ils ne peuvent justement accuser leur créateur, leur état ou leur destin, comme si la prédestination, tyrannisant leur volonté, ils étaient déterminés par un décret absolu ou par la prescience suprême. Je n'ai point de part à leur révolte; elle est uniquement leur ouvrage. Je sais ce qui doit arriver; mais ma prévision n'a aucune influence sur leur faute. En serait-elle moins arrivée si je ne l'eusse pas prévue? Ils pèchent, ayant en eux-mêmes le pouvoir de juger et de choisir; car, je le répète, je les ai faits libres, et ils resteront libres jusqu'à ce qu'ils s'enchaînent eux-mêmes : autrement il me faudrait changer leur nature et révoquer les décrets immuables qui établissent leur liberté; eux seuls ont opéré leur chute. Les anges sont tombés de leur propre mouvement; ils se sont tentés, ils se sont corrompus eux-mêmes. L'homme tombe déçu par les premiers coupables; c'est pourquoi *l'homme trouvera grâce,* les anges ne la trouveront pas : ainsi ma gloire éclatera dans le ciel et sur la terre par la miséricorde et la justice; mais la miséricorde sera toujours la plus remarquable, et elle brillera la première et la dernière. »

Tandis que Dieu parlait, une odeur d'ambroisie remplit l'Olympe, et répandit dans les Esprits bienheureux une joie ineffable. Son Fils parut touché; en lui brillait tout son Père exprimé substantiellement, et sur son front majestueux on découvrait une compassion divine, un amour sans fin, une bonté sans mesure, qu'il fit connaître à son père par ces paroles :

« O mon Père, que ces mots qui terminent votre sentence souveraine sont miséricordieux : *l'homme trouvera grâce!* Aussi le ciel et la terre exalteront hautement vos louanges par des hymnes et des cantiques sacrés qui, montant jusqu'à votre trône, vous béniront à jamais. Se pourrait-il que l'homme fût perdu sans ressource ? Le dernier et le plus cher de vos ouvrages périrait-il pour s'être laissé surprendre par une malice étrangère, quoique secondée de sa propre folie ? Eloignez de vous, ô mon Père, une telle volonté. Vous êtes juge de toutes vos créatures, et vous jugez toujours équitablement. Votre ennemi obtiendrait-il ainsi la fin qu'il se propose, et déconcerterait-il vos desseins ? Satisfera-t-il sa malice, et anéantira-t-il votre bonté ? S'en retournera-t-il chargé des dépouilles de l'homme, et fier de sa vengeance ? Traînera-t-il à sa suite dans les enfers toute la race d'Adam corrompue par ses artifices ? Voudriez-vous abolir votre ouvrage, et défaire, à cause de votre adversaire, ce que vous avez fait pour vous même ? Votre grandeur et votre bonté s'y opposent. »

« Mon Fils, en qui mon âme met toute sa complaisance, répondit l'Eternel ; mon Fils, sorti de mon sein ; mon Fils, mon seul Verbe, ma sagesse, ma puissance et mon action, ta demande justifie mes décrets irrévocables : elle est conforme à mes idées. L'homme ne sera pas entièrement perdu ; quiconque le voudra sera sauvé, non par sa propre volonté, mais par ma grâce librement accordée et librement employée. Je lui donnerai les moyens de se relever de sa chute, et de recouvrer la justice qu'il perdra en se rendant l'esclave du péché. Il sera encore en état de résister à son ennemi mortel ; mais il faudra que pour aider sa faiblesse je redouble mes secours. Je veux qu'il connaisse combien sa condition est fragile depuis sa chute, et qu'il doive à moi seul sa délivrance. J'en ai choisi quelques-uns par une grâce spéciale plus préférablement au reste. Tel est mon vouloir. Les autres entendront souvent ma voix qui les appellera, en les avertissant d'abandonner les voies de l'iniquité, d'apaiser ma colère et de profiter de mes dons. J'éclairerai d'une manière suffisante leurs sens ténébreux ; j'attendrirai leurs cœurs de pierre, je les inviterai sans cesse à prier, à se repentir et à me rendre une juste obéissance. Qu'ils se tournent vers moi, mon oreille et mes yeux s'ouvriront à l'instant sur eux. Ils portent un juge au fond de leur cœur. La conscience servira d'arbitre entre eux et moi : s'ils l'écoutent, s'ils en font bon usage, ils obtiendront lumières sur lumières ; et, persévérant jusqu'à la fin, ils arriveront heureusement au port du salut : mais ceux qui méprisent les richesses de ma bonté, de ma patience et de ma longue tolérance, n'en goûteront point la douceur. Je les endurcirai, je les aveuglerai ; ils broncheront et tomberont d'abîmes en abîmes ; voilà les seuls que j'exclus de ma miséricorde. Mais cependant tout n'est pas fait. L'homme se rend criminel par sa désobéissance ; aspirant à la divinité, il pèche contre la souveraine majesté du ciel : il ne lui reste rien pour expier sa trahison ; mais proscrit, livré à la destruction, il doit mourir avec toute sa postérité. Il faut qu'il meure, ou que la justice meure elle-même, à moins qu'un autre, capable de réparer son offense, ne se livre volontairement. Le plus grand des crimes demande la plus grande des réparations, mort pour mort. Dites, célestes Puissances, où trouverons-nous un tel amour ? Qui de vous consent à subir la mort pour racheter l'homme, dévoué à la mort par son crime ? Quel juste se sacrifiera pour sauver l'injuste ? Est-il dans les cieux une si grande charité ? »

Les chœurs célestes gardèrent un profond silence. Il ne parut en faveur de l'homme ni patron, ni intercesseur ; tous craignaient d'attirer sur leurs têtes la proscription mortelle. Le genre humain sera donc livré à la mort et à l'enfer ? Non. Le Fils de Dieu, en qui réside la plénitude de l'amour divin, renouvela ainsi sa précieuse médiation.

« Mon Père, votre parole est prononcée : *l'homme trouvera grâce*. La grâce manquera-t-elle de moyens de salut, elle qui, toujours prête à seconder vos volontés, pénètre en un instant jusqu'au fond des abîmes, et sait prévenir les besoins de toutes vos créatures ? Heureux l'homme qu'elle visite : mais dans l'état de mort où le plonge le péché, comment peut-il rechercher son appui ? Tout lui manque. Débiteur à la justice, il n'a ni expiation, ni offrande valable à présenter. Me voici donc : je m'offre pour lui, je donnerai ma vie pour la sienne. Faites tomber sur moi votre colère ; prenez-moi pour victime. Je consens à sortir de votre sein, et à me dépouiller de la gloire que je partage avec vous. Que la mort déploie sur moi toute sa rage : je lui abandonne tout ce qui pourra mourir dans moi : ses ombres ne me couvriront pas longtemps. Par une génération éternelle, vous m'avez constitué principe de la vie. Vous ne me laisserez point dans l'horreur du tombeau, et vous ne souffrirez pas que mon âme sans tache demeure éternellement avec la corruption. Je me relèverai victorieux : mon vainqueur terrassé se verra contraint de lâcher sa proie. La mort sera renversée : elle s'humiliera, honteusement désarmée de son dard fatal ; et moi, à travers les vastes champs de l'air, dans un noble triomphe, je conduirai l'enfer captif, en dépit de l'enfer ; j'enchaînerai pour jamais dans l'abîme les puissances des ténèbres. Ce grand spectacle attirera sur la terre vos plus doux regards. Vous sourirez du haut des cieux, tandis que vos ennemis tomberont à mes pieds, et que la mort, expirant sous mes coups, rassasiera le tombeau de son énorme cadavre. C'est alors qu'après une longue absence je rentrerai dans le ciel au milieu d'une multitude infinie d'élus de toutes tribus, de toutes nations, de toutes langues. Je contemplerai, ô mon Père, votre face adorable : il n'y restera plus aucun nuage d'indignation ; la paix et le calme y brilleront d'une manière éclatante, la colère disparaîtra, et la joie règnera pour toujours dans votre sainte demeure. »

Il s'arrêta; mais ses regards pleins de douceur parlaient même dans le silence, et épanchaient un amour infini pour les hommes. Son obéissance égale son amour : il attend avec respect la décision de son auguste Père. Les Esprits bienheureux furent saisis d'une sainte admiration. Chacun cherchait en soi-même à pénétrer le sens de ces paroles mystérieuses, quand le Tout-Puissant fit entendre ces mots :

« O toi, cher et tendre objet de mes complaisances, généreux défenseur de l'homme exposé à ma vengeance, aimable pacificateur du ciel et de la terre, tu sais combien les ouvrages de mes mains me sont précieux ; l'homme en est le dernier, mais il n'est pas le moins estimable à mes yeux ; juge de son prix, si je consens à te laisser souffrir la mort pour lui rendre la vie. Sois homme quand les temps seront accomplis ; prends une chair dans les chastes flancs d'une vierge, par une naissance miraculeuse. Sois, à la place d'Adam, quoique son fils, le chef du genre humain. Comme tous les hommes meurent en lui, en toi renaîtront tous les hommes : sans toi nul n'aura part à la vie. La contagion de son crime a gagné tous ses coupables enfants : l'application de tes mérites sauvera tous ceux qui, détachés du monde et renonçant à eux-mêmes, espèreront en ta miséricorde. L'homme a péché dans Adam, l'homme en toi satisfera pour le péché. Tu seras jugé, condamné, traîné au supplice; tu mourras; et tes frères, rachetés par l'effusion de ton sang, seront relevés avec toi. Ainsi l'amour céleste surmontera la haine infernale. Mais ton abaissement jusqu'à cette nature inférieure ne te fera rien perdre de ta prééminence. En serais-tu dégradé, parce qu'assis au plus haut du trône, et jouissant comme moi de la divinité, tu t'es anéanti pour sauver un monde? Ta charité, autant que ton origine, justifie que tu es mon Fils : je te reconnais à ta bonté autant qu'à ta grandeur; et, pour prix de ce qu'en toi l'amour a encore plus abondé que la gloire n'abonde, ton humiliation élèvera avec toi à ce trône ton humanité : tu y prendras place en chair, et tu y règneras en Dieu. Je t'ai établi par une onction sacrée roi universel. Je te donne tout pouvoir ; règne pour jamais. Prends le spectre : sous toi, comme chef suprême, je place les trônes, les principautés, les puissances et les dominations. Tout genou fléchira devant toi dans le ciel, sur la terre et dans les enfers. Un jour viendra que, glorieusement entouré d'un cortége céleste, tu paraîtras dans les nues, et que tu enverras en ton nom les archanges, tes hérauts, pour citer les nations devant ton tribunal redoutable. A ton premier signal, elles se réveilleront de leur sommeil, et des quatre parties du monde les vivants et les morts viendront se présenter pour subir tes jugements souverains. Alors, en présence des saints rassemblés, tu précipiteras les hommes réprouvés, et les anges perfides, accablés par tes arrêts irrévocables, s'abîmeront devant toi. La mesure étant comble, l'enfer sera scellé pour jamais. Cependant le monde brûlera, et de ses cendres sortiront un nouveau ciel et une terre nouvelle. Les justes verront, après leurs longues tribulations, des siècles d'or dont tous les jours seront fortunés. L'on y verra régner à l'envi les doux plaisirs, l'amour innocent, et l'aimable vérité. Tu déposeras en ce jour les marques terribles de ma puissance : la force ne sera plus nécessaire : je serai tout en tous. O vous, mes fidèles sujets, célébrez celui qui meurt volontairement pour consommer ces merveilles. Adorez-moi dans mon Fils, adorez mon Fils en moi. »

Les bienheureux, pénétrés de joie, se livrèrent aux plus vifs transports. Malgré la force de leurs acclamations, semblables à celle d'une multitude infinie, on sentait cette douce mélodie qui distingue la voix des immortels. Le ciel fut rempli de saintes réjouissances, et les régions éternelles retentirent d'éclatants hosanna. Inclinés profondément vers les trônes divins, ils y déposèrent leurs diadèmes tressés d'or et d'amarante. Immortelle amarante, au temps de l'innocence, tu te levais dans Eden autour de l'arbre de vie ; mais après l'offense de l'homme tu disparus de la terre, et retirée dans le ciel, au lieu de ton origine, tu ne fleuris plus que pour les prédestinés. C'est là que ta glorieuse tige couvre de son ombre agréable les sources de vie, et ces lieux charmants où le fleuve de délices entretient par sa douce fraîcheur les plantes vivifiantes dont ses rives sont embellies : les Esprits célestes joignent à l'éclat de leurs tresses rayonnantes les fleurs purpurines qui jamais ne se fanent. La surface de l'empirée, qui luisait auparavant comme une mer de jaspe, reçut de ces guirlandes une nouvelle décoration.

Après cet acte d'adoration et d'hommage, les anges reprirent leurs couronnes : ils portèrent la main à leurs harpes mélodieuses, harpes d'or que, telles qu'un carquois, une écharpe brillante suspend à leurs côtés. Ils commencèrent leurs chants sacrés : nulle voix ne se tut ; on entendit de toutes parts des accords parfaits. Le ravissement accompagne toujours l'harmonie des cieux.

Ils te chantèrent d'abord, Père tout-puissant, immuable, immortel, infini, monarque éternel, principe de tout être, source intarissable de lumière, invisible au milieu de la splendeur où tu résides sur un trône inaccessible. Qui pourrait soutenir ta présence, si tu ne daignais en modérer l'éclat? Ta gloire fend les nues rassemblées autour de toi comme un voile magnifique, pour laisser entrevoir aux faibles créatures les extrémités de tes rayons, qui même à travers l'ombre éblouissent encore les cieux. Les séraphins se couvrent de leurs ailes, et n'osent t'approcher. Ils te chantèrent ensuite, toi qui précédas toute création, Fils éternellement engendré, divine représentation où le Père tout-puissant, que nulle créature ne peut envisager, se manifeste sans aucun nuage. Sur toi réside la splendeur de sa gloire, en toi repose son vaste esprit. Par toi il a créé les cieux des cieux, et toutes les puissances que renferme leur étendue. C'est par toi qu'il a renversé les dominations ambitieuses : en ce jour tu n'épargnas pas le terrible tonnerre de ton Père ; et les roues de ton char flamboyant firent trembler la structure éternelle des cieux, tandis que tu lançais les traits sur les têtes rebelles des anges en déroute. Au retour du combat, tes heureux sujets firent tout retentir de leurs acclamations : ils t'exaltèrent, ils te reconnurent pour seul héritier de la puissance de ton Père, pour l'exécuteur de ses vengeances, et pour le rédempteur des hommes. Père de miséricorde et de grâce, c'est en faveur de ce Fils bien-aimé que tu as désarmé ton bras. Tu flottais entre la justice et la miséricorde. Ton Fils a fait triompher ta bonté, en satisfaisant ta justice; et sans considérer la félicité dont il jouissait assis à ta droite, il s'est sacrifié pour l'homme. O amour sans exemple! un Dieu seul pouvait en être le modèle. Je te salue, Fils de Dieu, sauveur des hommes! Désormais je consacre mes chants à célébrer ton nom adorable; et tes louanges, inséparables de celles de ton Père, formeront sur ma harpe un concert éternel.

Ainsi les heures s'écoulent au-dessus de la sphère étoilée. Les habitants du ciel chantent de saints cantiques, et se réjouissent en Dieu.

Cependant Satan était parvenu jusqu'à la première convexité qui renferme la terre, les planètes, et les cieux matériels. Il marchait sur cette voûte solide et prodigieuse qui sépare du Chaos les orbes inférieurs, et leur sert de rempart contre les irruptions de l'ancienne Nuit. Il y erra longtemps, jusqu'à ce qu'un rayon de lumière l'attira du côté d'où il paraissait naître.

Il aperçut des degrés superbes qui conduisaient au céleste portail. Son admirable structure, enrichie d'or, de perles et de diamants, ne connaît rien d'égal. Jamais les frontispices des palais des rois n'en approchèrent; ni modèle, ni pinceau, ni paroles, n'en peuvent exprimer la magnificence. Ces degrés étaient les mêmes que ceux sur lesquels Jacob vit monter et descendre les anges et les célestes cohortes, lorsque, évitant Esaü, et dirigeant sa fuite vers Padan-Haran dans les champs de Luz, il s'endormit sous la voûte étoilée, et cria en s'éveillant : *C'est ici la porte des cieux.* Chaque marche figurait un mystère; et quelquefois, se dérobant aux yeux, l'échelle rentrait dans l'enceinte céleste. On voyait couler au-dessus un océan de jaspe ou de perles liquides que traversent heureusement ceux qui se rendent au ciel enlevés par les anges, ou transportés dans un char tiré par des coursiers de feu. L'échelle était alors placée soit pour braver l'ennemi, en lui facilitant les moyens de s'approcher, soit pour augmenter sa peine, en lui laissant voir les portes de la béatitude.

A ce riche portail répondait une route qui descendait aux jardins délicieux du paradis d'Eden, et de là au reste de la terre. Le chemin était spacieux, et bien plus large que celui qui fut percé dans les temps suivants au-dessus du mont de Sion, et de la terre promise où Dieu signala ses faveurs. Il surpassait en étendue cette partie du ciel, toute vaste qu'elle est, par où ses anges allaient fréquemment porter aux heureuses tribus les messages du Tout-Puissant, et par où son œil regardait avec prédilection, depuis Panéas, la source du Jourdain, jusqu'à Bersabée, où la Terre-Sainte confine à l'Egypte et à la côte d'Arabie. Telle était cette profondeur où la main de l'Eternel avait posé des bornes aux ténèbres, semblables aux digues qui répriment les flots de l'Océan.

Satan s'arrêta sur la marche inférieure de l'échelle ; il jeta les yeux en bas, et fut rempli d'admiration en découvrant subitement l'univers. Ainsi, après avoir marché toute la nuit par des routes écartées, un espion qui se trouve à la naissance d'une réjouissante aurore, sur le sommet d'une haute montagne, est frappé de surprise à la vue d'une terre inconnue ou de quelque fameuse métropole ornée de tours et de pyramides remarquables que le soleil levant dore de ses rayons ; de même l'esprit malin fut saisi d'étonnement, et plus encore d'envie, en voyant ce monde si parfait. Enchanté, ravi, quoiqu'il eût autrefois habité le brillant séjour des cieux, il contemple ce nouvel objet : il le pouvait aisément de ce poste élevé où les voiles de la nuit ne pouvaient atteindre. Il observe depuis la partie orientale de la Balance jusqu'à la constellation du Bélier, que l'on croit avoir transporté la fille de Céphée par-dessus les mers atlantiques au-delà de l'horizon. Après avoir porté ses regards d'un pôle à l'autre, il précipite dans la sphère la plus élevée son vol rapide, et perçant aisément à travers l'air pur et fluide, il s'avance parmi des astres innombrables qui brillaient de loin comme des étoiles, mais qui de près semblaient ou d'autres mondes, ou les îles fortunées des Hespérides. Iles trois fois heureuses ! il admira vos plaines aimables, vos charmants bocages et vos vallées fleuries ; mais il ne s'arrêta pas pour s'informer s'il existait des créatures qui eussent le bonheur de vous habiter.

Par-dessus tout, le soleil d'or, qui par sa splendeur ressemble le plus au séjour des bienheureux, le frappa.

Il tourna ses pas vers cet astre au travers du firmament toujours serein : l'on ignore si ce fut en tenant le haut ou le bas, le centre, l'excentrique ou les longitudes, qu'il arriva au lieu d'où le grand flambeau du jour dispense au loin la lumière. Astre majestueux, tu domines sur la foule des constellations qui se tiennent à une distance convenable de ton globe radieux. Cependant les planètes, poursuivant avec un ordre inviolable leurs célestes mouvements, mesurent de concert avec toi les jours, les mois et les années, et se tournent perpétuellement vers ta lampe qui récrée tout; ou plutôt elles sont mues dans leurs orbites par tes rayons magnétiques. Divin soleil, c'est toi dont la chaleur bienfaisante anime la nature; toi qui, portant de tous côtés une vertu invisible, pénètres doucement jusqu'aux entrailles de la terre, tant fut merveilleusement placée ta station brillante.

Le prince des ténèbres, descendant sur ce globe, y fit une tache telle que peut-être nul astronome, au travers de ses tubes optiques, n'en vit jamais de semblable. Il trouva sa matière infiniment plus brillante que tout ce qu'on peut imaginer sur la terre, métaux ou pierres précieuses. Toutes ses parties n'étaient pas semblables, mais toutes lançaient pareillement la lumière, comme le fer lorsqu'il est pénétré du feu le plus ardent. Si nous comparons cette matière au métal, elle semblait partie d'or, partie d'argent; si on la compare aux pierres précieuses, elle ressemblait à l'escarboucle, à la chrysolithe, au rubis, à la topaze, ou à ces pierreries qui brillaient sur le pectoral d'Aaron. Ainsi nous figurons-nous encore cette composition que les philosophes recherchent vainement, quoiqu'ils aient poussé le grand art jusqu'à fixer le mercure volatil, et qu'ils fassent sortir de l'Océan sous des formes différentes le vieux Protée desséché et réduit par l'alambic à sa forme naturelle. Faut-il s'étonner que ces hautes régions produisent un élixir si pur, et que les rivières y roulent en or potable, quand, par une touche pleine de vertu, ce grand alchimiste, le soleil (si éloigné de nous), forme d'un mélange de parties aqueuses et terrestres, ici-bas dans l'obscurité, tant de choses d'une couleur si vive, d'un prix si rare et d'un effet si surprenant?

La splendeur de ce lieu n'éblouit point Satan; il promène ses regards de tous côtés: son œil commande au loin. La vue ne rencontre point ici d'obstacle ni d'ombrage; tout y brille de lumière; tout est soleil. C'est ainsi qu'à midi cet astre frappe de ses rayons culminants les lieux situés sous l'équateur, et n'y laisse point d'ombre; ses feux dardaient ici de toutes parts, sans être interrompus par la rencontre d'aucun corps opaque ; et l'air, plus serein qu'en aucun lieu du monde, semblait rapprocher les objets les plus éloignés.

Il y découvrit bientôt un ange glorieux, le même que le disciple chéri du Seigneur, saint Jean, vit aussi dans le soleil. Il avait le dos tourné, mais sa gloire n'était point cachée. Une tiare d'or et de rayons brillants ceignait son front. Sa chevelure admirable flottait sur ses épaules, où s'attachent des ailes. Il semblait occupé de quelques grandes affaires ou absorbé dans des pensées profondes. L'esprit impur se réjouit dans l'espérance de trouver à cette heure un guide pour diriger son vol vers le paradis, demeure fortunée de l'homme : ce devait être là le terme de ses fatigues et le commencement de nos maux. Il quitta ce qui pouvait le retarder ou le faire reconnaître ; le voilà transformé en chérubin de second ordre. La jeunesse céleste brille sur son visage et répand sur chaque partie de sa personne des grâces infinies ; rien ne manque à son déguisement. Ses cheveux ondoyants sous une couronne se jouent au gré des zéphyrs ; les plumes de ses ailes sont de différentes couleurs parsemées d'or. Ses vêtements relevés conviennent à un voyageur. Il s'avançait d'un pas majestueux tenant à la main une baguette d'argent.

L'ange de lumière entendit le bruit de sa marche : il se tourna vers lui, et fut aussitôt reconnu pour l'archange Uriel, un des sept qui assistent sans cesse devant le trône de Dieu, prêt à recevoir ses ordres. Ces anges sont comme les yeux du Tout-Puissant qui percent dans toute l'étendue des cieux. Ils portent encore ici-bas ses rapides messages à travers les vastes champs de l'air, de la mer et de la terre ; Satan l'aborde et lui parle ainsi :

« Uriel, j'ai recours à toi. Tu es le premier entre les sept esprits qui se tiennent toujours devant la face de Dieu pour annoncer ses grandes volontés dans le ciel, où tous ses enfants sont prêts à obéir aux ordres que tu leur portes. La fonction que tu fais ici est convenable à ton rang. L'Eternel t'a préposé, comme un de ses yeux, pour veiller sur le globe dominant de cette nouvelle création ; j'ai un désir extrême de voir et de connaître ses ouvrages. L'homme surtout, sa plus chère créature, pour qui ses merveilles ont été faites, excite ma curiosité ; c'est pour la satisfaire que j'ai quitté le chœur des chérubins, et que j'ai entrepris seul un si long voyage ; apprends-moi, séraphin glorieux, lequel de ces orbes brillants est la demeure fixe de l'homme ; ou bien n'en a-t-il point de fixe, et peut-il à son gré s'établir dans telle de ces sphères qu'il lui plaît ? Dis-moi où je le pourrai trouver, afin que je regarde en secret ou que j'admire ouvertement celui à qui le grand monarque a livré des mondes entiers ; celui enfin sur qui il a versé tant de grâces : il est juste qu'on adore le créateur dans l'ouvrage de ses mains. Sa justice a banni ses rebelles ennemis ; sa bonté, pour réparer leur perte, a créé les hommes. Toutes ses voies sont sages. »

L'imposteur parla de la sorte, et son zèle parut sincère. L'homme et l'ange ne sauraient discerner l'hypocrisie : elle parcourt la terre et n'est connue que de Dieu. En vain la sagesse veille, le soupçon s'endort souvent à sa porte, et la simplicité, toujours prête à juger favorablement, ne suppose point de mal où il n'en paraît point. Ce fut ainsi qu'Uriel, ce sage conducteur du soleil, cet esprit l'un des plus éclairés du ciel, donna dans le piége.

« Bel ange, répondit-il au perfide séducteur, ton désir qui tend à connaître les ouvrages de Dieu, pour glorifier par là le grand ouvrier, ne te jette point dans un excès blâmable. L'entreprise même est d'autant plus louable qu'il y a plus de zèle à être ainsi venu seul des demeures empirées pour t'assurer, par le témoignage de tes propres yeux, de ce que d'autres se contentent de savoir par l'organe de leurs oreilles. Ses ouvrages sont en effet merveilleux, charmants à connaître, et dignes d'une attention perpétuelle ; cependant quel esprit créé peut comprendre la nature, la variété de ses ouvrages, ou la sagesse infinie qui les a produits ? J'ai vu s'assembler à sa seule parole la masse informe, origine matérielle de ce monde. Le chaos entendit sa voix, et le désordre tumultueux s'apaisa. Il parla de nouveau ; l'obscurité s'enfuit, la lumière brilla, l'ordre sortit du sein même de la discorde. Suivant la différente gravité des éléments, la terre, l'eau, l'air et le feu se rangèrent en hâte au lieu de leur destination. La quintessence subtile des cieux prit le dessus, animée de diverses formes qui remplirent plusieurs tourbillons ; il en sortit ces astres nombreux que tu vois. Chaque étoile eut sa place marquée, chacune eut sa route à décrire. Le reste, comme un mur solide, environne cet univers. Jette les yeux sur ce globe dont la partie qui nous regarde brille de la lumière que je lui envoie : ce globe est la terre, séjour de l'homme. Cette lumière forme son jour. Sans elle, la nuit soumettrait à son empire cet hémisphère, comme elle travaille à soumettre l'autre ; mais la lune, ce bel astre que tu vois vis-à-vis, interpose à propos son secours. Dans cette vue, elle décrit un cercle tous les mois, et le recommence exactement au milieu du ciel ; et, suivant ses diverses positions, sa figure triforme se vide et se remplit d'une lumière empruntée qu'elle dispense à la terre, tandis qu'elle chasse la nuit avec son sceptre d'argent. Observe ce terrain, c'est le paradis, demeure d'Adam. Ces ombrages élevés lui servent de berceau : tu ne peux manquer ton chemin ; mon emploi demande ici ma présence.

A ces mots, il se tourna d'un autre côté. Satan s'inclina profondément devant le grand archange. Il partit aussitôt de l'écliptique, et formant dans les airs plusieurs orbes, il s'abattit sur le sommet du Niphatès.

ARGUMENT DU LIVRE QUATRIÈME.

La vue d'Eden et du lieu où Satan doit exécuter l'attentat qu'il a projeté contre Dieu et contre l'homme commence à l'intimider. Il se trouve agité de plusieurs passions, d'envie, de crainte et de désespoir; mais il se confirme dans le mal, et s'avance dans le Paradis. Description de la montagne au haut de laquelle il est situé. Il franchit tous les obstacles, se transforme en vautour, et se perche sur l'arbre de vie, qui s'élevait au-dessus de tous. Peinture de ce jardin délicieux. Satan considère Adam et Eve. La noblesse de leur figure et le bonheur de leur état le frappent d'étonnement. Il persiste dans la résolution de travailler à leur ruine. Pour les mieux connaître, il épie en secret leurs discours. Par ce qu'il leur entend dire, il apprend qu'il leur était défendu de manger du fruit de l'arbre de la science; il fonde là-dessus le plan de sa tentation, et se propose de les engager à désobéir. Il diffère son attaque, afin de s'instruire plus particulièrement de leur état avant de rien entreprendre. Uriel, descendant sur un rayon du soleil, avertit Gabriel, à qui la garde des portes du Paradis était confiée : il lui fait entendre qu'un esprit infernal s'était échappé, qu'il avait passé vers l'heure du midi par sa sphère, sous la forme d'un ange heureux; qu'il s'était transporté en Paradis, et que ses gestes furieux sur le mont l'avaient trahi. Gabriel promet de le trouver avant le lever du soleil. Adam et Eve s'entretiennent ensemble, et se retirent à la fin du jour pour goûter les douceurs du sommeil. Leur prière du soir. Gabriel fait faire la ronde aux esprits qui étaient de garde, et il détache deux anges vers le berceau d'Adam, de peur que le malin esprit n'entreprenne quelque chose contre nos premiers pères pendant leur repos. Ils le trouvent à l'oreille d'Eve occupé à la tenter dans un songe, et ils l'amènent de force vers Gabriel. Il répond fièrement et se prépare au combat; mais effrayé par un signe du ciel, il s'enfuit hors du Paradis.

LIVRE QUATRIÈME.

Plut à Dieu que nos premiers pères eussent entendu cette voix dont il est parlé dans la révélation du disciple bien-aimé, voix qui criait avec force dans le ciel : « Malheur aux habitants de la terre ! » Voix prophétique qui annonçait que le dragon, mis en déroute, allait rentrer en lice pour se venger sur les hommes : ils se seraient peut-être préservés des piéges qu'il venait tendre à leur innocence.

A la vue des lieux qui doivent être le théâtre de sa fureur, le prince des démons sent chanceler son audace : son cœur s'émeut comme les eaux qu'un feu violent agite, et l'instant décisif de l'action le fait reculer sur lui-même, comme une machine infernale au moment qu'elle vomit ses feux. L'horrible incertitude le déchire ; sa propre conscience irritant son désespoir lui présente l'affreux contraste de ce qu'il était, de ce qu'il est, de ce qu'il doit être encore, et lui fait envisager un surcroît de châtiment dans un surcroît de crime. Tantôt il tourne ses tristes regards vers les charmantes plaines d'Eden ; tantôt il contemple avec regret le ciel et l'orbe du soleil brillant alors de sa plus vive splendeur. Enfin sa fureur éclate ; il s'écrie :

« O toi dont le front glorieux fait pâlir les étoiles et représente le souverain du monde, soleil, sois attentif à ma voix. Comprends, si tu le peux, combien je dois abhorrer ton éclat ; il me rappelle le triste souvenir de la gloire que je possédais au-dessus de ta sphère, avant que l'orgueil m'eût armé contre le roi des cieux. Devait-il s'attendre à un tel retour de ma part, après m'avoir créé, après m'avoir placé au plus haut degré d'élévation ? Il ne me reprochait aucun de ses bienfaits ; il ne se lassait pas de répandre sur moi les trésors de ses faveurs ; je me suis lassé de lui témoigner ma reconnaissance. Qu'exigeait-il, que des sentiments de gratitude pour les biens dont il me comblait ? Funestes biens ! ils sont cause de ma perte. La sublimité de mon rang m'a fait oublier toute subordination. Si j'eusse été moins proche du trône, je n'aurais pas conçu des désirs effrénés ; l'espérance d'y monter n'aurait point nourri ma folle ambition. Pourquoi non cependant ? quelque autre puissance égale à moi eût peut-être aspiré à la monarchie suprême, et m'eût engagé dans son parti. Que dis-je ? mes égaux ne sont pas tombés. Malheureux ! n'avais-tu pas la même liberté, les mêmes moyens pour te soutenir ? Oui, tu les avais. Sur qui donc ou sur quoi peux-tu rejeter ta faute ? L'amour du créateur répandit sur nous une égale mesure de grâces. Que son amour soit maudit ! son amour, aussi fatal pour moi que sa haine, creusait les précipices où je suis tombé. Ah ! plutôt sois toi-même maudit ! tu ne peux imputer tes malheurs qu'à ta volonté dépravée. Où pourrai-je me mettre à couvert de son juste courroux ? Où pourrai-je me sauver de mon propre désespoir ? Je porte l'enfer partout, et je trouve dans mon cœur un vide encore plus affreux, un abîme encore plus profond que tous les abîmes où je me vois plongé. Change donc, s'il t'est possible de changer ; repens-toi, si tu peux te repentir.

N'y a-t-il plus de jour à la miséricorde? Il n'y en a que par la soumission, et l'orgueil me défend d'y penser. De quel œil me regarderaient les guerriers de mes armées, moi qui dois les affranchir du joug du Tout-Puissant? C'est à cette condition qu'ils se sont rangés sous mes étendards. Hélas! ils connaissent peu à quel point je suis humilié malgré les honneurs qu'ils me rendent. Le diadème que je porte me dévore, et si je surpasse les autres en quelque chose, ce n'est que dans la misère : voilà le prix de mon ambition. Mais si je me repentais, si j'obtenais la grâce de rentrer dans mon premier état. Insensé! ne vois-tu pas que la même élévation réveillerait dans toi le même orgueil? Au faîte de la gloire tu rétracterais des serments arrachés par la douleur. Le souvenir des cruautés passées de de mon tyran me révolterait toujours. J'attaquerais encore; je succomberais de même. Ma seconde chute n'en serait que plus fatale. Renonçons à lui demander la paix; il a renoncé à me l'accorder, plus de grâce à espérer. Nous sommes bannis, exilés, tourmentés. Nos places, il les a destinées à l'homme, nouvel objet de mes délices. Adieu donc espérance, adieu crainte, adieu remords. L'Eternel est le Dieu du bien, soyons le dieu du mal; l'empire sera ainsi partagé entre nous. J'aurai comme lui mes autels dans le monde : l'homme sera ma victime. »

Tandis qu'il roule ces pensées, diverses passions éclatent tour à tour sur son visage. La fureur, l'envie et le désespoir lui firent trois fois changer de couleur, et l'auraient peut-être découvert malgré son déguisement à des yeux attentifs. Jamais le front des bienheureux n'est couvert de nuages. Il en sentit la conséquence, et, se composant avec art, il cacha ses émotions sous l'apparence d'un calme parfait. Artisan de frande, il sut le premier se déguiser sous le masque du zèle pour exécuter plus sûrement ses criminels desseins; mais tout habile qu'il était, il ne put longtemps tromper Uriel. Cet esprit vigilant l'avait suivi de l'œil jusque sur le mont syrien, et il avait aperçu dans lui des transports inconnus aux esprits de la hiérarchie. Il avait remarqué des gestes furieux et des mouvements de violence qui lui étaient échappés pendant qu'il se croyait seul et sans témoin.

Cependant Satan, poursuivant sa route, s'avance dans les plaines d'Eden.

Au milieu d'un pays délicieux, il voit un mont superbe, dont la cime sourcilleuse se perd dans les nues : des buissons incultes et sauvages en défendent l'abord : ces buissons étaient dominés par une magnifique futaie de cèdres, de pins, de sapins et de palmiers, dont les rameaux s'embrassant les uns les autres présentaient aux yeux une scène ravissante. Leurs rangs disposés comme par étages formaient un superbe amphithéâtre.

Au-dessus de ces bois enchanteurs s'élevaient les sommets du paradis. Du centre de ce beau séjour, plus éminent que tout le reste, notre premier père pouvait librement promener sa vue jusque dans son bas empire.

Des arbres sans nombre, chargés en toute saison de fleurs et de fruits, décoraient l'enceinte intérieure. L'or de leur coloris, mêlé d'une infinité de douces nuances, charmait le soleil, qui semblait prendre plus de plaisir à porter ses rayons sur leurs surfaces fleuries qu'à se peindre lui-même dans les nuages d'une belle soirée, ou à varier les couleurs de l'arc-en-ciel.

Telle était la beauté de ce paysage. L'air, qui se purifiait de plus en plus à mesure que l'on avançait, inspirait au cœur des plaisirs capables d'écarter toute tristesse, et même le désespoir, si quelque chose pouvait adoucir un désespoir éternel. Les doux zéphyrs, agitant leurs ailes odoriférantes, dispensaient à l'envi les parfums naturels, et disaient en murmurant les lieux où ils avaient dérobé ces dépouilles embaumées.

Ainsi, quand des marins font voile au-delà du cap de Bonne-Espérance, et qu'ils ont passé Mozambique, le vent du nord-est leur souffle en pleine mer, de la côte aromatique de l'Arabie heureuse, les parfums de Saba : ils ralentissent leur course pour les goûter à longs traits, et pendant plusieurs milles; réjoui de l'odeur gracieuse, le vieil Océan lui-même sourit;

de même ces douces vapeurs accueillirent le monarque funeste qui venait pour les empoisonner. Avec une impression bien différente, Asmodée sentit la fumée de ce poisson qui lui fit abandonner la femme du fils de Tobie, en fuyant du pays des Mèdes jusque dans le désert de la haute Egypte, où Raphaël le saisit et le chargea de chaînes.

Enfoncé dans une rêverie profonde, Satan marche à pas lents. Il arrive au pied de la sainte montagne : soudain il se voit arrêté. Les arbrisseaux et les buissons entrelacés sous les arbres fermaient pour lors tous les chemins qui avaient donné passage à l'homme ou aux animaux.

Il n'est qu'une seule porte du côté de l'orient. Le prince des démons s'en aperçoit; il dédaigne l'entrée ordinaire; par mépris, il franchit d'un saut léger la contrescarpe de la montagne, et retombe dans l'intérieur de ce lieu de délices. Tel un loup carnassier, que la rage et la faim chassent du fond des forêts pour chercher sa proie, s'élance dans l'enceinte où les bergers, sur le soir, au milieu des champs, renferment leurs timides troupeaux; ou tel le soldat altéré de carnage et de sang, dans un jour de surprise, escalade une ville abandonnée au meurtre et au pillage. Ainsi cet insigne brigand viola les barrières des jardins sacrés. Ainsi d'infâmes mercenaires entrent sans mission dans l'Eglise du Seigneur.

Il dirigea son vol sur l'arbre de vie, qui se distinguait entre tous au milieu du paradis : il s'y arrêta sous la forme d'un vautour. Ce ne fut point pour y chercher une vie nouvelle ; occupé de l'unique projet d'introduire la mort, il n'envisagea que la hauteur de cet arbre, et ne considéra point l'utilité de son fruit qui pouvait donner une heureuse immortalité; tant il est vrai que souvent on ignore le juste prix d'un bien qui se présente, et que la passion convertit en poison ce qu'il y a de plus excellent.

Satan contemple avec admiration les beautés de la nature, toutes rassemblées dans un petit espace, toutes destinées aux délices de l'homme. Il voit un paradis sur la terre : ce séjour délicieux était le jardin du Très-Haut : il l'avait planté lui-même à l'orient du pays d'Eden, qui s'étendait depuis Auran jusqu'aux lieux où les monarques de la Grèce élevèrent longtemps après les royales tours de Séleucie, et jusqu'en Thelassar, où les fils d'Eden habitèrent avant les successeurs du grand conquérant de Macédoine. Tout était de l'ordonnance d'une main éternelle.

Dans ce terrain fertile croissait tout ce qui peut flatter la vue, l'odorat et le goût. Au milieu s'élevait l'arbre de vie, d'où s'écoulait l'ambroisie d'un or liquide. Non loin était l'arbre de la science du bien et du mal, science qui nous coûte si cher, arbre fatal dont le germe a produit la mort!

Une large rivière, tirant vers le midi, parcourait la campagne d'Eden et passait sous une montagne raboteuse que le Seigneur avait fondée au commencement des temps; mais elle ne se perdait que pour devenir plus utile. Une partie de ses eaux, se relevant d'une façon surprenante (la nature ne sait point résister au Créateur), produisait au haut de la montagne une source abondante. Son onde claire et pure, se partageant en une infinité de bras, faisait mille détours dans ces jardins agréables, et se réunissait enfin pour former une cascade superbe. On la voyait se précipiter à gros bouillons dans le fleuve souterrain qui, sortant de son lit ténébreux, reparaissait dans toute sa magnificence, et se divisait en quatre grands fleuves.

Je n'entreprendrai pas de décrire ici les empires et les pays qu'ils traversent : j'exprimerais plutôt, s'il était possible, comment, sur les perles orientales et sur un sable d'or, les ruisseaux argentins qui provenaient de cette fontaine de saphir serpentaient au-dessous des arbres et roulaient leurs flots de nectar, visitant chaque plante, et nourrissant des fleurs dignes du paradis. L'art subtil ménage le beau; il se plaît à faire d'élégantes bordures, des compartiments curieux ; mais ici la nature avait prodigué des beautés sans nombre sur les montagnes et dans les vallées. Ses richesses étaient répandues avec profusion dans les champs que le soleil levant échauffe de ses rayons, et dans ces berceaux épais qu'un ombrage impénétrable rend si agréables pendant l'ardeur du jour.

Cette heureuse et champêtre habitation était admirablement variée pour le plaisir des yeux. Là vous trouviez des bocages dont les arbres distillaient la myrrhe odoriférante et des baumes précieux; ici vous en aperceviez d'autres dont le fruit luisant et doré charmait l'œil et le goût. Toutes les merveilles que la fable attribue aux vergers des Hespérides se rencontraient réellement dans ce jardin de volupté.

Entre les arbres paraissaient des espaces riants, des collines enchantées, et des troupeaux qui paissaient l'herbe tendre. Ici un tertre couvert de palmiers, et une vallée couverte de fleurs, coupée de ruisseaux, exposaient mille beautés, et offraient la rose sans épines. Là des grottes sombres formaient des retraites fraîches et tapissées de vignes qui s'empressaient de livrer leurs grappes de pourpre, et qui étendaient de toutes parts leurs nombreux rameaux.

Les ruisseaux, tombant avec un doux murmure le long des collines, se dispersaient en divers canaux, ou se ramassaient en un bassin dont la surface présentait son miroir de cristal aux myrtes verts qui couronnaient le rivage. Les oiseaux qui formaient un chœur mélodieux, et les zéphyrs, portant avec eux les parfums des champs et des bocages, murmuraient entre les feuilles légèrement agitées, tandis que Pan, dansant pour ainsi dire avec les Grâces et les Heures, traînait partout après lui un printemps éternel.

La belle campagne d'Enna, où Proserpine cueillant des fleurs fut enlevée par le sombre Pluton, ne pourrait entrer en parallèle avec ce divin séjour, quand on y ajouterait encore et les charmants bocages de Daphné près d'Orontes, et l'admirable source de Castalie, et cette île de Nisée qui ceint le fleuve Triton, où le vieux Cham, l'Ammon des Gentils et le Jupiter de Lybie, retira, dit-on, le jeune Bacchus pour le dérober aux yeux de sa marâtre Rhéa. On ne saurait non plus lui comparer le mont Amara, situé sous la ligne éthiopique, près des sources du Nil, où les rois abyssins font garder leurs enfants. Malgré ses rares beautés, ce mont fameux, où quelques-uns ont voulu placer le paradis terrestre, serait fort inférieur à ce jardin d'Assyrie. Le lugubre monarque y voyait avec dépit l'assemblage de tous les plaisirs, et la surprenante variété de créatures nouvelles à ses yeux.

Deux objets plus nobles que tous les animaux l'étonnèrent. La majesté de leur port, leur tête levée vers le ciel, et la pureté dont ils étaient revêtus, semblaient leur déférer le droit de gouverner l'univers. Ils en avaient aussi l'empire. Dans leurs divins regards brillait l'image du Créateur, la vérité, la raison, la sagesse, une sainteté sévère et pure; sévère, mais tempérée par un air de modération et de droiture qui conviennent si bien aux rois.

Il se trouvait cependant entre eux quelques degrés d'inégalité; ils avaient l'un sur l'autre quelques avantages : l'un était formé pour la contemplation et la valeur, l'autre pour la douceur et les grâces; celui-ci pour Dieu seul, celui-là pour l'homme et pour Dieu. Le front de l'un, grand et majestueux, et son regard imposant, marquaient la supériorité. Ses cheveux, semblables à la fleur d'hyacinthe, bouclés d'une manière mâle, se séparaient sur le front, et, sans passer les épaules, ornaient décemment sa tête. La chevelure de l'autre, éparse, ondoyante et longue, tombait comme un voile jusqu'au bas de sa taille fine et déliée. L'or de ses tresses blondes se recourbait avec grâce. Ainsi la vigne, demandant un support, se replie devant l'ormeau. Ainsi portait-elle sur sa tête une marque de sa dépendance et du besoin qu'elle avait d'un appui. Son cœur, obéissant à la nature, s'attachait à son époux; mais en gagnant son amour par la soumission elle se conciliait son estime par la modestie. Tous deux se voyaient innocemment, et ne s'étaient point aperçus de leur nudité : la présence de Dieu ou celle des anges ne les en avaient pas fait rougir, car ils ignoraient le mal.

Ils marchaient en se donnant la main : quel couple ! l'amour n'en unira jamais de semblable. Adam le plus majestueux des hommes; Eve la plus belle des femmes.

L'exercice de la journée n'était point un travail ; c'était un amusement qui les préparait à mieux goûter le repos, et qui assaisonnait encore des mets exquis. Ils s'assirent sur le gazon naissant, près d'une source vive, à l'ombre d'un bocage dont les feuilles murmuraient doucement. Les branches s'abaissant d'elles-mêmes leur présentèrent des fruits d'une saveur délicieuse.

Couchés sur les fleurs qui émaillaient les bords de la fontaine, ils goûtèrent ces fruits. L'écorce leur servit à puiser une onde plus douce que le nectar.

Autour d'eux s'égayaient tous les animaux que nous connaissons sur la terre, et qui, maintenant sauvages, se retirent dans les bois, dans les déserts, dans les forêts, ou dans les tanières. Le lion en folâtrant se cabrait, et dans ses pattes berçait le tendre chevreau. Les ours, les tigres, les panthères et les léopards bondissaient devant eux. Le pesant éléphant employait toute son industrie pour les divertir, et contournait en cent façons sa trompe flexible. Le serpent, s'insinuant avec adresse, entrelaçait en nœuds gordiens sa queue repliée, et donnait, sans leur causer de défiance, des preuves de sa fatale astuce. Quelques-uns, couchés sur l'herbe dont ils s'étaient rassasiés, avaient encore les yeux ouverts ; d'autres se disposaient au sommeil.

L'astre du jour touchait au terme de sa carrière, il se précipitait pour éclairer les îles de l'Océan, et les astres avant-coureurs de la nuit montaient dans la céleste balance. Satan jusque là immobile retrouva enfin sa voix étouffée par la tristesse.

« O cieux, ô terre, ô enfers ! Voilà donc ceux à qui l'on a destiné nos trônes ! voilà les nouveaux favoris de l'Eternel. Que font-ils ? D'un côté j'aperçois en eux toutes les propriétés de la matière ; de l'autre ils me paraissent peu inférieurs aux célestes substances. Dans cette union bizarre mes pensées les suivent avec étonnement. Je sens même que j'aurais du penchant à les aimer : la ressemblance divine brille sur leur front, et la main qui les a formés a répandu sur eux des grâces infinies. Infortunés! vous pensez peu au changement que je vous prépare ; toutes ces délices vont s'évanouir. Je mesurerai vos maux aux plaisirs dont vous jouissez. Votre bonheur est grand ; il devait être mieux assuré. Ce beau séjour que vous habitez a été mal fortifié contre un ennemi tel que moi. Mais non, je ne suis point votre ennemi : l'abandon même où je vous vois excite ma compassion, quoique l'on soit insensible à mes maux. Je cherche à former une ligue avec vous, une amitié mutuelle si étroite, si intime que, inséparablement unis, nous soyons obligés de vivre vous avec moi, moi avec vous. Ma demeure peut-être ne satisfera pas tant vos sens que ce beau paradis : telle qu'elle est, acceptez-la, c'est l'ouvrage de votre digne Créateur ; il me l'a donnée, je vous la donne. L'enfer ouvrira pour vous recevoir ses plus larges portes, et fera sortir ses rois à votre rencontre. Quelque nombreuse que puisse être votre postérité, la place n'y manquera pas comme en ces étroites limites. Si vous vous y désespérez un jour, prenez-vous-en à celui qui me contraint de me venger sur vous. Vous n'êtes point coupables à mon égard, mais votre innocence m'attendrit vainement. Une juste raison d'état, l'honneur, la vengeance, et l'agrandissement de notre empire par la conquête de ce nouveau monde, me forcent d'exécuter contre vous un projet dont la seule idée me fait horreur. »

Satan allégua la nécessité (prétexte des tyrans) pour justifier ses horribles desseins. Il descend et va se confondre parmi la troupe badine des divers animaux ; il se transforme tantôt en l'un, tantôt en l'autre, afin d'observer, sans se faire connaître, ceux dont il a juré la perte. Il s'étudie à pénétrer leur nature, soit par leurs discours, soit par leurs actions.

Tantôt sous la figure d'un lion, il marche fièrement autour d'eux avec un regard plein de feu ; tantôt il se couche comme un tigre qui, par hasard, ayant entrevu deux jeunes faons, se tapit contre terre, puis se levant s'avance, se couche et change souvent de poste, choisissant le terrain d'où il pourra le mieux s'élancer et les saisir entre ses griffes. Adam parla enfin, et attira par la nouveauté de ses accents toute l'attention de son ennemi.

« Chère compagne, seule destinée à partager avec moi les délices de la nature dont tu es le plus précieux trésor, sans doute l'auteur qui nous a donné la vie et qui a créé pour nous ce vaste monde est aussi infini en bonté qu'il est infini en puissance. Il nous a tirés de la poussière, il nous a placés dans un paradis, nous qui n'avons rien mérité de sa main, et qui ne pouvons rien ajouter à son bonheur. Il ne demande que notre obéissance, et il ne la met qu'à une légère épreuve. De tous ces arbres qui portent des fruits délicieux si variés, il nous défend seulement de toucher à l'arbre de science qui se joint à l'arbre de vie. L'intervalle entre la mort et la vie n'est pas grand, et la mort est sans doute quelque chose de terrible : tu sais que le Seigneur nous en a menacés, si notre témérité nous faisait porter sur cet arbre une main sacrilége. Est-ce trop exiger quand il nous comble avec profusion de tous les biens imaginables, quand il nous a établis les maîtres du monde, quand il étend notre empire sur tout ce que la terre, l'air et la mer renferment de créatures ? Une loi si facile à observer est une nouvelle preuve de sa bonté. Obéissons, chère Eve, notre obéissance fera notre gloire : le choix illimité de toutes sortes de biens nous dédommage assez de ce petit sacrifice. Glorifions sans cesse le Créateur, ne songeons qu'à exalter sa bonté infinie, pendant que nous passerons agréablement le temps à cultiver ces arbres et à prendre soin de ces fleurs. Cette occupation n'a rien de fatigant; mais quand la peine voudrait s'y joindre, ta compagnie la convertirait en plaisir pour moi. »

Eve lui répliqua : « O toi pour qui et de qui j'ai été formée, chair de ta chair, sans qui je serais inutile au monde, guide assuré, glorieux chef de ta fidèle compagne, ce que tu viens de dire est juste et raisonnable. Nous lui devons une reconnaissance éternelle. Tout doit retentir de nos actions de grâces; puis-je en suspendre le cours, moi dont le bonheur est rendu si complet par la société d'un époux tel que toi ? la terre ne voit point ton égal, elle ne le verra jamais. Je gagne donc plus que toi dans cette aimable société. Il me souvient du jour où la douce lumière vint pour la première fois ouvrir mes yeux étonnés. Je me trouvai mollement couchée sur un tapis de verdure émaillée de fleurs, à l'ombre d'un bocage. J'ignorais où j'étais, qui j'étais, d'où je venais. J'entendis le murmure d'un ruisseau qui sortait d'une grotte voisine ; son onde répandue formait une plaine liquide, et sa tranquille surface représentait la pureté des cieux. J'y portai mes premiers pas ; l'expérience ne m'avait rien appris. Je m'inclinai sur le bord verdoyant, et je regardai dans ce bassin clair et uni qui me semblait un autre ciel. En me penchant j'aperçus une figure qui se penchait aussi vers moi. Je la regardai, elle me regarda. Je reculai en tressaillant, elle recula en tressaillant ; un charme secret me rapprocha, le même charme l'attira. Des mouvements réciproques de sympathie et d'amour nous prévenaient l'une pour l'autre. Ce charmant objet me retiendrait peut-être encore si une voix distincte ne m'eût tiré de ce ravissement. « Ce que tu contemples, belle créature, c'est toi-même. Avec toi l'image paraît et disparaît ; mais viens, je te conduirai dans un lieu où tu ne trouveras point une ombre, mais un objet réel digne de tes regards. Celui dont tu es l'image t'appelle : tu jouiras de son aimable société : il te sera inséparablement uni. Tu lui donneras une multitude d'enfants semblables à toi, et de là tu seras appelée la mère des vivants. » Pouvais-je délibérer ? Je suivis sur-le-champ, conduite invisiblement ; je t'aperçus à l'ombre d'un platane ; tu me semblais beau et majestueux ; cependant je trouvai ta beauté moins douce et moins attrayante que celle de l'image fugitive que j'avais vue dans les ondes. Un léger saisissement me fit reculer à ta vue. Tu m'appelas, tu me suivis. Arrête, belle Eve ! Que crains-tu de venir vers un autre toi-même ? Tu es sa chair, ses os. Pour te donner l'être et la vie, je t'ai prêté la côte la plus voisine de mon cœur ; c'est à mes côtés que tu dois trouver ta place naturelle. Ta douce compagnie, dont je serai toujours inséparable, fera désormais le bonheur de mes jours. Attendez-moi, chère partie de moi-même, et laisse-moi réclamer mon autre moitié. Ta main saisit la mienne, je me rendis, et depuis ce temps je vois combien la force de la sagesse, qui seule est véritablement belle, l'emporte sur la beauté. »

A mesure que les deux époux se livraient à leurs entretiens, le monarque infernal se sentait dévoré d'une fureur qui allait croissant, et de ses yeux s'échappaient de farouches regards. « Les voilà donc, se disait-il en lui-même, ces êtres que l'Eternel favorise de ses dons ; ils sont réservés à une félicité sans mélange dans ces lieux enchantés ! et moi, livré à des maux et à des supplices sans bornes, je me verrai relégué dans d'éternelles horreurs, dans un séjour maudit où la joie est inconnue ! N'oublions pas pourtant ce que j'ai surpris de leur bouche : tout n'est pas en leur pouvoir. Je vois qu'il est un arbre fatal, appelé l'arbre de la science, dont le fruit leur est interdit. La science défendue : j'entre en quelque soupçon. Pourquoi doivent-ils s'en abstenir? La science peut-elle être un mal? Peut-elle causer la mort? Se soutiennent-ils seulement par l'ignorance? Est-ce là le bonheur de leur état, la preuve de leur obéissance et de leur foi? Ne pourrions-nous pas tirer de cette défense le principe de leur ruine? Excitons dans leurs cœurs un désir curieux de savoir ; révoltons-les contre une indigne sujétion en leur faisant entendre que la science peut les élever au rang des dieux. Séduits par l'espoir flatteur de la divinité, s'ils la cherchent dans ce fruit défendu, ils désobéissent ; s'ils désobéissent, ils meurent ; s'ils meurent, les voilà perdus comme moi : la conséquence est juste ; mais, avant tout, commençons par examiner les détours de ces lieux. Peut-être le hasard me fera-t-il trouver près d'une fontaine ou dans l'ombre épaisse quelque esprit céleste dont je tirerai les éclaircissements nécessaires. Heureuses créatures, vivez encore tandis que vous le pouvez : à votre félicité succédera bientôt une suite interminable de malheurs ! »

En finissant ce discours, il marche plein d'orgueil et d'assurance, mais en même temps avec circonspection ; il cherche dans les bois, dans les plaines, sur les collines et dans les vallons.

Le soleil, prêt à se coucher, s'approchait du point le plus éloigné de l'horizon, où le ciel se rencontre avec la terre et l'océan, et portait obliquement ses rayons sur l'intérieur du portail par où l'on pouvait entrer dans le paradis terrestre. Ce portail, situé à l'orient de la montagne, était pratiqué dans un roc d'albâtre dont le sommet superbe s'élevait jusqu'aux cieux. Son enceinte escarpée embrassait les jardins sacrés, et formait d'un seul côté une pente plus douce qui descendait à la terre.

Assis au milieu de ce portail, Gabriel, chef des gardes angéliques, attendait la nuit. Autour de lui, la jeunesse du ciel désarmée s'exerçait à des jeux héroïques. Les célestes armures, casques, boucliers et lances, étincelantes d'or et de diamants, pendaient auprès de ces guerriers comme des trophées. Ils aperçurent Uriel se coulant rapidement avec le soir sur un rayon du soleil. Telle dans l'automne, quand les vapeurs de l'air viennent à s'enflammer, une étoile court, traverse la nuit, et, laissant un sillon de lumière, montre aux matelots de quel point de leur boussole vont arriver les vents impétueux.

« Gabriel, lui dit-il, c'est toi que l'Eternel a chargé de garder ce paradis. Aujourd'hui, sur le haut du midi, un esprit conduit en apparence par un louable désir de connaître les ouvrages du Tout-Puissant, et surtout l'homme, sa dernière créature, a passé dans ma sphère. Sa démarche légère et son port céleste m'ont trompé : mais sur le mont où il s'est d'abord abattu, au nord d'Eden, j'ai bientôt discerné ses regards enflammés de courroux contre le ciel, et son visage obscurci par d'indignes passions. Je l'ai longtemps suivi de l'œil, enfin je l'ai perdu de vue dans l'ombre de ces bocages. Je crains que du fond des enfers quelqu'un des esprits réprouvés n'ait entrepris d'élever de nouveaux troubles; c'est à toi d'y mettre ordre. »

Le guerrier ailé lui répondit : « Uriel, je ne suis point surpris que, assisté de la brillante lumière du soleil, au milieu duquel tu résides, tu portes si loin ta perçante vue; nul n'échappe à la vigilance de ceux qui gardent cette porte; on n'y passe point sans une permission du ciel, et, depuis l'heure du midi, nulle créature n'est venue de ces hautes régions. Si quelque esprit pervers a franchi ces terrestres remparts (car tu sais que des barrières matérielles ne peuvent arrêter une substance spirituelle), sous quelque forme qu'il puisse être caché dans l'enceinte de ces jardins, je l'aurai trouvé avant que l'aurore suivante nous éclaire. »

Telle fut sa promesse. Uriel retourna à son poste sur le même rayon de lumière, dont la pointe pour lors élevée lui servit comme d'un plan incliné pour descendre jusqu'au soleil qui plongeait à cette heure au-dessous des Açores : soit que ce premier orbe poursuivant sa ronde journalière avec une rapidité inconcevable eût décrit cet espace; soit que la terre, toute pesante qu'elle est, tournant sur elle-même par un plus court chemin vers l'orient, l'eût laissé au même point, colorant d'or et de pourpre les nuages qui accompagnent la face occidentale de son trône.

La nuit s'approchait, et le crépuscule avait revêtu les campagnes de ses sombres livrées. Le silence venait à sa suite. Les animaux et les oiseaux s'étaient tous retirés aux lieux de leur repos; tous, hors le rossignol qui, accoutumé aux veilles, passe les nuits entières à chanter. Il entonnait déjà ses doux sons, et le silence était ravi. Déjà le firmament étincelait de vifs saphirs; Hespérus, conducteur des bandes étoilées, brillait à leur tête. Mais bientôt la lune se levant, dans une majesté nébuleuse, avec un port de reine, dévoila sa tendre lumière, et jeta sur l'obscurité son manteau d'argent.

Adam dit à Eve : « Ma chère compagne, l'heure de la nuit et la tranquillité qu'elle mène à sa suite nous invitent à quitter notre ouvrage. Le Seigneur a établi pour les hommes la vicissitude de l'action et du repos, ainsi que celle du jour et de la nuit; retirons-nous. Le sommeil commence à répandre ses pavots, dont les douces vapeurs appesantissent peu à peu notre paupière. Les animaux oisifs rodent pendant le jour à l'aventure; Dieu ne leur demande point compte du temps, ils n'en connaissent point le prix; l'homme doit coopérer par ses soins à la conservation des ouvrages de la Providence. Il y a des exercices réglés pour le corps et pour l'esprit. Cette attention du ciel sur notre conduite marque notre avantage sur les autres créatures. Demain, avant que la fraîche aurore amène la lumière et peigne l'orient de ses différentes couleurs, nous devons nous occuper à ces berceaux fleuris. Ces vertes allées qui nous servent de retraite pendant l'ardeur du jour semblent se plaindre de se voir étouffées par l'épaisseur de leur feuillage, et demanderaient plus de mains que les nôtres pour les soulager. Il nous faudra encore, si nous voulons aplanir nos promenades, écarter ces fleurs et ces gommes qui tombent journellement des arbres. Préparons-nous à ce travail par le repos que la nature exige, et auquel la nuit vient nous inviter. »

« Mon auteur, mon souverain, répondit son épouse, commande, je ne sais qu'obéir : Dieu est ta loi, tu es la mienne : conversant avec toi, j'oublie la durée du temps. Le changement des saisons et les différentes températures de l'air, tout me plaît également : l'haleine du matin est remplie de douceur, l'aurore accompagnée des charmantes voix des oiseaux a mille agréments. Le soleil inspire la joie quand, se levant pour éclairer cette terre délicieuse, il étend ses rayons naissants sur les herbes, les arbres, les fruits et les fleurs luisantes de rosée. La terre féconde répand une odeur suave après de douces pluies : le soir s'avance agréablement, puis la nuit tranquille avec cet oiseau mélodieux qui l'égaie, aussi bien que cette belle lune et ces perles du ciel, les étoiles, qui composent sa cour. Mais ni le chant des oiseaux qui célèbrent l'aurore, ni le soleil levant, ni les herbes, les fruits et les fleurs dont le coloris est relevé par l'éclat des perles de la rosée, ni la bonne odeur de la terre après la pluie, ni l'agréable et fraîche soirée, ni la nuit tranquille avec cet oiseau mélodieux qui l'égaie, ni les promenades au clair de la lune, ni ces divers compartiments d'étoiles brillantes, sans toi n'auraient autant de charmes pour moi. »

En se retirant, Eve, frappée du glorieux spectacle des feux célestes, demanda à son époux pourquoi ils brillaient tandis que le sommeil fermait tous les yeux.

« Fille accomplie de Dieu et de l'homme, Eve, reprit notre premier père, ces astres sont obligés de faire dans l'espace d'une journée à l'autre leur révolution autour de la terre ; ils se lèvent et se couchent successivement pour dispenser de région en région la lumière préparée aux nations qui sont encore à naître, de peur que par une obscurité totale la nuit ne regagne son ancienne possession, et n'éteigne le principe de la vie dans tout ce qui respire. Ces feux modérés éclairent ce vaste univers, et leur bénigne chaleur influant diversement, fomente, réchauffe, tempère ou nourrit toutes choses; leur vertu céleste dispose les productions de la nature à recevoir leur perfection des rayons plus actifs du soleil. Ces étoiles ne brillent donc pas en vain pendant la nuit; car je ne crois pas que l'homme soit le seul témoin de la majesté du ciel, ou que sans lui Dieu manquerait de louanges. Des millions invisibles de créatures spirituelles parcourent la terre, tandis que nous veillons et que nous dormons; toutes ces substances contemplent jour et nuit ses ouvrages et le glorifient sans cesse. Combien de fois, du haut des montagnes retentissantes ou dans le fort des bois, sur le minuit, avons-nous entendu les louanges du Créateur célébrées par des voix divines, ou seules, ou réunies en concert? Souvent, lorsque les troupes des anges vont faire leurs rondes nocturnes ; elles se joignent en un chœur parfait soutenu de la musique instrumentale des touches célestes : leurs chants partagent la nuit, et élèvent nos pensées vers le ciel. »

Ils discouraient de la sorte, et se tenant par la main ils s'avançaient vers le magnifique berceau que Dieu leur avait planté. La voûte était un tissu de laurier, de myrte et des plus hauts arbrisseaux, dont le feuillage odorant et durable formait le couvert le plus épais. De tous côtés, l'acanthe et mille petits buissons au parfum exquis palissadaient le mur verdoyant. Entre des iris nuancés de superbes couleurs, les roses, le jasmin, et toutes sortes de fleurs curieuses élevaient glorieusement leurs têtes et faisaient un agréable mélange. Sous les pieds, la violette, le safran et l'hyacinthe émaillaient la terre, mieux décorée de leur riche marqueterie qu'elle ne l'eût été par les pierres les plus précieuses.

Ici nuls animaux, oiseaux, insectes, ou reptiles n'osaient entrer. Le respect qu'ils avaient pour l'homme leur en défendait l'accès. Jamais, quoi que dise la fable, Pan ni Sylvain ne dormirent dans un berceau plus sacré ou plus solitaire. Jamais Faune ni les Nymphes n'eurent de sanctuaire si redouté.

Arrivés à leur retraite, ils se tinrent debout, et se tournant vers la voûte céleste ils adorèrent le Dieu qui fit le firmament, l'air, la terre et le ciel, le globe resplendissant de la lune et le pôle étoilé. « Tu fis aussi la nuit, Créateur tout-puissant, et tu as fait le jour : nous l'avons employé à l'ouvrage que tu nous as confié. Nous avons, grâce à ta bonté, rempli la journée, heureux par les secours mutuels que nous nous prêtons, et par l'amour réciproque qui couronne notre félicité : accorde-nous le repos que nous venons chercher dans cette retraite. »

Telle fut leur prière dans l'union d'un même esprit ; et ils se retirèrent dans le plus secret du berceau. Libres de cet appareil incommode auquel nous sommes assujétis, ils se disposèrent au sommeil.

Bientôt ils s'endormirent au doux chant des rossignols, et la voûte fleurie versa sur eux des roses que le matin renouvela. Dormez, couple heureux : ô plus heureux encore si vous ne cherchez point d'état plus fortuné, et si vous ne sortez point des bornes qui vous sont prescrites.

Déjà la nuit avait parcouru la moitié de la voûte sublunaire, et de leurs portes d'ivoire les chérubins en armes, sortant à l'heure accoutumée, dans une contenance guerrière, allaient occuper leurs postes, quand Gabriel dit à l'ange qui le suivait :

« Uzziel, prends la moitié de cette légion et côtoie le midi. Observe d'un œil vigilant jusqu'aux lieux les plus écartés. Que les autres défilent avec moi vers le nord, nous nous rencontrerons à l'occident. » Aussitôt ils se divisent comme la flamme, les uns vers la droite, les autres vers la gauche. Gabriel appelle deux anges dont la puissance et l'activité lui étaient connues.

« Ithuriel, et vous, Zéphon, déployez vos ailes agiles ; allez, que rien n'échappe à vos recherches ; mais surtout observez l'endroit qu'habitent ces deux belles créatures. Peut-être goûtent-elles avec sécurité les douceurs d'un tranquille sommeil. Un messager céleste descendu sur les rayons du soleil couchant vient de m'annoncer qu'un esprit infernal avait ici tourné ses pas. Sans doute qu'en s'échappant il a conçu quelque funeste dessein : partout où vous le trouverez, saisissez-le ; qu'il comparaisse devant moi. »

A ces mots, il marche à la tête de ces cohortes dont l'éclat effaçait la clarté de la lune. Les deux anges se dirigent vers les berceaux enchantés où reposaient nos premiers pères. Ils y trouvent l'esprit infernal ; mais sous quelle forme ? Qui pourrait se l'imaginer ? Sous la figure d'un crapaud. Couché à l'oreille d'Eve, il était occupé à lui fasciner l'imagination par des illusions nocturnes, par des fantômes et des songes propres à laisser dans son esprit de pernicieuses impressions. Il se proposait en soufflant son venin d'infecter les esprits animaux qui proviennent du sang le plus pur, comme de douces vapeurs s'élèvent des rivières ; il cherchait à produire en son âme des pensées inquiètes, de folles espérances, de vains projets, des désirs désordonnés et capables de conduire à un orgueil criminel.

Ithuriel le toucha légèrement de sa lance. Le déguisement ne saurait endurer la touche d'une trempe céleste sans être forcé de reprendre sa forme naturelle. Surpris et découvert, Satan tressaillit de rage. Ainsi quand une étincelle tombe sur un amas de nitre et de poudre prête à être portée dans les magasins que l'on remplit sur le bruit d'une guerre prochaine, le salpêtre éclate et met en feu les airs ; de même le malin esprit se leva avec fureur, et montra l'ange de ténèbres tout entier.

Ithuriel et Zéphon furent frappés d'étonnement à la vue de ce monstre hideux : mais ils le saisirent sans effroi, et le forcèrent à répondre.

« Infâme esclave échappé de ta prison, quel est ton nom ? Que fais-tu ici sous l'indigne forme qui te cache ? Pourquoi te tiens-tu ici, et que prétends-tu autour de ces deux innocentes créatures livrées à la douceur du sommeil ? »

Le Paradis perdu. 5

« Ne me remettez-vous pas, dit Satan plein de mépris; ne me remettez-vous pas? Je me suis vu dans un rang où vous n'osiez vous élever. Si vous ne me connaissez pas, c'est sans doute que votre obscurité ne vous a pas permis de m'approcher. Si vous me connaissez, pourquoi me demandez-vous qui je suis?»

« Ne crois pas, dit Zéphon, rendant mépris pour mépris, ne crois pas que tu conserves encore ces traits de beauté qui brillaient en toi tandis que tu étais fidèle à ton Dieu. Cette gloire t'abandonna avec ton innocence : tu n'es plus que ténèbres, et je ne vois plus en toi que les horreurs du péché et les marques de ton supplice. Viens, malheureux; il faut que tu rendes compte à celui qui nous a envoyés; il est chargé de défendre cette place, et d'éloigner tout ce qui en pourrait violer la sainteté. »

Ainsi parla le chérubin, et la gravité jointe à la beauté de sa jeunesse donna une force invincible à ces paroles foudroyantes. Le prince des enfers resta confus; il sentit toute la force du juste; il vit combien la vertu en elle-même est aimable : il le vit, et gémit de l'avoir perdue; la privation de cet éclat qui nourrissait son orgueil combla son désespoir; il montra néanmoins un front intrépide. « S'il me faut, dit-il, combattre, que ce soit contre le plus digne, contre le chef, et non contre son soldat; ou qu'ils viennent tous deux à la fois : j'en remporterai plus de gloire, ou j'en serai moins couvert de honte. »

Ta soumission forcée, répartit hardiment Zéphon, nous dispense de te montrer ce que les derniers d'entre nous pourraient seuls contre toi : ta faiblesse est la punition de ton crime.

Le prince des ténèbres ne répliqua pas : la rage étouffa sa voix. Il obéit comme un fier coursier dont le frein dirige les mouvements fougueux. Son cœur, tout intrépide qu'il était, céda en ce moment à la crainte. Ils s'approchaient du point de l'occident où les guerriers du Très-Haut, ayant parcouru le demi-cercle qu'ils avaient à décrire, se rangeaient en arrivant, et se réunissaient pour attendre de nouveaux ordres, quand du front de bataille Gabriel qui les conduisait dit à haute voix :

« Amis, j'entends un bruit de pieds agiles, et déjà j'entrevois à travers l'obscurité Ithuriel et Zéphon : avec eux s'avance un troisième qui représente encore un roi, mais un roi dont la gloire est visiblement flétrie. Sa démarche et son port furieux me font croire que c'est le prince des enfers. Selon toute apparence, il ne partira pas d'ici sans combat ; soyez fermes ; la fureur étincelle dans ses yeux. »

À peine eut-il fini que les deux anges arrivèrent, et firent entendre en peu de mots quel était le prisonnier qu'ils amenaient, où ils l'avaient trouvé, ce qu'il faisait, sous quelle forme, et dans quelle posture il était couché.

« Pourquoi, Satan (lui dit Gabriel en le foudroyant d'un regard), pourquoi as-tu rompu les chaînes que tes crimes t'ont forgées ? Pourquoi inquiéter dans leurs fonctions des esprits qui détestent ton exemple, et qui sont en droit de te demander raison de la témérité avec laquelle tu souilles par ta présence ces jardins sacrés ? Oses-tu bien troubler le repos de ceux que Dieu même a établis dans ce lieu fortuné ? »

Satan répartit : « Gabriel, tu avais dans le ciel la réputation d'être sage ; je t'estimais tel ; mais ta question m'en fait douter. Est-il quelqu'un qui se plaise dans les tourments, et qui ne s'échappe quand il le peut d'un lieu maudit ? Y manquerais-tu toi-même ? on ne connaît plus de péril quand il s'agit de se dérober à des maux si affreux, et il n'est rien que l'on ne fasse pour trouver du soulagement. C'est là ce qui m'amène ici. Je sais que ce n'est point une raison pour toi ; tu connais seulement le bien, mais tu n'as point essayé du mal. Tu m'objectes la volonté de celui qui nous a confinés dans les enfers : qu'il barricade mieux ses portes, s'il prétend nous arrêter dans ses noirs cachots. Voilà ma réponse. Au reste, le rapport est fidèle, ils m'ont trouvé comme ils le disent ; mais s'ensuit-il de là que je voulusse commettre quelque violence ? »

Il prononça ces mots avec dédain. Le prince des troupes célestes, souriant à demi, lui répliqua d'un ton ironique : « Sans doute que le ciel a perdu dans toi un trésor inestimable de sagesse. Rien n'en pourra réparer la perte. C'est apparemment ta sagesse qui t'a autorisé à briser tes chaînes, et qui te fait mettre gravement en doute s'il faut accorder le nom de sage à qui ose t'interroger sur ta désertion et ton apparition en ces lieux sacrés. Tu trouves donc que c'est un trait de prudence que de se dérober à son supplice; juge toujours de même, présomptueux, et bientôt la colère que tu as allumée par ton évasion châtiera ton audace en te repoussant jusqu'au fond des enfers. Cette sagesse dont tu te piques aurait bien dû t'apprendre qu'il n'est rien de si terrible que d'irriter le courroux d'une puissance infinie. Mais pourquoi es-tu seul en ces lieux? Pourquoi tout l'enfer ne s'est-il pas déchaîné avec toi? La peine est-elle moins sensible pour eux? Doivent-ils moins l'éviter, ou as-tu moins de fermeté? Chef courageux, tu fus le premier à les entraîner dans le malheur, tu es le premier à les abandonner. Si tu avais fait sentir à ton armée le motif de ta désertion, elle t'aurait accompagné dans ce séjour. »

« Ange insultant, répartit le prince des ténèbres, ce n'es pas que j'aie moins de courage pour résister au mal ou à la douleur; tu sais bien que j'ai soutenu dans le combat les efforts de tes plus braves légions, jusqu'à ce que le foudre brûlant vint seconder ta lance peu redoutable par elle-même. Tes propos inconsidérés font bien voir que tu n'as point l'expérience, suite des dures entreprises et des mauvais succès. Ne sais-tu pas qu'un chef fidèle à son devoir ne hasarde point ses troupes avant que d'avoir reconnu les lieux où il veut faire marcher son armée? Voilà ce qui m'a engagé à sortir seul pour aller à la découverte d'un monde que la renommée a annoncé jusque dans les enfers. Je cherche ici une meilleure habitation, et je me flatte que j'établirai sur la terre ou au milieu de l'air mes puissances affligées, quand même, pour nous en mettre en possession, il faudrait livrer encore un nouveau combat. Mais non; les tiens, appréhendant la guerre, ne se plaisent qu'à servir en vils esclaves leur souverain, et à chanter des hymnes autour de son trône, en se prosternant devant lui sans oser l'approcher.

L'ange guerrier lui répliqua : « Tu varies, Satan. Tu prétendais d'abord que la raison t'avait fait quitter le lieu de tes tourments; maintenant tu déclares que tu viens comme espion;

il n'en faut pas davantage pour te convaincre d'imposture ; cependant tu oses te décorer du titre de fidèle ! Peux-tu profaner à ce point un nom si sacré ? Fidèle à qui ? A tes troupes rebelles, à ce ramas d'esprits pervers ! Digne chef de tels soldats ! leur discipline, leur constitution militaire est-elle d'enfeindre l'obéissance due au pouvoir suprême ? Mais, dis-moi, vil esclave, qui prétends t'ériger en auteur de la liberté, qui jamais flatta ou rampa plus que toi ? Quel autre adora plus servilement le redoutable monarque des cieux ? Ta feinte adoration n'avait donc d'autre objet que de le déposséder et de régner en sa place ? Ecoute, pense à observer l'ordre que je donne. Retire-toi loin d'ici : vole aux lieux maudits qui te sont destinés. Si tu oses reparaître dans ces saintes limites, je te traînerai chargé de chaînes au puits infernal, et je t'y garrotterai si bien que tu ne mépriseras plus à l'avenir les portes de l'enfer, trop faiblement barricadées pour toi. »

Telle fut la menace de l'ange vainqueur. Satan ne se laissa point intimider, et, s'enflammant d'une nouvelle rage, il répondit :

« Attends que je sois ton captif pour me parler de chaînes : orgueilleux chérubin, tu sentiras bientôt la pesanteur de mon bras victorieux, quoique le monarque d'en haut soit porté sur tes ailes, et qu'avec tes pareils accoutumés au joug tu traînes en triomphe son char par les chemins des cieux semés d'étoiles. »

Ce discours insolent allume le courroux des esprits célestes ; ils forment des deux parts leurs bataillons en croissant, et ils enferment ce téméraire au milieu d'une infinité de lances hérissées. Ainsi les dons de Cérès, vers le temps de la moisson, présentent leurs épis aux coups redoublés du vent qui les agite ; l'effroi s'empare alors du laboureur. Satan se sentit ému, mais l'orgueil le soutint. Il se présenta comme le pic de Ténériffe ou le mont Atlas que rien ne saurait ébranler. Sa taille montait jusqu'aux nues, et l'horreur elle-même faisait le panache de son casque. Il était couvert d'un vaste bouclier, et ses mains portaient les armes les plus redoutables. Le combat aurait eu des suites terribles. Le paradis terrestre ; que dis-je ? la voûte étoilée et tous les éléments auraient été bouleversés par la violence du choc.

L'Eternel, pour prévenir cette horrible tempête, leva ses balances d'or, que nous voyons encore entre Atrée et le Scorpion, dans lesquelles, au moment de la création, il pesa les différentes parties de l'univers, et la terre même suspendue au milieu des airs qui lui servaient de contre-poids. C'est là qu'il pèse les événements, les batailles et les royaumes. Il mit d'un côté les anges de paix, de l'autre l'esprit de révolte et de combat. Le dernier vola bientôt en haut et frappa le fléau. A cette vue, Gabriel apostropha ainsi le séducteur :

« Satan, je connais tes forces, tu connais les miennes ; nous ne les tenons que du ciel, et c'est folie de se glorifier de ce qui n'est à nous qu'autant que Dieu le permet : cependant les miennes sont en ce moment doublées pour te fouler aux pieds comme la poussière. Pour mieux t'en convaincre, regarde en haut et lis ton arrêt dans ce signe céleste où tu es pesé. Vois ta faiblesse et ton néant. » Satan leva les yeux, reconnut au fatal mouvement de la balance sa fatale destinée. Il céda, s'enfuit en blasphémant, et avec lui s'enfuirent les ombres de la nuit.

ARGUMENT DU LIVRE CINQUIÈME.

Au lever du jour, Eve raconte à Adam un songe qui l'a troublée pendant la nuit. Quoiqu'il en soit attristé, il la console. Ils sortent pour prendre soin du jardin. Leur cantique du matin à la porte du berceau. Dieu, pour rendre l'homme inexcusable, envoie Raphaël afin qu'il l'avertisse de ne point s'écarter de l'obéissance, de faire un bon usage de sa liberté, et d'être en garde contre son ennemi. Il le charge de lui découvrir quel est cet ennemi, la cause de sa haine, et ce qui peut être utile à Adam. Raphaël descend au Paradis. Son apparition. Adam, assis à la porte de son berceau, l'aperçoit de loin; il va à sa rencontre, et le conduit à sa demeure où il l'invite à un repas champêtre. Leurs discours pendant ce repas. Raphaël s'acquitte de sa commission, avertit Adam de son état, lui découvre son ennemi. Il lui apprend, pour satisfaire à sa prière, quel est celui qui le veut détruire, et quel est le sujet de son inimitié. Il lui expose le commencement et la cause de la rébellion qui arriva dans le ciel; comment Satan entraîna ses légions du côté du nord, les pressa de se révolter, et les séduisit, excepté le seul Abdiel, séraphin zélé, qui disputa contre lui et l'abandonna.

Le coup aurait été mortel, si les esprits pouvaient mourir.

LIVRE CINQUIÈME.

L'AURORE, commençant sa carrière, semait la terre de perles orientales, et laissait dans les cieux la trace vermeille de ses pieds : Adam s'éveilla. Son sommeil tranquille, fruit de la tempérance et des légères fumées d'une digestion facile, était chaque jour dissipé par le murmure des ruisseaux et des feuilles que l'épouse du vieux Tithon agite en se levant; et les premiers chants des oiseaux terminaient son repos d'une manière agréable; mais il fut bien surpris. Eve dormait encore; le désordre de ses cheveux et le feu de ses joues marquaient l'agitation de son esprit. Il s'éleva sur le coude, et s'attendrit en contemplant sa compagne, que les grâces avaient suivie jusque dans les bras du sommeil. Après l'avoir considérée quelque temps, il lui toucha légèrement la main, et d'une voix aussi douce que celle de Zéphyr quand il murmure parmi les fleurs, il lui dit : « Eveille-toi, ma belle compagne;

mon épouse, éveille-toi ; l'aurore allume le flambeau de la lumière, et la fraîcheur des champs nous appelle. Nous perdons le temps le plus favorable de la journée. Voici le doux moment où la fleur des citronniers s'épanouit, où la myrrhe et la canne aromatique exhalent leurs parfums les plus suaves. Ne négligeons point des biens si précieux ; allons observer le gracieux mélange que la nature fait de ses couleurs. L'abeille industrieuse caresse déjà les fleurs pour extraire ses douceurs liquides. »

A ces mots elle s'éveille, et d'un air effrayé, se tournant vers Adam, elle lui tient ce discours :

« O toi seul en qui mon âme trouve le calme et la paix, source de ma gloire, modèle de ma perfection, Adam, que ta présence et le retour de la lumière me font de plaisir ! Cette nuit, et je n'en ai jamais jusqu'ici passé de semblable, un songe m'a cruellement agitée, si pourtant c'était un songe. Il ne m'entretenait point de toi, comme il arrive souvent, ni de nos travaux de la veille, ni des occupations qui doivent leur succéder ; il ne me présentait que de tristes images inconnues à mon esprit jusqu'à cette fâcheuse nuit. Il me semblait qu'une voix pleine de douceur s'insinuant dans mon oreille m'invitait à la promenade ; j'ai cru d'abord que c'était la tienne : elle me disait : Eve, pourquoi dors-tu ? voici la plus charmante heure du jour, l'air est frais et calme, tout est dans le silence, excepté l'oiseau qui récrée la nuit, et qui, maintenant éveillé, répète ses douces chansons. La lune règne dans tout son éclat, et sa lumière encore plus agréable que l'éblouissante clarté du soleil prête à l'univers un nouveau lustre ; mais faute de spectateurs une si belle décoration devient inutile.

» Les yeux du ciel brillent de toutes parts, et s'enflamment pour toi. Tu fais les délices de la nature entière, tu la ranimes par tes regards. L'univers enchanté de ta céleste beauté se présente en extase devant toi pour te contempler.... Je me suis levée pour suivre ta voix, mais je ne t'ai point trouvé. Je t'ai cherché partout, et toujours seule, à ce qu'il me semblait, j'ai pris un chemin qui m'a conduit à l'arbre de la science, à cet arbre défendu qui me paraissait plus beau que jamais. Je l'admirais, quand j'ai vu à mes côtés une figure ailée semblable à ces créatures célestes qui souvent se font voir à nos yeux. Ses cheveux couverts de rosée distillaient l'ambroisie; il considérait aussi cet arbre. O belle plante, a-t-il dit, tes douceurs et tes propriétés seront-elles toujours ignorées? La science est-elle donc si méprisable? Il n'est que l'envie ou qu'un injuste motif qui puisse en interdire l'usage. Le défende qui voudra! nul ne me privera longtemps des biens que tu nous offres; ils ne sont point ici pour être inutiles et rejetés.

» A ces mots, sans hésiter un moment, il a porté une main téméraire à ce fruit sacré, il en a goûté : je me suis sentie glacée d'horreur en voyant cette action criminelle suivre de si près son sacrilége discours. Mais lui, transporté de joie : O fruit divin, s'écrie-t-il, que ta douceur est extrême, et qu'elle augmente encore quand on te cueille d'une main furtive! L'on ne te défendrait point si tu n'avais pas la vertu d'élever l'homme à la divinité. Eh! quel mal quand il parviendrait à ce rang? N'est-il pas de la nature du bien de se communiquer? Quelle injure serait-ce pour le premier auteur? Ce partage ne tournerait-il pas à sa gloire? Viens, heureuse créature, charmante Eve, viens participer à mon état : ton bonheur est grand, il peut l'être davantage, et il n'est point de félicité dont tu ne sois digne. Goûte ce fruit, divinité terrestre, et te plaçant avec les dieux au-dessus du firmament, jouis de leur béatitude.

» En achevant ces mots, il s'est approché de moi, il m'a porté à la bouche ce même fruit; son odeur agréable m'a séduite; j'en ai goûté; aussitôt je me suis envolée aux nues, et j'ai vu sous moi la terre dans toute son étendue présenter à mes yeux un aspect aussi vaste que varié. Surprise de mon vol et de mon changement, je considérais ma haute élévation : soudain mon guide a disparu, je suis tombée avec violence : le sommeil a supprimé le reste; mais quelle a été ma joie lorsque j'ai trouvé en m'éveillant que ce n'était qu'un songe. »

C'est ainsi qu'Eve raconta sa vision nocturne : sensible à sa peine, Adam lui répondit :

« Ô ma chère image, ô moitié de moi-même, le trouble de tes pensées dans le sommeil de cette nuit me touche également : ce songe extraordinaire m'inquiète ; je crains qu'il ne provienne de quelque mauvais principe. Cependant quel serait ce mauvais principe? Il ne peut s'en trouver en toi. Je connais la pureté de ton origine et celle de ton cœur; mais tu dois savoir que dans l'âme se trouvent plusieurs facultés subalternes qui servent la raison leur souveraine. Entre ces facultés l'imagination tient le premier rang ; c'est elle qui, recevant les impressions des objets extérieurs dont les sens sont affectés pendant que nous veillons, forme de ces mêmes objets des images, des figures, sur le rapport ou la discordance desquelles la raison fonde ce que nous affirmons ou ce que nous rejetons, et que nous appelons science ou opinion. Quand la nature est livrée au repos, la raison se retire dans l'intérieur de son siége; c'est alors que l'imagination, qui se plaît à faire des peintures, travaille librement; mais faute de savoir assortir les images, elle produit le plus souvent dans le sommeil de la nuit des mélanges bizarres, assemblant sans aucun choix les choses les plus disparates. Je crois même entrevoir dans ce songe quelque liaison avec notre dernier entretien, mais j'y vois des ombres qui me font peine; ne t'attriste pourtant point, l'idée du mal frappe quelquefois l'esprit le plus sain. Cette idée involontaire n'imprime aucune tache. Sans doute que, dans la pleine liberté de ta raison, tu rejetteras encore plus vivement ce qui t'a fait horreur même dans la confusion du sommeil; reprends courage, et ne charge point de nuages tes beaux yeux. Levons-nous, allons-nous occuper agréablement dans les bocages, sur le bord des fontaines et au milieu des fleurs. Leurs calices s'ouvrent pour répandre leurs plus douces odeurs qui, renfermées pendant la nuit, étaient tenues pour toi comme en réserve. »

Adam rassurait de la sorte sa belle épouse, et elle se sentit soulagée. Elle laissa couler quelques larmes sans lui répondre ;

Adam les regarda comme des signes d'une conscience pure et d'une sainte pudeur tremblante à l'idée d'offenser l'Eternel.

Ainsi son trouble se calma, et ils se disposèrent à sortir pour gagner la campagne. Dès qu'ils purent librement découvrir la voûte céleste et le soleil dont le char à peine hors de l'onde effleurait de ses roues la surface de l'océan, ils se prosternèrent profondément ; ils adorèrent le Dieu de l'univers, en lui présentant l'offrande accoutumée de leurs prières : un saint amour leur fournissait toujours des expressions nouvelles et de nouveaux transports pour louer leur créateur. Les paroles qui naissent sur leurs lèvres avaient une douceur plus mélodieuse que celle du luth et de la harpe.

« Voilà donc tes glorieux ouvrages, s'écrièrent-ils, puissant Père de tout bien ! La structure merveilleuse de cet univers est ta production : combien es-tu donc toi-même admirable ! Ta grandeur ne saurait s'exprimer. Elle s'élève au-dessus des cieux, et se dérobe à nos regards. Nous ne pouvons te voir qu'obscurément dans tes ouvrages sensibles ; cependant ces ouvrages déclarent et ta bonté et ta puissance. Parlez, habitants du ciel, anges enfants de lumière, vous le contemplez de près, et rassemblés autour de son trône vous faites retentir les cieux de vos chants d'allégresse : et vous, créatures qui êtes sur la terre, unissez-vous pour l'exalter : il est le premier, le dernier, le centre de tout, et sa circonférence n'a point de bornes.

» Brillante étoile qui fermes la marche des astres de la nuit, toi qui de ton diadème de lumière couronnes le matin, songe à glorifier l'Eternel, pendant que les approches du jour font les délices de la nature. Soleil qui tout à la fois es l'œil et l'âme de ce vaste monde, reconnais ton maître ; va, et dans ta course éternelle de l'orient à l'occident, et du couchant à l'aurore, présente partout l'image de sa grandeur. Lune qui tantôt te rencontres avec l'astre du jour, et qui tantôt l'évites en fuyant avec les étoiles fixes dans leur orbe mobile ; et vous, planètes, feux errants dont les pas mystérieux sont accompagnés d'une si belle harmonie, concourrez aux louanges de celui qui, du sein des ténèbres, a tiré sa lumière. Air, et vous, éléments, fils aînés de la nature, qui, sous une infinité de formes différentes, parcourez un cercle perpétuel, et qui êtes le principe et la base de tout, que votre changement continuel varie toujours de nouvelles louanges pour notre créateur. Vous, brouillards, et vous, exhalaisons, qui vous élevez des montagnes et des lacs en sombres tourbillons, jusqu'à ce que le soleil dore vos vêtements, levez-vous pour honorer le grand auteur du monde; soit que vous montiez pour orner de nuages le firmament uniforme en sa couleur, soit que vous descendiez pour humecter par vos pluies fécondes la terre altérée, célébrez toujours les louanges du Seigneur. Vous, vents, qui soufflez des quatre parties du monde, publiez ses louanges par vos douces haleines ou par vos souffles violents. Cèdres, balancez vos sommets; que chaque plante s'incline en signe d'adoration. Fontaines, et vous, ruisseaux, exprimez ses louanges par vos murmures. Créatures vivantes, unissez vos voix. Oiseaux, qui vous élevez en chantant vers les demeures célestes, portez sa gloire sur vos ailes, annoncez-la dans vos ramages. Vous qui nagez dans les eaux, et vous qui marchez et rampez sur la terre, soyez tous les témoins que je me fais entendre soir et matin aux montagnes, aux vallées, aux fontaines, aux ombrages, et que, s'ils sont muets ou insensibles, je leur prête et ma voix et mes sentiments pour rendre gloire au Seigneur. Grand Dieu! ne te lasse pas d'ouvrir sur nous tes mains libérales, mets le comble à tes bienfaits. Que ta bonté nous accorde toujours ce qui nous est avantageux; et si la nuit a produit ou caché quelque mal, disperse-le comme la lumière dissipe l'obscurité. »

Pleins d'une sainte innocence, ils prièrent de la sorte, et bientôt leur esprit recouvra la paix et le calme accoutumé. Ils songèrent ensuite à leurs champêtres ouvrages; ils se rendirent aux endroits où les arbres surchargés de bois étendaient au loin d'inutiles branches, qui demandaient qu'une main sage réprimât leurs embrassements infructueux : ils présentèrent la vigne pour épouse à l'ormeau; aussitôt elle entrelaça autour de lui ses bras qui ne demandaient qu'à s'unir, et elle lui apporta en dot ses riches présents pour orner son feuillage stérile.

Le puissant roi des cieux fut touché du danger que couraient ses chers enfants. Il manda Raphaël, cet esprit social qui daigna voyager avec Tobie, et qui défendit ses jours contre la violence du démon funeste aux sept maris que la belle Sara son épouse avait eus successivement.

« Raphaël, lui dit-il, tu sais quel désordre Satan, échappé de l'enfer à travers le gouffre ténébreux, a causé dans le paradis terrestre ; tu sais ce qu'il a entrepris cette nuit pour troubler la félicité des deux justes qui l'habitent, et comment il se propose de ruiner en eux d'un seul coup toute leur postérité. Va donc, converse tout ce jour avec Adam, comme un ami avec son ami : tu l'iras joindre dans le lieu où il se met à l'abri de la chaleur du midi, pour réparer ses forces par la nourriture et le repos. N'omets rien de ce qui peut lui faire le mieux sentir la félicité de son état. Son bonheur est entre ses mains, c'est à lui de se l'assurer par l'usage qu'il fera de sa liberté ; mais par la raison même qu'il est libre, il peut abuser de son pouvoir et de mes dons. Dis-leur qu'ils prennent garde de se laisser surprendre ; fais-leur connaître le danger qu'ils courent ; préviens-les qu'un ennemi, que la désobéissance a lui-même précipité du ciel, médite les moyens de renverser leur fortune. Il n'emploiera pas contre eux la violence, je ne le souffrirais jamais : qu'ils craignent seulement une séduction flatteuse. Après des avis si salutaires, ce serait en vain qu'ils voudraient rejeter leur faute sur une ignorance invincible. »

C'est ainsi que s'énonça la justice même. Le ministre auguste reçoit ces ordres, voilé de ses ailes magnifiques en écoutant l'Eternel. Il prend son essor au milieu des esprits bienheureux qui s'ouvrent pour lui faire un passage ; il traverse l'empirée d'un vol rapide : bientôt il arrive aux portes du ciel ; les deux battants se tournent d'eux-mêmes sur des gonds d'or. L'ouvrage avait été conduit par la main du Tout-Puissant.

Le divin messager découvre ce vaste univers ; les nuages, les astres, ne lui en dérobent aucune partie ; il reconnaît le globe de la terre semblable aux autres globes lumineux ; il voit le jardin de Dieu couronné de cèdres plus élevés que les plus hautes montagnes. Ainsi de nuit on aperçoit, à travers le télescope qu'inventa Galilée, les terres et les régions que l'imagination a placées dans la lune. Ainsi, d'une certaine hauteur, un pilote, cinglant entre les Cyclades, découvre Samos ou Délos qui, perdues encore dans l'éloignement, se montrent comme un faible nuage.

Raphaël traverse les vastes régions des cieux : il précipite son vol vers la terre, et vogue, pour ainsi dire, entre divers mondes, tantôt entraîné par le courant des tourbillons, tantôt à la faveur des vents réglés. Arrivé au terme où les aigles peuvent s'élever, il remue vivement les ailes, et bat à coups pressés l'air souple et fluide. Les oiseaux surpris l'admirent comme le phénix, unique en son espèce, quand il vole vers Thèbes aux cent portes et va déposer ses précieuses cendres dans le sanctuaire du Soleil.

Tout-à-coup il s'abat sur le sommet oriental du paradis, et reprend la figure d'un séraphin. Six ailes ombragent son divin corsage. Les deux premières couvrent ses épaules, et se rebattent sur sa poitrine comme un manteau royal. Deux autres, telles qu'une zone étoilée, lui servent de ceinture, et forment autour de ses reins une écharpe enrichie d'un duvet d'or et de couleurs teintes dans le ciel. Celles d'en bas sortent de ses talons, et ses pieds sont voilés de leurs plumes d'azur pareilles au firmament. Tel la fable représente le fils de Maïa.

En arrivant, il secoue ses ailes qui, dans un vaste circuit, répandent une odeur divine. Les escadrons angéliques, dont l'œil vigilant observait tout, le reconnurent d'abord, et comprirent qu'il s'agissait de quelque mission importante. Ils se levèrent par respect pour son rang, et plus encore pour les ordres d'en haut dont il était chargé. Il traversa leurs tentes et se rendit dans les champs bienheureux, en passant au milieu des bocages de myrte et de fleurs odoriférantes. Sur sa route, le nard, le baume, une infinité de parfums naturels venaient à l'envi flatter l'odorat. La nature en son printemps respirait les plaisirs; elle se donnait l'essor, et dans ses aimables caprices surpassait infiniment les productions de l'art.

Le soleil, arrivé au plus haut point de sa carrière, dardait à plomb ses rayons ardents, et portait la chaleur jusque dans les entrailles de la terre. Adam assis à la porte de son berceau délicieux jouissait de la fraîcheur.

Il aperçut l'ange qui s'avançait vers lui à travers la forêt aromatique. Eve, occupée à préparer un repas frugal, disposait avec art des fruits admirables propres à satisfaire l'appétit. Un nectar délicieux, un suc plus doux que le lait, s'échappait des grappes exprimées par ses mains, pour étancher agréablement la soif. Adam l'appela.

« Viens, Eve, dirige ta vue entre les arbres vers l'orient, voici un spectacle digne de tes regards. Quel est cet objet environné de gloire qui porte ici ses pas? ne dirais-tu pas qu'une seconde aurore se lève au milieu du jour? sans doute que l'on nous apporte quelque grande nouvelle du ciel. Ce divin messager ne dédaignera peut-être pas l'hospitalité que nous lui offrirons. Dépêche-toi, prends l'élite des fruits que tu réserves : n'épargne rien pour traiter d'une manière convenable notre hôte céleste. Nous pouvons bien offrir à nos bienfaiteurs leurs propres présents, et nous ne devons point hésiter à donner abondamment de ce qui nous est donné sans mesure. La nature multiplie ses riches productions, et devient d'autant plus féconde qu'on en tire davantage. »

« Oui, Adam, lui dit-elle, je vais cueillir ce que la nature nous fournit de plus rare en chaque espèce, pour traiter l'ange qui nous honore de sa visite; et je ferai si bien que, témoin de l'abondance où nous vivons, il dira que la libéralité de Dieu se fait sentir sur la terre comme dans le ciel. »

A ces mots, elle part d'un air actif, tout occupée du choix qu'elle doit faire pour offrir à leur hôte ce qu'il y avait de plus délicat; elle dispose en son esprit l'ordre des services, afin de ne pas faire un mélange mal entendu. Dans son arrangement, elle veut que l'appétit soit piqué par la diversité la plus agréable.

La voilà qui cueille de tous les fruits que la terre, mère féconde en productions, fait croître dans les deux Indes, dans les contrées du sein de l'Asie, dans le Pont ou sur la rive Punique, ou bien aux lieux où régnait Alcinoüs. Elle accompagne ces fruits de guirlandes, et d'une main délicate elle les dresse en pyramide. Pour la boisson, elle écrase des grappes dont elle tire un vin délicieux et bienfaisant, malgré sa nouveauté. De l'extrait de plusieurs petits fruits, elle compose d'excellentes liqueurs, et des amandes pilées elle fait diverses crêmes. La nature avait pris soin de lui fournir des vases propres et commodes.

Cependant notre premier père s'avançait au-devant de son hôte céleste. Il n'avait point d'autre suite que ses perfections. Dans lui-même était toute sa grandeur, plus auguste que la pompe des princes, quand leur cortége nombreux d'écuyers chamarrés d'or, et de chevaux menés en main, éblouit le peuple, fixe ses yeux et le transporte comme en extase. A l'approche de l'ange, Adam ne fut point intimidé, mais il s'inclina d'un air soumis et respectueux comme il convenait devant une nature supérieure, et il lui tint ce discours :

« Habitant du ciel (car nul autre monde que le ciel ne peut posséder une si noble substance), puisque tu as bien voulu descendre des trônes d'en haut, et te priver quelque temps de cet heureux séjour pour honorer notre demeure, ne dédaigne point de venir te reposer avec nous. La bonté divine nous a mis en possession de ce domaine spacieux, acceptes-en les fruits les plus choisis. Nous converserons à l'ombre de notre berceau jusqu'à ce que la chaleur du midi soit passée, et que le soleil moins ardent commence à décliner. »

« Adam, c'est là le motif qui m'amène, reprit l'ange ; l'état dans lequel tu as été créé et le lieu que tu occupes peuvent bien engager les esprits du ciel à te visiter. Allons, je te donne le reste de la journée. »

Ils entrèrent dans leur champêtre retraite, qui réjouissait la vue comme les berceaux de Pomone ornés de fleurs et de parfums. Eve, plus charmante par sa seule beauté que la déesse des bois ou que la plus belle des trois divinités du mont Ida, Eve se tint debout pour faire honneur à son hôte céleste. Elle n'avait pas besoin de voile, sa vertu la voilait assez. Nulle pensée abjecte n'altérait le coloris de ses traits. L'ange lui donna la salutation, la sainte salutation qui prépara dans la suite des temps la fille de Jessé à recevoir en ses flancs le Fils de l'Eternel.

« Je te salue, mère du genre humain ! toi dont les entrailles fécondes donneront au monde plus d'habitants que les différentes espèces d'arbres dont tu as cueilli ces fruits ne produiront jamais de fleurs et de feuilles. »

Leur table était un gazon relevé qu'entouraient des siéges de mousse. Sur son ample surface, l'automne et le printemps semblaient se disputer l'honneur du repas : car ici ces deux saisons se tenaient toujours par la main. Notre premier père invita l'ange par ces mots :

« Céleste étranger, oserai-je t'offrir ces fruits délicieux que notre créateur, source de tout bien, a fait produire à la terre pour notre subsistance et pour notre plaisir ? Peut-être ces aliments sont-ils insipides pour des natures spirituelles ; mais je sais qu'un seul Père, qui est dans le ciel, donne à tous la nourriture. »

« Ce que tu dis est vrai, répondit l'ange : tout ce qui a été créé a besoin d'être substanté ; au reste, je ne ferai point de difficulté de partager ta nourriture. »

Ils s'assirent donc, l'ange mangea, ou parut manger avec eux. Eve servait leur table et couronnait fréquemment leurs coupes de liqueurs agréables.

Après ce frugal repas, Adam conçut le dessein de ne pas laisser échapper l'occasion de s'instruire de ce qui est au-dessus du monde. Il résolut de s'informer de la condition de ces êtres relevés qui habitent le ciel. Il sentit visiblement qu'ils posssédaient une nature fort supérieure à la sienne. Leur gloire est un écoulement de la splendeur divine, et l'homme auprès d'eux n'est que faiblesse. Il s'adressa donc au ministre céleste avec la plus respectueuse circonspection :

« Illustre témoin de la gloire de Dieu, je sens toute l'étendue de tes bontés, et l'honneur que reçoit aujourd'hui l'homme dont l'humble toit ne t'a pas rebuté. Tu as daigné goûter de nos fruits terrestres : ils n'étaient pas dignes de t'être présentés; mais ta complaisance les a acceptés sans nous marquer aucun regret d'avoir quitté les banquets célestes; et cependant quelle comparaison ! »

« Adam, répliqua le ministre ailé, il est un seul Tout-Puissant, de qui procèdent toutes choses, et vers qui elles remontent, si elles ne sont pas dépravées; car il n'a créé rien de mauvais. Tout ce qui possède la vie ne respire qu'en lui ; il a réglé la sphère de tous les êtres, et ce sont les plus purs qu'il a placés près de son trône. Cette lumière qui est l'essence de l'âme, la raison, nous la possédons comme l'homme, mais dans un degré bien plus éminent. Ne t'étonne cependant pas si je ne refuse point les productions que le Seigneur a créées pour servir à l'homme de nourriture. Peut-être un jour viendra que tes enfants participeront au sort des anges et à la manne céleste dont ils font leurs aliments ordinaires; peut-être même avec le temps, perfectionnés par cette nourriture, les corps des hommes se transformeront en corps célestes, spirituels, et pourront comme nous s'élever dans les airs et se transporter à leur gré dans les diverses régions de l'espace. Mais il faut, pour être digne de cette faveur, que vous persévériez et que vous conserviez l'amour ferme, parfait, inaltérable de celui dont vous êtes les enfants. Cependant jouissez pleinement de la félicité qui vous est accordée : il n'est pas temps encore que la sphère en soit agrandie. »

« Esprit favorable, hôte propice, répondit le patriarche du genre humain, la nature se développe à tes yeux depuis son centre jusqu'à sa circonférence. Les objets sensibles qu'elle nous présente sont autant de moyens par lesquels nous pouvons, dans la contemplation des choses créées, nous élever par degrés jusqu'à l'Eternel. Mais que veut dire, je te prie, cet avertissement : Il faut que vous persévériez? Pouvons-nous lui manquer d'obéissance? ou pouvons-nous cesser d'aimer celui qui nous a tirés du néant, et qui nous comble ici de tous les biens que le cœur humain peut ou désirer ou comprendre ? »

L'ange lui répondit : « Fils du ciel et de la terre, écoute. Tu dois au Très-Haut le commencement de ton bonheur; mérites-en la continuation par ton obéissance : ainsi ta félicité sera solide et durable. Prends-y garde, Dieu t'a formé dans l'état de perfection, mais il ne t'a pas donné l'immutabilité; elle n'appartient qu'à lui. Tu peux te corrompre, car tu es libre ; sans cela ta volonté n'aurait point d'action, ta vertu point de mérite. Nous avons été soumis à la même épreuve, et ceux d'entre nous qui ont profané cette liberté par la désobéissance sont tombés du ciel jusqu'au plus profond des enfers. O chute terrible, que tu rends malheureux ceux que leur état élevait au comble de la félicité ! »

« Divin messager, répartit notre premier père, tes paroles ont plus charmé mon oreille attentive que ne font les chœurs des chérubins quand, de nuit, du haut des montagnes voisines, ils viennent réjouir notre solitude par leur céleste musique. Je sais que j'ai été créé libre ; mais mon cœur me répond que nous n'abuserons jamais de notre liberté. Nous aimerons toujours notre Créateur, nous aurons toujours devant les yeux l'ordre absolu mais juste qu'il nous a donné. Cependant cette catastrophe arrivée dans le ciel laisse de la confusion dans mon esprit; le peu que tu m'en as dit excite en moi le désir d'en savoir davantage. Ce grand événement a sans doute de quoi surprendre, et mérite bien notre attention. Le jour est encore dans toute sa force, le soleil n'a parcouru qu'une partie de sa carrière; il commence à peine l'autre moitié dans la grande zone du ciel. »

Raphaël se rendit à sa prière, et commença :

« Père des hommes, qu'il est difficile de satisfaire à ta demande ! Comment exposer aux sens humains la guerre et les exploits des esprits invisibles ? Puis-je raconter sans regret la ruine de tant de substances si glorieuses, si parfaites avant leur chute ? Dois-je enfin révéler les secrets d'un autre monde ? Mais ton intérêt m'engage à t'accorder ce que tu désires. Je donnerai donc des ombres corporelles aux choses spirituelles ; je mettrai sous des figures sensibles ce qui surpasserait la portée de l'esprit humain.

» Le monde n'existait point encore ; le chaos barbare régnait où roulent maintenant les tourbillons, et où la terre se repose suspendue sur son centre, quand un jour (car au milieu même de l'éternité le temps détermine par les diverses mesures du passé, du présent et de l'avenir tout ce qui est sujet à la durée), un jour, dis-je, de ceux qui composent la grande année des cieux, l'armée de l'Eternel eut ordre de s'assembler.

» Aussitôt, des extrémités de l'espace que Dieu remplit de son immensité, une multitude innombrable d'anges, rangés sous leurs divins généraux, comparut devant le trône du Tout-Puissant. Mille et mille enseignes, étendards et bannières entre l'avant et l'arrière-garde flottaient dans l'air, et servaient à distinguer les hiérarchies, les ordres et les degrés. L'on voyait dans leurs tissus brillants les blasons mémorables et sacrés d'actes authentiques de zèle et d'amour. Les célestes légions s'avancèrent pompeusement ; elles environnèrent le Dieu des armées, et formèrent autour de lui une infinité de cercles redoublés les uns sur les autres; alors l'Eternel, tenant entre ses bras son Fils auguste, qui reposait dans le sein de la béatitude, fit entendre sa voix du haut d'une montagne de feu dont l'éclat rendait le sommet invisible.

» Ecoutez, Anges, enfants de lumière, Trônes, Dominations, Principautés, Vertus, Puissances, écoutez mes décrets. Aujourd'hui j'ai engendré celui que je déclare mon Fils unique, et je l'ai sacré sur cette montagne ; c'est lui que vous voyez à ma droite : je le constitue votre chef, et j'ai juré par moi-même que tout genou fléchirait devant lui, et que toutes créatures le reconnaîtraient pour leur souverain. Unis indivisiblement sous cet autre moi-même, soyez à jamais heureux. Lui obéir, c'est m'obéir ; l'offenser, c'est m'offenser. Le rebelle divisé de moi, et arraché du sein de la béatitude, sera englouti dans d'affreuses ténèbres, où sa place est ordonnée sans rédemption, sans fin.

» Il parla, et aussitôt tout se tut, tout parut soumis; quelques-uns cependant conçurent de l'ombrage : des pensées de révolte s'élevèrent en secret. Ce jour fut un grand jour dans le ciel ; on le mit au rang des plus solennels. Le mont sacré retentit de cantiques éclatants : les danses mystiques n'y furent point oubliées : ainsi s'ébranlent les planètes et les étoiles fixes dont les tourbillons et les labyrinthes inextricables cachent une parfaite régularité, quoique sous l'apparence de la confusion. Ces danses, soutenues d'une harmonie divine et de sons ravissants, plurent au céleste monarque.

» Déjà la nuit s'approchait, car nous avons aussi notre soir et notre matin pour la variété, non pour la nécessité : un doux repas succéda à ces plaisirs. Les tables furent en un instant dressées et chargées de la nourriture des anges ; et, semblable au rubis, le nectar, fruit des vignes délicieuses que porte le ciel, coula dans des coupes d'or, de perles et de diamants. Assis sur les fleurs et couronnés de fraîches guirlandes, nous buvions, nous savourions à longs traits la joie et l'immortalité. Au milieu de cette plénitude, il n'y avait point d'excès à craindre ; Dieu par sa présence autorisait nos transports, et, sensible à notre bonheur, il versait sur nous un torrent de délices.

» Quand les vapeurs d'ambroisie qui s'élèvent de ce haut mont, d'où sortent la lumière et l'ombre, eurent changé la brillante face du ciel en un beau crépuscule (car la nuit ne l'attriste jamais de son voile lugubre); quand une rosée fraîche et parfumée eut tout disposé au sommeil, excepté les yeux de Dieu qui ne se ferment jamais, la milice du Tout-Puissant, dispersée sur des plaines bien plus vastes que ne serait la surface de la terre aplatie, se campa divisée en plusieurs colonnes le long des sources pures parmi les arbres de vie. On vit en un moment des pavillons et des tentes innombrables dressées. Zéphyr y porta la douce fraîcheur. Tous s'y livrèrent à un tranquille repos, excepté ceux qui étaient destinés à chanter pendant la nuit des hymnes mélodieux autour du trône suprême. Satan ne s'endormit point aussi : un motif bien différent s'opposait à son repos. Satan, ainsi l'appelle-t-on depuis sa révolte :

son ancien nom ne se prononce plus dans le ciel. Il était l'un des premiers, si même il n'était pas le premier archange ; mais ce pouvoir, cette élévation, cette faveur, cette prééminence, lui faisaient regarder avec envie l'intervalle qui était encore entre le Fils de Dieu et lui. C'était avec un regret mortel qu'il voyait ce Fils honoré par son auguste Père, et élevé sur le trône par l'onction sacrée. L'orgueil lui rendait cette vue insupportable. Il s'imaginait voir dans cette grandeur naissante son propre abaissement. Frappé de cette humiliante idée, il prit conseil de la malice et du dépit ; aussitôt que la nuit, au milieu de sa course, eut amené l'heure sombre, la plus amie du sommeil et du silence, il résolut de s'éloigner avec ses légions, et de supprimer par mépris le tribut d'adoration et d'obéissance qu'il devait au Très-Haut. Après avoir enfanté ce dessein criminel, il éveille à voix basse le chef qui commande après lui.

» Dors-tu, cher compagnon ? Le sommeil peut-il fermer tes paupières ? Ne te souvient-il plus du décret prononcé par la bouche de l'Eternel ? Tu me fis toujours part de tes pensées les plus secrètes, je t'ai toujours communiqué les miennes : notre union intime ne s'est jamais démentie : commencerions-nous aujourd'hui à nous diviser ? On nous impose de nouvelles lois : ces lois nouvelles doivent nous inspirer de nouvelles idées, de nouveaux desseins ; mais il ne s'agit point ici d'en examiner le péril, mois encore de le publier. Rassemble les chefs de nos légions ; dis-leur que l'ordre d'en haut m'oblige de partir avant que la nuit ait retiré ses sombres nuages ; ordonne à tous ceux qui marchent sous mes étendards de me suivre le plus rapidement qu'ils pourront dans mes quartiers de l'aquilon. C'est là que nous devons faire les préparatifs convenables à la réception du grand Messie, et pour prendre les ordres de ce nouveau monarque. Il va se montrer aux célestes hiérarchies dont il attend l'hommage.

» L'archange perfide parla de la sorte, et il porta son venin dans le cœur imprudent de son associé. Chargé de ses ordres, il court, il vole, il aborde les puissances qui commandent sous lui : il leur enjoint de faire marcher sur l'heure, et de nuit, selon l'ordre du général, le grand étendard de leur hiérarchie ; il leur expose le motif prétendu de cette marche forcée ; il sème dans son discours la jalousie et la défiance, pour sonder ou pour corrompre leur intégrité.

» Ils obéirent au signal ordinaire et à la voix impérieuse de leur chef : son nom était grand en effet, et il occupait dans le ciel un rang considérable. Son aspect les entraîna comme l'étoile du matin entraîne les astres du firmament. Le mensonge détourna à sa suite la troisième partie de l'armée des cieux.

» La rébellion naissante n'échappa pas à l'œil de l'Éternel : sa vue discerne les plus secrètes pensées du haut de la sainte montagne, au milieu des lampes d'or qui brûlent toute la nuit en sa présence, quoiqu'il n'ait pas besoin de leurs feux. Il distingua les auteurs du mal ; il vit comment la contagion s'était répandue parmi les astres du matin. Il considéra les multitudes liguées pour s'opposer à son auguste décret ; et, se riant de leurs vains projets, il parla ainsi à son Fils unique :

» Mon Fils, en qui j'envisage ma divinité dans toute sa splendeur, héritier de ma gloire, cet empire que nous possédons de tout temps, et avec les temps, est menacé. Un ennemi s'élève contre nous ; il conteste nos droits, brave notre puissance, et déjà il occupe les régions du nord. L'insensé, n'a-t-il pas prétendu nous renverser du trône, nous chasser de notre sanctuaire et régner sur la sainte montagne ? Ne croit-il pas triompher de toutes nos forces ?

» Mon Père, répondit le Fils avec un aspect serein, calme, ineffable et brillant de la divinité, vous méprisez avec justice des ennemis si insolents et si faibles. Leurs tumultes audacieux vont faire éclater ma gloire. L'envie dont ils brûlent est un hommage forcé qu'ils me rendent ; elle déclare et ma puissance et leur subordination. L'événement justifiera bientôt si je sais humilier les superbes et subjuguer les rebelles.

» Ainsi s'exprima le Fils de Dieu. Satan, secondé de ses généraux, emmenait précipitamment son armée, pareille en nombre aux astres de la nuit, ou aux gouttes de rosée que le soleil met en perles sur les feuilles et sur les fleurs. Ils traversèrent d'immenses provinces, puissants gouvernements de séraphins, potentats, et trônes dans leurs triples degrés. Auprès de ces vastes régions, tout ton domaine, Adam, est moins considérable que ne l'est ce jardin comparé à la surface du globe entier de la terre et de la mer. Après une longue marche ils arrivèrent sur les frontières de l'Aquilon. Satan monta sur son trône resplendissant, qui se présentait de loin comme un mont élevé sur un mont. Des pyramides et des tours bâties de quartiers de diamant et d'or massif en relevaient l'éclat. Tel était le lieu où le grand Lucifer plaça son palais; car c'est ainsi que, dans le langage des hommes, on appelle cette structure affectant toute égalité avec Dieu : il s'établit sur un mont, à l'imitation du lieu où le Fils de Dieu avait été proclamé aux yeux des anges. Il nomma l'endroit où il assembla ses troupes le mont de l'Alliance. Il leur fit entendre qu'il avait ordre de tenir conseil, afin de régler tout, pour recevoir d'une manière convenable leur grand roi qui devait bientôt arriver, et, par des discours captieux, il tint en suspens leurs oreilles attentives :

» Trônes, Dominations, Principautés, Vertus, Puissances, si toutefois ces titres magnifiques nous restent encore, et ne sont pas un vain nom : car, par la nouvelle proclamation, un autre a usurpé l'empire absolu, et va nous asservir en vertu de l'onction royale qu'il a reçue; c'est pour lui que s'est faite cette marche nocturne et turbulente. Nous avons été brusquement assemblés, afin de préparer les honneurs que nous devons lui rendre. Il vient recevoir de nous un tribut de génuflexions que nous n'avons point encore payé. Apprenez donc à vous humilier et à vous anéantir devant lui.

» Mais quoi, pourrez-vous consentir à vous courber sous un joug nouveau? Laisserez-vous resserrer encore votre esclavage? C'est déjà trop d'un maître; en voulez-vous servir deux? Vous n'en ferez rien, si je puis me flatter de vous connaître, ou si vous osez vous-mêmes vous connaître. Vous êtes tous natifs et fils du ciel : le despotisme n'y a point eu lieu jusqu'ici. Si vous n'êtes pas tous égaux, vous êtes également libres. Les ordres et les degrés ne détruisent point la liberté. Qui peut donc, avec la moindre apparence de justice ou de raison, s'ériger en monarque absolu sur ceux qui sont de droit ses égaux en liberté ? Quand même ils seraient moindres en puissance et en splendeur, peut-il nous assujétir à des lois ? Quel droit a-t-il d'usurper la souveraineté, et d'exiger de nous des adorations, au préjudice de ces titres royaux qui montrent que nous sommes faits pour gouverner, et non pas pour servir ?

» Ses légions l'écoutaient, quand, parmi les séraphins, Abdiel se leva. Fidèle adorateur de la divinité, il obéissait avec ferveur aux ordres du ciel; brûlant alors d'un zèle sévère, il arrêta ainsi le cours de tant de fureur.

» O scandale! ô crime! ô blasphème! eût-on jamais cru entendre dans le ciel de semblables discours? mais surtout les eût-on attendus de toi, ingrat! si élevé au-dessus de tes pareils par la main de celui que tu oses attaquer! Peux-tu, par une impiété sans exemple, condamner le juste décret que le Seigneur vient de prononcer, lui qui a juré que devant son Fils unique, légitime héritier de son sceptre, chacun fléchira les genoux, lui rendra hommage, et le reconnaîtra pour monarque? Tu dis qu'il est injuste d'asservir à des lois ceux qui sont nés libres, de souffrir qu'un égal règne sur ses égaux, et d'être perpétuellement soumis à l'empire d'un seul? T'appartient-il de donner des lois au Très-Haut? Disputeras-tu contre lui sur le point de la liberté? Il t'a fait ce que tu es, il a créé les puissances du ciel dans le degré qu'il a voulu, et il les a renfermées dans de certaines limites. Quoiqu'il nous ait donné des bornes, nous ressentons sans cesse les effets de sa bonté, et les soins qu'il prend de notre gloire nous prouvent suffisamment qu'il ne pense point à nous dégrader : il songe plutôt à augmenter notre bonheur en nous unissant plus intimement sous un chef. Tu te plains qu'on te veut faire l'esclave de ton égal. Est-ce donc dans son Verbe adorable que tu vois ton égal? Non, ta gloire et toutes les vertus célestes réunies ne peuvent égaler ce Fils qu'il a engendré. N'est-ce pas par ce Verbe que le Père toutpuissant a formé le ciel et les anges? C'est lui qui les a couronnés de gloire, et qui les a nommés par honneur Trônes,

Dominations, Principautés, Vertus, Puissances. Son règne ne donne aucune atteinte à l'essence de notre pouvoir, il ne l'obscurcit point; au contraire, nous recevons un nouveau lustre d'un chef qui daigne nous associer à lui comme ses propres membres. Nous partageons son empire : sa gloire rejaillit sur nous. Téméraire, réprime, s'il en est temps, réprime ces mouvements impies; ne tente plus ces esprits qui ont la faiblesse de t'écouter : hâte-toi d'apaiser la juste indignation et du Père et du Fils. Les moments sont chers ; j'entends déjà la foudre gronder sur ta tête criminelle.

» Ainsi s'exprima le serviteur de Dieu ; mais des cœurs déjà coupables n'en furent pas touchés. Ils regardèrent son zèle comme un effet de sa timidité : l'apostat s'en réjouit, et, plus hautain, il répliqua :

» Tu dis donc que nous avons été créés, et, pour nous abaisser encore davantage, tu veux que le Père ait abandonné à son Fils le soin de nous former : certes le point est étrange et nouveau. Nous voudrions bien savoir où tu as puisé cette doctrine ; quels yeux ont été les témoins de cette création. Te souvient-il du moment où ton créateur t'appela du néant ? Nous ne connaissons point de temps où nous n'ayons existé ; nous n'en connaissons point qui précède. Nous nous sommes élevés, nous nous sommes produits par notre pouvoir actif quand le moment marqué par l'enchaînement fatal des choses est arrivé. Voilà notre origine ; notre puissance vient de nous, notre bras nous portera encore plus haut ; et décidera si nous avons un maître. Tu verras si nous nous servirons de prières soumises, et si nous environnerons le trône du Tout-Puissant en qualité de suppliants ou d'assaillants. Va, porte ces nouvelles au jeune monarque, fais-lui part de nos desseins, et vole avant qu'un déluge de maux te coupe la retraite.

» Il dit, et l'on entendit dans toute l'armée un murmure confus d'applaudissements semblables au bruit de la mer en fureur. Le séraphin n'en fut point intimidé. Il était seul au milieu de ses ennemis ; mais, uni à son Dieu, il se trouva assez fort pour répondre avec fermeté :

» Esprit rebelle à ton maître, esprit maudit et abandonné, je vois ta chute prochaine ; je vois les partisans de ta perfidie enveloppés dans ta ruine : je les vois partager et ton crime et ton châtiment ; secoue, si tu le peux, le joug du divin Messie ; il n'a plus aucun rapport avec toi ; il n'a plus d'ordres à te confier. D'autres décrets sont lancés contre toi sans retour. Tu l'as méprisé, ce sceptre d'or que nous adorons dans ses mains : il se changera pour toi en verge de fer. Si je m'éloigne de toi, ce ne sont ni tes avis, ni tes menaces qui m'y déterminent. Je fuis ces tentes maudites : je crains que la colère s'enflammant contre ton armée ne me confonde avec toi : tu sentiras bientôt sur ta tête le feu dévorant de son tonnerre. Alors tu connaîtras en gémissant qui t'a créé, quand tu verras qui peut te détruire.

» Ainsi parla le séraphin Abdiel, seul fidèle au milieu d'une multitude infidèle : le nombre des esprits rebelles ne lui causa point de terreur, et leur exemple ne l'ébranla point. Il se tint ferme à la vérité ; il conserva l'obéissance, l'amour et le zèle qu'il devait à Dieu, et se retirant du milieu d'entre eux, il traversa leurs rangs qui le couvrirent d'injures, mais elles ne firent sur lui aucune impression. Il rendit mépris pour mépris, et tourna le dos à ces tours orgueilleuses dont la ruine était déjà prononcée. »

ARGUMENT DU LIVRE SIXIÈME.

Raphaël continue sa narration. Il apprend à Adam comment Michel et Gabriel eurent ordre de marcher contre Satan et ses anges. Description du premier combat dans le ciel. Satan et ses puissances se retirent à la faveur de la nuit. Il assemble un conseil, invente des machines infernales qui, dans le combat suivant, causent quelque désordre dans l'armée de Michel; mais enfin les bons anges arrachent les montagnes et enterrent les machines de Satan. Le désordre s'augmente de plus en plus; l'Eternel envoie son Fils, à qui l'honneur de cette bataille était réservé. Il vient sur le champ de bataille, revêtu de la puissance du Père, et, défendant à ses légions de faire aucun mouvement, il pousse son char, et s'avance la foudre à la main. Ses ennemis sont d'abord renversés ; il les poursuit jusqu'à l'extrémité du ciel qui s'ouvre en deux : les démons se précipitent jusques au fond de l'abime que la justice divine leur avait creusé. Le Messie triomphant retourne vers son Père.

LIVRE SIXIÈME.

—————

« L'ANGE intrépide poursuivit sa route à travers les vastes plaines de cieux. Ni le temps du sommeil, ni les efforts de ses ennemis, ne purent l'arrêter. Enfin l'Aurore, éveillée par les Heures qui courent sans cesse, ouvrit avec ses doigts de rose les portes du jour. Dans la montagne sacrée de Dieu, près de son trône, il est un souterrain où la lumière et l'obscurité, faisant une perpétuelle ronde, passent et repassent tour à tour; ainsi le ciel jouit de l'agréable vicissitude du jour et de la nuit. La lumière sort, et l'obscurité rentre avec soumission par l'autre porte, en attendant paisiblement l'heure de voiler l'empirée; mais les voiles qui couvrent ces hautes régions sont clairs et déliés, il y reste toujours un beau crépuscule.

» Déjà le matin, tel qu'il est dans ces heureuses contrées, s'avançait brillant d'or céleste. La nuit, percée des traits du jour naissant, disparaissait devant lui, quand toute la plaine couverte d'escadrons étincelants en ordre de bataille, de chariots de guerre, d'armes flamboyantes et de chevaux de feu qui se renvoyaient les uns aux autres une lueur éclatante, s'offrit pour la première fois aux yeux d'Abdiel. Il aperçut le terrible appareil des combats, et il trouva que la nouvelle qu'il rapportait était déjà publique.

» Plein d'allégresse, il se mêla parmi ces puissances amies qui le reçurent en poussant des cris de joie à la vue de ce sujet fidèle sauvé du milieu de la perdition. Ils le conduisirent avec un applaudissement général vers le mont sacré, et ils le présentèrent devant le trône suprême ; alors une douce voix fit entendre ces mots au milieu d'un nuage d'or :

« Serviteur de Dieu, tu as rempli ton devoir. Le Tout-Puissant t'a vu avec complaisance soutenir seul, contre une multitude de rebelles, la justice de sa cause. Tes discours ont été plus tranchants que leurs armes. Les traits injurieux de leurs langues ne t'ont point empêché de rendre témoignage à la vérité. Tu n'avais d'autre envie que d'être agréable aux yeux du Seigneur. Tu as fait le plus rude pas : achève, et, sûr de la victoire, au nom de celui que tu as défendu, marche contre tes ennemis. La gloire qui t'attend te dédommagera bien des mépris que tu as essuyés. Va, soumets par la force ceux qui ont secoué le joug de la raison, et qui ne veulent point accepter pour leur roi le Dieu que ses perfections constituent le monarque légitime. Michel, prince des armées célestes, et toi, dont la vapeur peut égaler la sienne, Gabriel, conduisez tous deux au combat mes légions invincibles. Conduisez mes saints armés en ordre de bataille par mille et millions. Marchez en nombre égal contre ces rebelles : employez et la flamme et le fer meurtrier, et, les poursuivant jusqu'à l'extrémité du ciel, chassez-les de la présence de Dieu ; qu'ils aillent gémir dans le lieu des tourments, dans le gouffre du Tartare qui s'ouvre pour les engloutir. »

» La voix souveraine s'exprima de la sorte : aussitôt les nuages commencèrent à obscurcir la sainte montagne, et de noirs tourbillons de fumée entrecoupés de flamme annoncèrent la colère toute prête à éclater. A travers ces horreurs, la bruyante trompette du Très-Haut fit entendre ses sons perçants. Les Puissances qui soutenaient la cause de Dieu et du Messie s'unirent sous leurs divins chefs et en un bataillon carré, épais, impénétrable, et firent mouvoir sans confusion leurs brillantes légions, au son harmonieux d'instruments qui inspiraient une ardeur digne des guerriers de l'Eternel.

» Ils marchent en avant dans un ordre que rien ne peut rompre. En vain les montagnes s'opposent, et les vallées se resserrent : ni les forêts ni les rivières ne divisent leurs rangs. Ils s'élèvent par-dessus tout ce qu'ils rencontrent, et l'air, obéissant aux coups redoublés de leurs ailes, soutient leurs légers escadrons. Ainsi les oiseaux s'avançaient en volant sur diverses files quand ils comparurent au-dessus d'Eden pour te demander leurs noms. Tels ils traversèrent les immenses contrées du ciel, et plusieurs provinces dix fois plus vastes que toute la surface de la terre.

» En tirant vers le nord, au bout de l'horizon, nous vîmes comme une région de feu qui présentait d'un bout à l'autre la face de la guerre. Quand nous fûmes plus proches, nous distinguâmes la campagne hérissée d'une infinité de lances menaçantes, avec un nombre prodigieux de casques et de boucliers chargés de portraits et d'emblêmes orgueilleux. Nous reconnûmes les puissances de Satan qui s'avançaient avec une précipitation furieuse. Les rebelles croyaient en ce jour emporter le mont de l'Eternel. Ils se flattaient de placer sur son trône le superbe concurrent qui leur avait mis les armes à la main ; mais leurs projets s'évanouirent bientôt. Il nous parut d'abord extraordinaire que les anges dussent combattre contre les anges. Fils d'un même auguste Père, nous nous étions trouvés jusques alors unis dans des fêtes de joie et d'amour, pour chanter à l'envi des hymnes en l'honneur de son saint nom.

» L'on pousse de part et d'autre des cris de guerre : tout sentiment pacifique s'éloigne ; la fureur seule règne. L'apostat, entouré de chérubins couverts de boucliers dorés, paraissait comme un dieu sur son char. Il descendit de son trône éclatant. Les deux armées n'avaient plus entre elles qu'un intervalle étroit mais terrible. On les voyait en présence l'une de l'autre, front contre front, dans un ordre formidable. Avant que l'on en vînt aux mains, Satan, sous une armure d'or et de diamant, s'avança à grands pas, et se posa comme une tour à la tête de son avant-garde ténébreuse. Abdiel, du milieu des plus puissants guerriers, l'aperçut ; l'indignation le transporta, et, brûlant de se signaler, il anima de la sorte son cœur intrépide :

» O ciel ! faut-il que l'image du Très-Haut brille encore où la foi et la vérité ne se trouvent plus ? Pourquoi la force et la puissance ne manquent-elles pas où manque la vertu ? La faiblesse ne devrait-elle pas être compagne de la présomption ? Il paraît invincible, mais le Seigneur est mon soutien. Mon bras terrassera ce traître dont ma bouche a confondu les discours. J'ai pour moi la vérité ; j'aurai pour moi la victoire.

» A ces mots, son courage s'enflamme, il s'avance hors des rangs, et bravant le rebelle surpris de se voir prévenu, il lui adresse ce défi :

« Téméraire ! voilà ton jour fatal : tu croyais que rien ne pourrait t'arrêter dans ta course. Tu pensais que la terreur de ton nom, ou que tes discours audacieux feraient déserter le trône de l'Eternel. Insensé ! le souvenir de la toute-puissance est donc effacé de ton esprit ? Ignores-tu que d'une parole vivifiante il peut appeler du néant des armées infinies pour châtier ta folie ? Mais qu'a-t-il besoin de ces secours ? le moindre coup de son bras, qui atteint au-delà de toutes limites, suffit pour t'anéantir, et pour précipiter tes légions dans les ténèbres. Ton funeste exemple ne nous a pas tous entraînés à sa suite. Regarde les nombreuses légions que la foi et l'amour rangent encore sous les étendards du Tout-Puissant ; regarde et tremble. Tu ne les voyais pas, quand parmi ton monde pervers je paraissais le seul de mon sentiment. Tu vas apprendre (mais trop tard) que le nombre des insensés ne justifie point leurs folies. »

» Satan, jetant sur lui un regard dédaigneux, lui répondit :

« A l'heure malheureuse pour toi, mais à l'heure désirée de ma vengeance, tu viens recevoir le prix que tu mérites. Tu sentiras le premier jusqu'où va la force de ce bras irrité ; aussi bien es-tu le premier dont la langue effrénée a eu la témérité de s'opposer à la troisième partie des cieux ligués pour soutenir leurs droits. Ils ont senti leurs forces, ils ont brisé leurs chaînes : imite-les plutôt que de songer à t'enrichir de ma dépouille, ou ta ruine sera un exemple mémorable. J'ai suspendu mes coups pour te répondre : mon silence aurait pu faire tort à la justice de ma cause : un moment encore tu peux en profiter. Je croyais autrefois que le ciel et la liberté étaient même chose pour les anges ; mais je vois que la plupart sont assez lâches pour se laisser mettre en servitude. Esprits vils, accoutumés aux fêtes et aux chansons, ils consentent à fléchir sous un joug ignominieux : digne emploi pour ceux qui te suivent. Chantre mercenaire des cieux, esclave armé contre la liberté, juge donc ce que tu dois attendre de tes soldats, et compare aujourd'hui leur bras et le nôtre. »

« Apostat, tu es hors des sentiers de la vérité, répondit Abdiel en courroux ; tu ne peux que t'enfoncer d'abîmes en abîmes. Tu déshonores sous le nom de servitude le service que nous devons à Dieu. Tout nous engage à lui rendre une juste obéissance. Apprends ce que c'est que la servitude : c'est de se livrer à un insensé, à un malheureux dont la révolte contre son souverain mérite les derniers châtiments. Tel est le sort des tiens : ils sont les esclaves d'un esclave ; et dans l'aveuglement de ton impiété, tu blâmes notre soumission ! Règne dans les enfers, je ne t'envie point ce funeste royaume. Le ciel sera mon unique partage : j'y servirai le Très-Haut. Puissé-je mériter d'être à jamais le ministre de ses ordres sacrés ! Mais ne te flattes pas de posséder une couronne dans ces régions éloignées du Seigneur ; tu n'y trouveras que des chaînes. En attendant, voici les honneurs que je te prépare. »

» Il leva un bras fulminant, et plus promptement que l'éclair il l'appesantit sur le front de l'ange superbe. L'œil et la pensée ne partent point avec une pareille activité. Le bouclier de Satan lui devint inutile, il plia, il recula en chancelant, et donna du genou en terre. L'appui de sa lance massive lui sauva la honte d'une chute entière. Ainsi les vents souterrains, ou les eaux forçant leurs prisons, transportent violemment d'un lieu à un autre une montagne renversée avec tous ses pins. Les rebelles furent frappés comme d'un coup de foudre ; ils frémirent de rage à la vue de l'état humilié du plus fier de leurs guerriers. Quel funeste augure pour eux ! mais quel triomphe pour nous ! Nous poussâmes un cri de joie, qui fut en même temps et le signal du combat et le présage assuré de la victoire.

» Michel fit sonner la trompette nous chantâmes : *Gloire soit au Très-Haut !* Nos ennemis ne se tinrent pas dans l'inaction : leurs cris affreux furent suivis d'une attaque générale, et la mêlée s'engagea de toutes parts. La fureur se déchaîne : on entend des clameurs jusqu'alors inouïes dans le ciel. La discorde effroyable brise à grand bruit armes contre armes, et les roues étincelantes des chariots d'airain mugissent. Le choc est terrible : une volée de dards enflammés siffle épouvantablement par les airs, et couvre de feu les deux armées. Elles combattent l'une contre l'autre, ainsi que sous une voûte ardente. Le ciel fut ébranlé, et si la terre eût alors existé, elle aurait tremblé jusque dans ses fondements. Faut-il s'en étonner ? Des millions d'anges furieux se chargeaient des deux parts : des anges dont le moindre se serait fait un jeu d'enlever la terre, les planètes et leurs tourbillons. Quel désordre devait donc produire l'acharnement de deux armées innombrables de pareils guerriers. Ils auraient peut-être détruit l'heureux siége de leur nativité, si l'Eternel de sa haute forteresse n'eût modéré leur ardeur. Chaque légion prise séparément ressemblait à une armée prodigieuse ; chaque combattant valait une légion ; chaque soldat représentait un grand général : ils savaient tous quand il fallait s'avancer, tenir ferme, changer d'attaque, ouvrir ou serrer leurs files : nul ne songeait à la fuite ou à la retraite. On ne voyait point d'action qui marquât de la crainte. Chacun s'employait comme si son bras eût dû décider du sort de la victoire. La renommée se lasserait de publier les exploits de ce jour : la bataille occupait un champ immense, et la face de la guerre changeait à tous moments. Tantôt l'on combattait à pied ferme sur le terrain solide; tantôt les guerriers s'élevant sur leurs ailes puissantes tourmentaient l'air qui semblait tout en feu : la fortune parut longtemps égale. Satan déployait une force incroyable : il était toujours au plus fort de la mêlée; nous le trouvions partout. Il vit ses plus nombreux bataillons renversés d'un seul coup de l'épée de Michel; il accourut pour s'opposer au ravage et à la désolation qu'elle portait. Il présenta au-devant de ses coups la vaste circonférence de son bouclier, dont l'orbe solide était garni de dix plaques de diamant. A son approche, le grand archange s'abandonna à la joie. Il croyait, en surmontant le chef des rebelles, terminer la guerre intestine du ciel. Plein de cette espérance, il lui adressa ce défi avec des yeux enflammés de colère :

« Tremble, perfide! l'horreur de cette funeste guerre que tu as suscitée va retomber sur toi et sur les complices de ton crime. Comment as-tu troublé la bienheureuse paix du ciel, détestable auteur du mal que la nature méconnaîtrait encore sans ton crime? Comment le souffle empoisonné de ta malice a-t-il corrompu tant de millions d'anges autrefois si purs, si fidèles? Ne crois pas pourtant troubler le saint repos. Le ciel te vomit de son sein. Le ciel, siége de la béatitude, ne souffre point les œuvres d'iniquité, la violence et la guerre; fuis donc dans les enfers : ce séjour maudit est destiné à l'impie : vas-y signaler tes fureurs avant que cette épée vengeresse commence ton châtiment, ou que le bras de Dieu, armé d'un fléau plus redoutable, achève de t'accabler. »

» Satan lui répliqua : « Crois-tu donc intimider par tes bravades celui que tes coups ne sauraient étonner? As-tu mis en fuite le moindre de mes guerriers? ou, si tu en as renversé quelques-uns, ne t'ont-ils pas montré, en se relevant aussitôt, qu'ils étaient invincibles? Penses-tu que ta vue me fasse trembler? Tu te trompes. Notre combat ne finira point ainsi. Le crime, dis-tu, nous a mis les armes à la main; sache que l'honneur est notre seul motif. Si nous ne pouvons régner ici, nous aurons du moins la gloire d'y rester libres, où nous convertirons le ciel même en cet enfer dont tu oses nous menacer. Rappelle tout ton courage ; que celui que tu nommes le Tout-Puissant joigne ses forces aux tiennes : c'est toi que je cherchais. »

» Ils mirent fin à leurs discours, et s'avançant l'un contre l'autre ils commencèrent un combat inexprimable. Comment le raconter, même avec la langue des anges ? Où prendre ici-bas des comparaisons assez nobles pour élever l'imagination humaine au point de lui faire concevoir jusqu'où allait leur puissance ? Ils ressemblaient, si j'ose le dire, à des dieux, soit qu'ils se tinssent de pied ferme, soit qu'ils allassent en avant ; leur stature, leurs mouvements et leurs armes donnèrent à connaître qu'ils étaient propres à décider du grand empire des cieux. On les voyait tourner avec une rapidité extrême leurs épées flamboyantes qui traçaient par les airs d'horribles sphères de feu. Leurs boucliers, tels que deux grands soleils, resplendissaient vis-à-vis l'un de l'autre.

» Ce grand spectacle suspendit tout. Les deux armées, saisies d'horreur, se retirèrent des deux parts pour attendre la décision de ce combat furieux. Telle serait l'épouvante, pour figurer les plus grandes choses par de petites images, si la nature venant à se diviser, la guerre s'élevait entre les constellations. Juge de quels yeux tu verrais deux planètes à l'aspect sinistre, partir de leur poste, s'élancer l'une contre l'autre au milieu du ciel, se heurter avec furie, et confondre leurs sphères discordantes. Tous deux à la fois levant leurs bras, dont la force ne le cédait qu'à celle du Tout-Puissant, se préparaient un coup qui pût terminer le combat.

» Leur vigueur, leur adresse, leur légèreté, étaient égales ; mais Michel avait reçu des mains de Dieu une épée d'une trempe si parfaite que rien ne pouvait résister à son tranchant. Elle brisa le cimeterre de Satan ; du même coup elle lui fit dans les flancs une profonde blessure. Alors, pour la première fois, Satan connut la douleur, et se tourna en courant de part et d'autre avec des contorsions effroyables. Le coup aurait été mortel si les esprits pouvaient mourir ; mais les natures célestes ne sont point sujettes à une dissolution de parties que la matière seule peut éprouver. Il coula de la plaie une liqueur subtile et dévorante qui ne tenait en rien de la grossièreté du sang humain : l'éclat de son armure en fut entièrement terni.

» Ses plus braves guerriers coururent à son secours, et se mirent entre deux, tandis que d'autres, le relevant sur leurs boucliers, l'emportaient vers son char hors de la mêlée ; ils l'y déposèrent frémissant de rage, de dépit et de honte. Quel désespoir pour lui de sentir qu'il n'était pas invincible, loin d'être égal au Très-Haut, comme il s'en était vanté ! Mais il guérit bientôt : les esprits possèdent parfaitement la vie ; elle n'est point placée pour eux dans les entrailles, dans le cœur, dans la tête ou dans les reins, suivant la condition de l'homme fragile. Il n'est qu'un ordre exprès de Dieu qui puisse les anéantir. L'air fluide n'est pas plus exempt de coupures durables que leur liquide tissu de blessures mortelles. Chaque partie de leur substance, animée de l'esprit de vie, contient le cœur, la tête, les yeux, les oreilles, l'intellect, et généralement tous les sens ; et, suivant leurs desseins, ils prennent les membres, la couleur, la taille, la figure et l'extension qui leur conviennent le mieux.

» Il se passait également des faits mémorables aux lieux où la puissance de Gabriel combattait. Suivi de ses guerriers, il perçait le profond ordre de bataille de Moloch. Ce monarque furieux l'avait défié en le menaçant de le traîner garrotté aux roues de son char. Il fut puni des blasphèmes qu'il avait vomi contre l'Eternel, et, fendu depuis le sommet de la tête jusqu'à la ceinture, il fuyait traînant ses armes brisées, et mugissant de rage et de douleur.

» Aux deux ailes de l'armée, Uriel et Raphaël rabattirent la vaine gloire de l'ennemi qu'ils avaient en tête. Deux trônes monstrueux et armés d'un roc de diamant tombèrent à leurs pieds : l'un était Adramalech, et l'autre Asmodée. Ils voulaient s'égaler au Tout-Puissant ; mais percés de plaies horribles à travers leurs cuirasses, ils apprirent dans leur chute à réprimer l'orgueil de leurs pensées.

» Abdiel n'épargna pas non plus les troupes infidèles : sous ses coups redoublés il renversa Ariel, Arioc et Ramiel.

» Je ne finirais point si je rapportais ici les hauts faits de mille autres dignes d'être consacrés à l'immortalité; mais les anges bienheureux, contents de leur renommée dans le ciel, ne cherchent point la louange des hommes : nos ennemis mériteraient aussi des éloges s'ils eussent combattu pour une meilleure cause. Leur résistance surpassait tout ce qu'on en pourrait dire. Ils aspiraient par mille périls à la gloire ; mais, en punition, effacés du livre de vie, et rayés des mémoires sacrés, laissons-les sans nom demeurer dans les ténèbres de l'oubli. La force séparée de la justice et de la vérité, loin d'être louable, ne mérite que le blâme et l'ignominie. Comment arriverait-elle à la gloire? elle cherche la renommée par des moyens infâmes.

» L'armée des mauvais anges, affaiblie de tous côtés, commençait à plier. Leurs plus puissants guerriers se trouvaient hors de combat. Toute la plaine était jonchée d'armes brisées, de chariots, de conducteurs et de coursiers écumeux renversés les uns sur les autres. La déroute suivit bientôt : ils prirent honteusement la fuite. Le péché de la désobéissance les avait avilis et dégradés.

» La situation des bons anges était bien différente : sains, entiers, couverts d'armes d'une trempe divine, ils marchaient d'un pas ferme en une phalange impénétrable : l'innocence leur donnait cet avantage sur leurs ennemis. Ils furent infatigables dans l'action, et invulnérables dans le combat, quoiqu'ils eussent été quelquefois transportés par les coups hors des rangs.

» Déjà la nuit, commençant sa course, étendait l'obscurité sur le ciel, et, par une médiation agréable, imposait silence au bruit odieux de la guerre. Les vainqueurs et les vaincus se retirèrent sous son pavillon nébuleux. Michel et ses anges victorieux campèrent sur le champ de bataille, et posèrent de tous côtés en sentinelle des chérubins vigilants. Satan et ses rebelles s'éloignèrent à la faveur des ténèbres. Cette même nuit, sans prendre aucun repos, il appela ses puissances au conseil, et d'un air plein de résolution il commença ainsi au milieu de tous :

« Le courage que vous avez montré dans ce jour, chers compagnons, fait bien voir que vous êtes invincibles. La liberté n'est point un prix suffisant pour vous. L'honneur, la gloire et l'empire vous sont acquis, et c'est là ce qui touche notre ambition. Vous avez tenu pendant un jour entier la victoire en balance, et si vous avez résisté un jour, pourquoi ne résisteriez-vous pas une éternité? Le monarque des cieux n'a point de forces plus grandes à vous opposer; il a mis toutes ses légions en campagne : nous ont-elles forcés à nous rendre? Il se trompe donc quelquefois, et nous étions assez faibles pour croire qu'il lisait dans l'avenir, et qu'il en réglait les événements. Nous souffrons, il est vrai, de nos blessures : nos armes ont été moins bonnes que celles de nos ennemis ; mais la connaissance que nous avons de la douleur ne peut que nous la faire mépriser. N'avons-nous pas éprouvé que notre substance céleste ne saurait recevoir de coup mortel, qu'elle n'est sujette à aucune dissolution, et que d'elle-même, par une vertu naturelle, elle se reprend et se guérit bientôt de ses blessures? Notre malheur est donc peu considérable. Peut-être, la première fois que nous viendrons aux mains, de plus fortes armes, des traits mieux acérés, rétabliront entre nous l'égalité qui a été seulement rompue par quelques circonstances, puisqu'il ne se trouve point de différence entre notre nature et celle de nos ennemis. Si quelque cause inconnue leur a donné l'avantage de la journée, n'omettons rien pour la découvrir. Nos lumières n'ont point souffert, et notre esprit est aussi sain qu'avant l'action. »

» Il s'assit, et Nisroc, chef des principautés, se leva le premier dans l'assemblée : le sang coulait encore le long de ses armes brisées, il avait à peine la force de se soutenir, et d'un air sombre il répondit ces mots :

« O toi qui nous a délivrés de la servitude, et qui nous conduis pour nous établir comme des divinités dans la libre jouissance du ciel, tu sens bien qu'il est rude, même pour des dieux, de combattre avec des armes inégales, et d'être exposés à la douleur et aux blessures, en affrontant des troupes impassibles et infatigables. Cette inégalité nous obligerait enfin à nous soumettre. La valeur et la force ne résistent point éternellement au mal qui affaiblit les bras les plus puissants. Nous pouvons bien sans murmurer nous passer dans la vie des plaisirs vifs et sensibles. On peut sans eux couler tranquillement ses jours ; mais la douleur fait des malheureux, et quand à son excès se joint la durée, elle épuise tôt ou tard la patience. Quiconque pourra donc nous donner les moyens de porter des blessures douloureuses à nos ennemis, ou de fabriquer des armes impénétrables, méritera bien notre reconnaissance : nous le regarderons comme un second libérateur. »

« Je t'apporte, répondit Satan d'un air calme et assuré, ce que tu estimes à juste titre si essentiel à notre succès. Qui de nous, voyant la brillante surface de ce monde céleste que nous habitons, ce continent spacieux orné de plantes, de fruits, de fleurs d'ambroisie, d'or et de perles ; quel œil, dis-je, peut parcourir assez superficiellement toutes ces choses pour ne pas conclure que leurs principes composés de parties spiritueuses et ignées sont cachés au fond du chaos. C'est dans son sein ténébreux que ces semences indigestes sont renfermées jusqu'à ce que, touchées et tempérées par les célestes rayons, elles se développent et se montrent au jour dans tout leur éclat. Les minéraux de l'abîme nous fourniront de quoi faire une composition meurtrière : nous en remplirons de longues pièces de métal que nous creuserons à cet usage. Le feu s'y communiquera par une petite ouverture percée près d'une des extrémités ; aussitôt l'artifice se dilatant impétueusement, avec un bruit de tonnerre, poussera contre nos ennemis des masses pernicieuses qui briseront tout ce qui se présentera dans leur passage. A ces coups insoutenables, nos ennemis effrayés, confondus, croiront que nous avons désarmé celui qui lance le tonnerre, et que nous nous sommes saisis des traits qui le font redouter. Le travail ne sera pas long : avant que le jour brille tout sera prêt. Cependant rassurez-vous, bannissez la crainte. Si vous restez unis, il n'est rien de difficile, à plus forte raison de désespéré. »

» Ces paroles rappelèrent la joie sur leurs visages, et ranimèrent leur espérance. Ils admirèrent tous l'invention : chacun était surpris de ce qu'un autre lui en avait enlevé la gloire. Rien ne leur semblait si simple, après que l'idée en eût été rendue publique : auparavant ils auraient trouvé la difficulté insurmontable. Cependant, ô premier père des hommes, si le mal vient à prendre le dessus dans les jours à venir, quelqu'un de tes descendants, malheureusement ingénieux, ou inspiré du démon, pourrait imaginer un semblable fléau pour désoler, en punition du péché, les peuples acharnés à se faire la guerre et à se détruire l'un l'autre.

» Au sortir du conseil, les rebelles volent à l'ouvrage : nul ne perd le temps en disputes frivoles. Leurs mains innombrables s'emploient avec ardeur, et creusent de profonds abîmes dans le ciel. Bientôt ils voient la nature jusque dans le fond de ses entrailles ; ils y reconnaissent les germes informes de toutes choses. Les uns font des amas de soufre et de nitre qu'ils mêlent ensemble ; le tout calciné avec art, et réduit en grains noirs est mis en magasin. Les autres s'occupent à fouiller les veines cachées de métal et de pierre, car l'intérieur du terrain céleste a quelque chose de semblable à celui de la terre que tu habites. Ceux-ci forgent des machines et des boulets destinés à faire voler la terreur et le carnage ; ceux-là font provision de roseaux de feu, dont le seul attouchement devait produire un effet épouvantable.

» Ainsi, avant que le jour parût, et sans être observés, ils consommèrent, dans le secret de la nuit, ce qu'ils avaient projeté ; ils disposèrent leurs machines avec tout l'ordre et toute la prudence possibles.

» Dès que la charmante Aurore se fit voir dans le ciel, les anges victorieux se levèrent. Au son de la trompette, la milice divine parut en bataille, sous des armes éclatantes d'or et de pierreries. Quelques-uns, armés à la légère, du haut des montagnes que le soleil commençait à éclairer, regardent à la ronde, et s'éloignent pour reconnaître la contenance, les mouvements ou les retranchements des ennemis. Ils virent l'armée de Satan qui s'avançait à pas lents, enseignes déployées, formant un bataillon unique mais terrible. Zophiel, le plus léger des chérubins, retourna promptement sur ses pas, et cria au milieu des airs :

« Armez-vous, guerriers ; armez-vous pour le combat. L'ennemi que nous croyions éloigné vient sur nous. Il nous épargnera en ce jour une longue marche et une fatigante poursuite. Il s'avance comme un nuage épais. Sa contenance nous présente une résolution morne, mais assurée : mettez vos casques, prenez vos cuirasses, couvrez-vous de vos boucliers : ce jour est un jour de colère et d'horreur. »

» Il les avertit ainsi de se tenir sur leurs gardes ; mais ils sont déjà préparés : leurs rangs se trouvent formés. Ils s'avancent les armes hautes en ordre de bataille. Nos ennemis s'approchaient traînant pesamment leur nombreuse artillerie, entourée d'escadrons épais qui dérobaient l'artifice à nos yeux. Nous les observions, quand Satan parut à la tête des siens, et donna l'ordre.

» A l'instant le front de son armée s'ouvre : les troupes se replient sur les deux flancs. Nous découvrons un spectacle étrange et nouveau : une triple rangée l'une sur l'autre de colonnes posées sur des roues ; car ces pièces ressemblaient à des colonnes ou à des troncs creux de chênes ou de sapins abattus dans les forêts ou sur les montagnes, après que les branches en ont été coupées. Un séraphin portant en sa main un roseau armé de feu était posté derrière chacune de ces machines.

» Nous formions là-dessus diverses conjectures ; mais nous fûmes bientôt tirés de notre incertitude. Ils étendirent leurs roseaux, et ils en touchèrent légèrement une imperceptible ouverture. Le ciel parut d'abord tout en feu, et presque aussitôt il fut obscurci de la fumée qui sortait de la bouche énorme de ces cylindres meurtriers. Ils vomirent avec des mugissements épouvantables la foudre et le tonnerre.

» L'armée victorieuse ne put tenir contre ce genre d'attaque : les rangs furent rompus ; en vain ces guerriers, fermes d'ailleurs comme des rochers, se roidissaient contre le choc. Embarrassés dans leurs armes, ils tombaient par milliers à la renverse anges sur archanges. S'ils eussent été désarmés, ils se seraient aisément sauvés par la facilité que les esprits ont de se resserrer ou de se transporter agilement d'un lieu à un autre ; mais, dans la conjoncture où ils se trouvaient, ils étaient nécessairement exposés aux coups, et ils se voyaient honteusement entraînés. Il ne leur servait de rien d'ouvrir leurs files. Que faire ? S'ils couraient en avant, ils étaient indignement abattus et renversés d'une manière ignominieuse ; ils devenaient la risée de leurs ennemis. Avaient-ils essuyé le premier feu, une rangée de séraphins paraissait en posture de faire une seconde décharge. Cependant ils aimaient encore mieux se laisser rompre que de prendre la fuite.

» Les rebelles, enivrés du succès, commencèrent à donner carrière à leurs vaines saillies. La puissance éternelle ne leur faisait plus de peine. Son tonnerre leur paraissait maintenant peu de chose. Ils avaient, à ce qu'ils pensaient, de quoi l'égaler, et se regardant comme invincibles avec leur nouvelle artillerie, ils parlaient d'un ton de mépris du foudre de Dieu et de son armée. Le trouble où nous étions ne dura pas longtemps ; la fureur nous anima, et nous fit trouver des armes pour confondre leur malice.

» Aussitôt, telle est l'excellence, telle est la force des anges, nous jetons nos armes, et plus promptement que l'éclair nous courons, nous volons aux montagnes : le ciel a ses collines et ses vallées ; nous arrachons, nous déracinons les monts ; tout obéit à notre violence, eaux, bois, rochers : nous les enlevons par les sommets chevelus.

» Les esprits rebelles, tu peux te le figurer, furent saisis d'étonnement et de terreur quand ils virent la base énorme des montagnes fondre sur leur maudite artillerie. Leur courage se glaça ; leur force se trouvait enterrée sous les rochers ; ils se sentaient eux-mêmes opprimés par d'épouvantables masses qui accablaient en tombant des légions entières.

» Les armes dont ils étaient revêtus rendaient encore leur situation plus cruelle, et leur ôtaient la liberté d'agir et de se débarrasser : ils poussaient des rugissements affreux ; tel était le sort de ces esprits autrefois purs et subtils, maintenant appesantis par le péché.

» A notre exemple, ils arrachent les rochers, ils les jettent contre nous; les monts rencontrent au milieu des airs les monts lancés avec une violence terrible. Leurs débris pleuvent de toutes parts sur les deux armées : un bruit affreux se fait entendre : toute autre guerre comparée à celle-ci ressemblerait aux divertissements d'une populace dans des réjouissances publiques; ce n'est partout que confusion sur confusion. Le ciel en ce jour aurait été entièrement détruit, si le Très-Haut, qui pèse la conséquence de chaque chose, assis au milieu de son sanctuaire céleste et inviolable, n'eût arrêté le désordre. Il avait permis ce tumulte afin d'honorer son Fils, suivant le dessein qu'il en avait conçu. Il remit donc sa vengeance entre les mains de ce Fils, et prêt à manifester la toute-puissance qu'il lui avait transférée, il prononça ce discours :

« Ecoulement de ma gloire, mon Fils, dans la face duquel se laisse apercevoir mon essence divine, autrement invisible, exécuteur de mes décrets, seconde toute-puissance, deux jours comme le ciel les mesure se sont écoulés depuis que Michel et ses légions ont marché pour dompter les rebelles. Leur combat a été terrible; quand de telles armées se rencontrent le choc doit être épouvantable; je les ai abandonnés à leur propre force : tu sais que par leur création ils se trouvent égaux; le péché seul a mis entre eux quelque différence, mais elle n'est pas assez sensible parce que mes jugements n'ont point encore éclaté. Ils resteraient donc aux mains pendant toute l'éternité, et l'on ne verrait point la décision de leur combat : ils ont donné, des deux côtés, des preuves de leur force et de leur courage. Leur fureur s'est armée de montagnes au lieu de traits; la discorde a renversé le face du ciel et met la nature en péril. Deux jours donc se sont passés; le troisième t'est consacré : il doit être celui de ton triomphe. J'ai laissé monter jusqu'à l'excès la fureur de tes ennemis pour ennoblir ta victoire; il n'appartient qu'à toi de terminer cette guerre. J'ai transmis en toi toute mon immensité. Les cieux et les enfers connaîtront que rien ne t'est comparable, et que tu mérites l'empire sur toutes choses à titre d'héritage et par une onction sacrée. Va donc, montre-toi le plus puissant dans la puissance de ton Père. Monte sur mon char, dirige ses roues rapides qui font trembler la base des cieux ; sers-toi de mon arc, de mes foudres et de mon tonnerre. Prends mes armes auxquelles rien ne résiste, attache mon épée à ton auguste ceinture, poursuis ces enfants de ténèbres, plonge-les dans l'abîme le plus profond ; qu'ils apprennent qu'on ne méprise point impunément Dieu et le Messie, l'oint du Seigneur. »

» A ces mots, il épancha directement ses rayons sur son Christ qui représenta son Père d'une manière ineffable. Le Fils répondit en ces termes :

« Mon Père, qui êtes le premier, le plus haut, le plus saint, le meilleur des trônes célestes, vous songez toujours à glorifier votre Fils ; je vous en dois autant, et je m'en acquitterai. Je mets toute ma gloire, toute mon élévation, tout mon plaisir à vous satisfaire et à remplir votre volonté ; j'accepte donc le sceptre et la puissance que vous me donnez, et je les remettrai avec encore plus de plaisir quand à la fin des temps vous serez tout en tous. Alors je serai uni à vous pour jamais, et tous ceux que vous aimez seront unis à moi ; mais je hais ceux que vous haïssez, et je puis me revêtir de la terreur qui marche devant vous, comme je me suis revêtu de votre clémence. Je suis en tout votre image. Armé de votre puissance, j'aurai bientôt délivré le ciel de ces rebelles. Je vais les précipiter au fond de la demeure fatale qui leur est préparée dans ces noirs cachots où sont les chaînes des ténèbres et le ver qui ne meurt point. Ils sentiront à quoi l'on est exposé quand on veut se soustraire à l'obéissance qui vous est due, et qui porte avec soi sa récompense. Vos saints environneront votre montagne sacrée, et vos élus, séparés bien loin des impurs, chanteront en votre honneur des cantiques éternels et des hymnes de louanges. Ma voix se fera entendre parmi toutes les autres. »

» Il dit, et s'inclinant sur son sceptre, il se leva de la place glorieuse où il était assis à la droite du Tout-Puissant. Déjà la troisième aurore depuis la rébellion commençait à briller dans le ciel ; le char de l'Eternel partit ainsi qu'un ouragan, la flamme l'environnait : les roues, l'une dans l'autre, animées de l'esprit de vie, se remuaient d'elles-mêmes. Elles étaient escortées par quatre figures semblables à celles des chérubins ; chacune avait quatre faces. Leurs corps et leurs ailes étaient parsemés d'yeux sans nombre comme les étoiles. Les roues de béryl étaient aussi pleines d'yeux étincelants. Au-dessus des roues on voyait un firmament de cristal : ce firmament était relevé par un trône de saphir marqueté d'ambre pur et des couleurs de l'arc-en-ciel.

» Il monta sur le char radieux. La Victoire avec des ailes d'aigle se tenait à sa droite. Son arc et son carquois rempli de triples foudres pendait à ses côtés : autour de lui roulait un tourbillon impétueux de fumée et de flammes, qui dardaient coup sur coup une clarté semblable à celle des éclairs.

» Il s'avançait accompagné d'un gros de dix mille saints. Une lumière éclatante annonçait au loin son approche. Vingt mille chariots de Dieu, j'en ai bien compté le nombre, se présentaient à droite et à gauche. Au milieu de ce cortége, il fendait les airs porté sur les ailes des chérubins. Le feu que répandait son trône de saphir, glorieusement élevé sur le firmament cristallin, éblouissait les yeux.

» Les enfants de Dieu le reconnurent d'abord. Une joie inespérée les saisit quand ils virent briller le grand étendard du Messie, et l'oriflamme céleste portée par les anges.

» Michel lui remit le commandement des fidèles légions. Les deux ailes de l'armée se rassemblèrent sous ce grand chef. Devant lui la puissance divine aplanit les chemins. A son ordre, les monts déracinés se retirèrent chacun à sa place : ils entendirent sa voix, et se soumettant aussitôt, ils se mirent en marche. Le ciel reprit sa face accoutumée : les montagnes et les vallées se parèrent de nouvelles fleurs.

» Ses malheureux ennemis virent ces merveilles, mais ils restèrent endurcis : ils se rallièrent pour combattre, et ils cherchèrent leur salut dans leur désespoir. Croirait-on que des esprits célestes fussent capables d'un tel aveuglement ? Mais quels prodiges peuvent convaincre des esprits orgueilleux, ou quels miracles peuvent ramener les cœurs endurcis? Ce spectacle merveilleux qui les devait faire rentrer en eux-mêmes, ne servit qu'à redoubler leur haine et leur envie. Aspirant au même degré d'élévation, ils se remirent avec furie en ordre de bataille. Ils croyaient trouver des ressources assurées dans leurs forces ou dans leurs stratagèmes : et résolus de vaincre Dieu et le Messie, ou de périr engloutis dans une ruine universelle, plutôt que de fuir ou de faire une honteuse retraite, ils se préparaient à un dernier effort, quand le Fils de Dieu fit entendre ces mots à ses légions :

« Restez à votre poste ; ne dérangez point vos brillantes files. Vous, saints, tenez-vous ici; anges armés pour ma querelle, reposez-vous aujourd'hui des fatigues de la bataille. Vos exploits guerriers ont assez prouvé votre fidélité. Le courage avec lequel vous avez soutenu la juste cause du Seigneur a été agréable à ses yeux ; vous avez employé pour lui les dons que vous en avez reçus. Il vous fit invincibles, vous vous êtes montrés tels ; mais la punition de cette troupe maudite est réservée à un autre bras. La vengeance appartient à Dieu et à celui à qui il la commet. Le nombre ni la multitude ne sont pas nécessaires pour l'ouvrage de cette journée ; soyez seulement attentifs à regarder comment ma main va déployer l'indignation de Dieu sur ces impies. Ils n'en veulent point à vous. Je suis l'unique objet de leur mépris et de leur envie ; je suis en butte à leur rage parce que mon Père céleste, à qui l'empire, la puissance et la gloire appartiennent, a voulu m'honorer. Il m'a remis aussi leur châtiment; ils éprouveront, selon leurs souhaits, quel est le plus fort, d'eux tous ensemble, ou de moi seul contre tous. Ils mesurent tout par la force, ils ne connaissent point d'autre mérite ni d'autre excellence : je consens donc qu'elle décide entre eux et moi. »

» En achevant ces mots, il prit ses armes des mains de la Terreur. Les traits qui sortirent de ses yeux rendirent son aspect insoutenable. Sa colère allait éclater; il marcha contre ses ennemis. Tout-à-coup les quatre figures qui l'escortaient, déployant leurs ailes étoilées, formèrent une ombre qui répandit au loin l'effroi, et les roues de son char se remuèrent avec un bruit pareil à celui des fleuves impétueux ou d'une armée nombreuse.

» Le Fils de Dieu, formidable comme la sombre nuit, s'avançait contre ses rivaux impies. Sous ses roues brûlantes, le solide empirée trembla d'un bout à l'autre. Tout fut ébranlé hors le trône où réside l'Eternel. Il eut bientôt joint ces rebelles : il tenait en sa main une gerbe de tonnerres, ils partirent devant lui, et les impies furent transpercés de mortelles plaies. Ses ennemis étonnés perdent courage ; ils ne songent pas même à se mettre en défense ; les armes leur tombent des mains.

» Le voilà déjà qui triomphe. Il passe, et la victoire l'a devancé. Il foule en son chemin les boucliers, les casques, et les têtes hautaines des trônes et des séraphins renversés. Ils voudraient pouvoir se dérober à son courroux en cherchant un abri sous les montagnes dont naguère ils se sentaient accablés.

» Avec même furie ses traits redoutables tombaient de chaque côté des esprits parsemés d'yeux sans nombre. Un feu dévorant sortait aussi des roues vivantes, et pareillement remplies d'une multitude d'yeux. Un seul esprit les dirigeait : chaque œil brillait de vifs éclairs, et lançait contre les maudits des flammes terribles ; les rebelles restèrent privés de leur vigueur naturelle, épuisés, sans cœur, affligés, renversés.

» Cependant le Fils de Dieu n'employa pas en ce jour sa puissance entière ; il retint à demi son tonnerre. Son dessein n'était pas de les détruire, il ne cherchait qu'à les chasser de sa présence. Il leur prêta des forces pour fuir, et les poussa devant lui comme un troupeau de boucs ou de vils animaux que la crainte rassemble. Le tonnerre, la terreur et les furies les portèrent jusqu'à l'extrémité du céleste parvis.

» Le ciel se retira sur lui-même, s'entr'ouvrit, et leur présenta les vastes précipices de l'abîme. A cette vue effroyable, ils reculèrent d'horreur, mais une horreur encore plus grande les poussait en avant ; ils se précipitèrent d'eux-mêmes hors de l'enceinte du ciel : la colère éternelle les poursuivit jusqu'à l'extrémité du gouffre immense qui les reçut dans son sein.

» L'enfer en entendit le bruit affreux ; l'enfer vit les ruines du ciel croulant sur lui : la frayeur le saisit, il voulut s'enfuir, mais la justice inévitable avait jeté trop profondément ses noires fondations, et il se trouvait lié de chaînes tros fortes. Ils tombèrent pendant neuf jours. Le Chaos confondu rugit, et sentit une agitation dix fois plus terrible au moment qu'ils roulaient à travers sa barbare anarchie. La confusion fut si énorme qu'il s'en trouva même embarrassé, quoiqu'il n'aime que le désordre.

» L'enfer rempli d'un feu que rien ne peut éteindre, l'enfer séjour de tristesse et de peines, l'enfer se dilatant les engloutit, et se renferma sur eux ; le ciel délivré de ces infidèles se réjouit, et bientôt en se rejoignant répara la division faite à ses remparts.

» Seul vainqueur de ses ennemis dispersés, le Messie revint en triomphe sur son char. Les saints qui étaient restés dans un silence profond, et qui n'avaient fait que contempler ses exploits, s'avancèrent à sa rencontre en poussant des cris de joie.

» Ils vinrent à lui les palmes à la main ; chaque ordre glorieux célébra son triomphe ; ils proclamèrent tous cet auguste conquérant, fils, héritier et seigneur universel ; et rendant hommage à son empire, ils publièrent qu'il était digne de régner.

» Au bruit de leurs acclamations, il s'avançait en triomphe par le milieu du ciel : il entra dans les palais sacrés de son Père, majestueusement assis sous un dais magnifique, et, se plaçant à sa droite, il prit possession du trône et de la gloire, vrai partage de la divinité.

» Ainsi, traçant l'histoire du ciel sous des images terrestres pour te complaire, et pour que l'exemple du passé te serve de leçon, je t'ai révélé ce qui autrement serait toujours resté caché aux hommes. Te voilà maintenant instruit de la discorde et de la guerre des anges ; tu sais la chute horrible de ces ambitieux qui se révoltèrent avec le prince des ténèbres ; ce même Satan, jaloux de ton bonheur, médite ta ruine. Il travaille à te détourner aussi de l'obéissance, afin que tu sois privé comme lui de la félicité, et que tu partages sa peine. Il croit se consoler en se vengeant sur toi de celui dont tu es l'image ; il croit que s'il pouvait te rendre le compagnon de son malheur il contristerait le Tout-Puissant ; mais ne prête pas l'oreille à ses discours séducteurs. Avertis souvent ta compagne de ce qu'elle doit au Très-Haut ; son sexe est le plus faible, il a besoin de secours. N'oublie jamais ce que tu viens d'entendre. Tu vois par un exemple terrible quel est le prix de la désobéissance. Les anges sont tombés, et ils pouvaient se soutenir ; souviens-toi de leur sort, et crains de les imiter. »

ARGUMENT DU LIVRE SEPTIÈME.

A la prière d'Adam, Raphaël explique comment et pourquoi le monde a été créé. Il lui apprend que Dieu, après avoir chassé du ciel Satan et ses anges, déclara le dessein qu'il avait de produire un autre monde et d'autres créatures pour l'habiter. Il envoie son Fils avec un glorieux cortége d'anges pour accomplir l'ouvrage des six jours. Les esprits célestes en célèbrent la consommation par des hymnes et des cantiques, et remontent au ciel à la suite du Créateur.

LIVRE SEPTIÈME.

O toi, dont la voix m'a conduit dans les nues au-dessus de la portée des ailes de Pégase, descends du glorieux séjour de l'Eternel, Uranie, si l'on peut t'invoquer sous ce nom. Je sais te distinguer des chimériques filles du Permesse : tu n'es point fixée comme elles sur les sommets bornés du vieil Olympe ; mais, née dans le ciel, avant que les monts parussent et que les fleuves coulassent, tu conversais avec la sagesse éternelle, et tu te jouais avec elle en présence du Père tout-puissant charmé de tes chants divins : enlevé par toi, j'ai pu, quoique terrestre, entrer hardiment dans le ciel des cieux, et j'ai respiré l'air pur que tu as tempéré. Soutiens-moi toujours et ramène-moi à mon élément natal, de peur que, partageant le sort de Bellérophon, je ne tombe d'une région plus haute pour gémir le reste de mes jours dans les champs Aléyens, errant, désespéré, perdu. Je suis arrivé à la moitié de la carrière ; mais resserré désormais dans l'enceinte de l'étroite sphère que le soleil parcourt, sans m'exposer davantage au-dessus du pôle, je ferai mieux entendre les accents de ma voix. Elle conserve encore tout son éclat, quoique je me sois trouvé en butte à la malignité des temps et de l'envie, entouré de dangers de toutes parts, dans les ténèbres et dans la solitude, excepté quand tu me visites, soit lorsque la nuit étend ses voiles sombres, soit lorsque l'aurore teint en pourpre l'orient. Dirige mes chants, Uranie ; rassemble autour de moi un petit nombre de personnes dignes de m'écouter ; mais écarte la dissonnance barbare de Bacchus et de ses fanatiques enfants, race de cette troupe forcenée qui déchira le chantre de Thrace sur le mont Rhodope, où les bois et rochers prêtaient l'oreille à ses transports, avant que sa harpe et sa voix eussent été déconcertés par les cris bruyants d'une multitude furieuse. Dans cette extrémité, le fils de Calliope vainement implora le secours de sa mère ; mais toi, Muse céleste, tu ne manques pas ainsi à qui t'invoque. Tu es un écoulement de l'Eternel ; elle au contraire n'était qu'un songe frivole.

Dites, déesse, ce qui se passa quand Raphaël, l'affable archange, eut averti Adam d'éviter l'infidélité, de peur de partager le sort terrible des démons. Il lui représenta le danger qu'il courait d'être exclu du paradis avec toute sa postérité si, malgré la défense, ils étaient assez téméraires pour toucher à l'arbre interdit, et s'ils méprisaient au milieu de leur abondance un commandement si facile à garder. Des objets si sublimes et si étranges conduisirent notre premier père à une profonde rêverie ; il ne pouvait accorder dans son esprit la haine, la guerre et la confusion dans le ciel, près de la paix de Dieu, au centre même de la béatitude ; mais bientôt il sentit que le mal, de soi-même incompatible avec la félicité, devait en être séparé, et qu'il fallait nécessairement qu'il retournât sur ses auteurs, comme l'eau d'un fleuve que le vent refoule vers sa source.

Ainsi Adam dissipa les doutes qui s'élevaient dans son cœur. Il se laisse maintenant entraîner par un louable désir de connaître ce qui peut encore le toucher de plus près ; comment a commencé ce monde composé du ciel et de la terre ; quand, pour quoi et de quoi a été formé tout ce qui existait avant lui au-dedans et au-dehors d'Eden. Tel qu'un homme à peine désaltéré suit des yeux l'eau courante, et sent renouveler sa soif par le doux murmure du liquide élément, il adressa de nouveau la parole à son hôte céleste.

« La bonté divine, je le vois, compâtit à notre faiblesse : elle t'a envoyé du haut de l'empirée pour nous instruire sur des points importants, mais que nous n'eussions jamais approfondis sans tes lumières. Nous devons sans cesse remercier la Providence, et recevoir son avertissement avec une ferme résolution d'observer inviolablement sa volonté suprême, fin dernière de l'homme. Mais puisque tu veux bien t'abaisser à notre portée et nous dessiller les yeux, daigne présentement descendre un peu plus bas ; raconte-nous ce qu'il ne nous sera peut-être pas moins utile de savoir : la création du ciel que nous voyons si haut, si éloigné, orné d'une multitude innombrable de feux errants, et l'origine de cette substance répandue autour de nous, de cet air qui remplit tant d'espace, et qui embrasse le globe de la terre : apprends-nous quelle cause détermina de toute éternité le créateur, au milieu de son saint repos, à bâtir, mais si tard, dans le chaos, et en combien de temps l'ouvrage fut accompli. Dévoile-nous ces mystères, si cependant il ne t'est pas défendu de les révéler. Nous ne prétendons point sonder les secrets de son empire ; nous ne cherchons à nous instruire que pour célébrer avec plus de connaissance le pouvoir et la bonté de l'auteur. Le grand flambeau du jour n'aura pas sitôt fini sa carrière. Enchanté de tes sons majestueux, il retardera son cours pour t'entendre conter sa naissance ; ou si l'astre du soir et la lune se hâtent pour t'écouter, la nuit avec elle amènera le silence. Le sommeil même veillera pour te prêter une oreille attentive : ta voix le suspendra, et nous ne nous apercevrons point de son absence tant que nous serons avec toi. »

Adam supplia ainsi son hôte illustre. Le ministre céleste lui répondit : « La langue des anges ou la voix des séraphins peuvent-elles suffire à raconter les ouvrages du Tout-Puissant ?

L'esprit de l'homme est-il capable de les concevoir? Je ne te cacherai pourtant point ce qu'il t'est permis d'entendre ; il est bon que tu saches ce qui pourra t'inspirer l'amour de l'Eternel, ou contribuer à ton bonheur. J'ai reçu ordre d'en haut de satisfaire ta curiosité jusqu'à un certain point ; contente-toi de ce que je te révèlerai, et n'espère point, à force de recherches, pénétrer des secrets que l'Etre invisible, qui seul connaît tout, a ensevelis dans une nuit profonde. La nature n'est que trop étendue pour toi, tu peux l'étudier ; mais l'esprit n'a pas moins besoin que le corps de cette tempérance qui sert à modérer l'appétit, et à faire connaître la juste mesure ; autrement l'excès accable, et la sagesse bientôt se change en folie, comme la nourriture produit d'épaisses fumées, lorsqu'elle est prise en trop grande abondance.

» Je t'ai raconté la chute de Lucifer, autrefois plus brillant dans l'armée des anges que n'est l'étoile de ce nom entre les astres.

» Après qu'il fut tombé avec ses légions foudroyées au travers de l'abîme, et que l'auguste Fils fut retourné victorieux avec ses saints, le Tout-Puissant vit de son trône leur multitude, et parla ainsi à son Fils :

« Enfin notre ennemi s'est trompé : il croyait, ce rival jaloux, avoir entraîné dans sa révolte tous les esprits. Il se flattait, avec leur aide, de nous déposséder de cette forteresse inaccessible, siége de la divinité suprême ; il en a séduit en effet plusieurs qui ne trouveront plus ici de place. Cependant ces royaumes spacieux sont encore peuplés d'un nombre suffisant pour les posséder et pour m'offrir dans ce haut temple des adorations convenables ; mais afin qu'il ne se glorifie pas dans son cœur de m'avoir enlevé des adorateurs, je songe à réparer ce dommage, si c'en est un que de perdre ce qui s'est corrompu de soi-même. Je vais à l'instant créer un autre monde, et d'un seul homme, une race d'hommes innombrables pour l'habiter, jusqu'à ce que, élevés par les degrés du mérite, ils s'ouvrent un chemin vers moi, après avoir été éprouvés sous une longue obéissance. En ce temps, la terre et les cieux prendront une face nouvelle il s'en formera un seul royaume, une joie et une union sans fin. Réjouissez-vous, célestes puissances ; et toi, mon Verbe, mon Fils que j'ai engendré de toute éternité, par toi j'accomplis ces merveilles ; parle, et qu'il soit fait.

» J'envoie avec toi ma puissance et mon esprit qui couvre tout de son ombre. Marche, commande au ciel et à la terre d'occuper un certain espace de l'abîme, de l'abîme sans bornes, mais rempli de mon immensité. Je me renferme en moi-même : sois le ministre et le dispensateur de ma bonté ; je ne l'ai point encore fait éclater ; elle est libre d'agir ou de ne pas agir. La nécessité et le hasard ne m'approchent point. Ma volonté fait le destin.

» L'Eternel parla en ces termes, et le Verbe accomplit ses décrets. Ce que Dieu fait se fait subitement : ses volontés ne sont point sujettes aux mesures du temps ni aux lois du mouvement ; mais pour s'accommoder à l'intelligence des hommes il faut une succession de paroles. Le ciel triompha et fut rempli de joie. « Gloire, dirent-ils, gloire au Très-Haut ; que sa bonne volonté s'étende sur les hommes futurs, et que la paix soit dans leur demeure. Gloire à celui dont la colère vengeresse a chassé les impies de sa vue et de l'habitation des justes. Gloire et louange à celui dont la sagesse a résolu de tirer le bien du mal, et d'élever sur les trônes, d'où les méchants se sont vus renversés, une meilleure génération qu'il comblera de biens pendant des siècles infinis.

» Prêt à consommer ces merveilles, le Fils parut ceint de la toute-puissance, couronné des rayons de la majesté divine ; la sagesse, l'amour immense et tout son Père brillaient en lui. Autour de son char s'assemblèrent sans nombre les chérubins, séraphins, potentats, trônes, vertus, esprits ailés, aussi bien que les chars de l'arsenal de Dieu qui de temps immémorial sont placés par millions entre deux montagnes d'airain, tout prêts pour un jour solennel. D'eux-mêmes (car l'esprit de vie était en eux), ils vinrent se présenter à leur seigneur. Le ciel ouvrit dans toute leur largeur ses portes éternelles qui rendirent un son harmonieux lorsqu'elles commencèrent à tourner sur leurs gonds d'or, afin de laisser passer le roi de gloire qui s'avance dans son Verbe puissant et dans son Esprit pour créer de nouveaux mondes. Ils s'arrêtèrent sur les confins de l'empirée, et du bord ils envisagèrent l'abîme vaste, immense, orageux comme la mer, sombre, affreux, désert, bouleversé par les vents furieux et par les vagues qui se soulevaient comme des montagnes pour affaiblir le haut des cieux, et pour confondre le pôle avec le centre.

» Cesse d'élever ta voix contre le ciel, abîme; vous, flots, faites silence, dit le Verbe; suspendez vos fureurs. A l'instant, porté sur les ailes des chérubins, il s'avança dans la gloire paternelle au milieu du chaos, et du monde encore à naître. Le chaos entendit au loin sa voix, l'armée céleste marchait en ordre brillant pour voir la création et les merveilles de sa puissance.

» Il arrêta ses roues ardentes, et dans sa main il prit le compas d'or préparé dans les desseins éternels de Dieu pour décrire cet univers. Il appuya une branche au centre, tourna l'autre en rond au travers de la vaste profondeur des ténèbres, et dit : Monde, étends-toi jusque là ; ici, borne-toi ; que ce soit là ta circonférence.

» Ainsi le Verbe créa le ciel et la terre ; matière informe et nue. L'obscurité profonde couvrait l'abîme, mais l'esprit de Dieu, étendant ses ailes fécondes sur les eaux, précipitait en bas la lie froide et mortelle, et insinuait une vertu et une chaleur vitale au travers de la masse fluide. Il réunit, jeta en moule les choses homogènes, et départit les autres en différentes places ; il fila l'air à l'entour, et la terre balancée sur elle-même fut suspendue sur son centre.

» Et Dieu dit : Que la lumière soit faite, et soudain jaillit, du fond de l'abîme, la lumière éthérée, quintessence pure, et la première des choses ; et de son orient natal elle commence à se mouvoir par l'air ténébreux, enchâssée dans un nuage brillant, car le soleil n'est pas encore ; ainsi elle séjournait dans un tabernacle nébuleux. Dieu vit que la lumière était bonne, et il sépara par l'hémisphère la lumière d'avec les ténèbres. Il appela la lumière *le jour*, et les ténèbres *la nuit*. Ainsi du soir et du matin se fit le premier jour ; et il ne se passa pas sans être chanté ni célébré par les célestes chœurs, quand ils virent la lumière naissante s'exhaler des ténèbres, au jour de la formation du ciel et de la terre. Ils remplirent de joie et d'acclamations la vaste concavité de l'univers, et, touchant leurs harpes d'or, ils glorifièrent dans leurs hymnes Dieu et ses ouvrages ; et dès ce même jour ils le bénirent en lui donnant le titre glorieux de Créateur.

» De nouveau, Dieu dit : Que le firmament soit fait au milieu des eaux, et qu'il sépare les eaux d'avec les eaux ; et Dieu fit le vaste firmament d'eau fluide, pur, transparent, élémentaire, étendu en circuit jusqu'à la convexité de ce grand orbe. Les eaux supérieures se trouvèrent ainsi divisées des inférieures par une séparation ferme et sûre ; car il bâtit le monde au milieu d'un vaste océan de cristal, comme il fonda la terre sur les eaux calmes qui l'environnent. Il recula au loin l'empire tumultueux du chaos, de peur que les extrémités se froissant violemment l'une contre l'autre ne troublassent toute la structure. Il donna au firmament le nom de ciel ; et les concerts angéliques célébrèrent le soir et le matin du second jour.

» La terre était formée ; mais, comme une masse imparfaite encore enveloppée dans le sein des eaux, elle ne paraissait point. Le grand Océan couvrait entièrement sa face, et il ne roulait point inutilement ses flots. Leur humeur féconde pénétrait le globe de la terre, abreuvait doucement la mère universelle, et la disposait à concevoir, quand Dieu dit : Vous, eaux, qui êtes sous le ciel, rassemblez-vous, et que l'aride paraisse. Aussitôt les monts firent voir dans les airs leurs dos vastes et nus, et portèrent leurs têtes vers les cieux. Autant quelques parties de la terre s'élevèrent en haut pour former les montagnes, autant d'autres parties s'affaissèrent, afin de faire un lit vaste, profond et spacieux pour les eaux. Elles y coururent avec précipitation et en se roulant par masses, comme on voit des gouttes rouler sur l'aride poussière ; une partie se poussait en avant comme un mur de cristal, tandis que le reste se jetait par-dessus en formant une chaîne de montagnes ; telle fut la vitesse que le grand commandement imprima aux flots agités. Comme des armées à l'appel des trompettes (car tu m'as entendu parler d'armées) se rangent sous leurs enseignes, ainsi la foule des eaux marchait entraînée dans la pente avec une rapidité de torrent, et dans la plaine coulant avec majesté. Les rochers mêmes et les montagnes ne les arrêtèrent point; mais, passant sous terre, ou faisant un grand détour en serpentant, elles choisirent leurs routes et creusèrent aisément leurs canaux profonds sur la terre molle et limoneuse, avant que Dieu l'eût raffermie et lui eût donné de se dessécher, à la réserve des lieux destinés au lit des rivières. Il donna le nom de *terre* à l'aride, et celui de *mer* au grand réservoir des eaux ; il vit ensuite que cela était bon, et il dit : Que la terre produise de l'herbe verte de l'herbe qui renferme sa semence, et des arbres fruitiers qui portent des fruits chacun selon son espèce, et dont la semence soit en eux-mêmes pour se renouveler sur la terre.

» Il dit, et la terre, jusque là déserte, nue, désagréable, poussa l'herbe tendre, dont la verdure étendit sur sa face un coloris charmant. Toutes sortes de plantes fleurirent, et, développant leurs couleurs variées, répandirent la joie sur son sein parfumé de douces odeurs. Celles-ci étaient à peine épanouies, que la vigne pleine de grappes serpenta de tous côtés, le lierre souple rampa, l'épi fertile se soutint en bataille dans son champ, puis l'humble arbrisseau et le buisson s'embrassèrent l'un l'autre. Enfin les arbres majestueux s'élevèrent pompeusement, et étendirent leurs branches chargées de fruits abondants ou garnies de boutons perlés. Les monts furent couronnés de futaies, les vallées et le bord des fontaines de bosquets touffus, et les rivières de belles bordures. Alors cette terre parut un ciel, un séjour où des archanges même auraient pû s'établir et se promener avec délices, ravis de la beauté de ces ombrages sacrés. Cependant la pluie n'était point encore tombée, et la main d'aucun homme ne cultivait les campagnes; mais il s'élevait de la terre un brouillard humide pour arroser les productions que Dieu avait créées. Dieu vit que cela était bon, et le soir et le matin marquèrent le troisième jour.

» Dieu dit encore : Qu'il y ait des corps lumineux dans la vaste étendue du ciel, afin qu'ils divisent le jour et la nuit, et qu'ils servent de signe pour marquer les saisons, les jours et le cercle des années qui luisent dans le firmament comme je l'ordonne, et que leur office soit d'éclairer la terre ; et cela fut ainsi. Et Dieu fit deux grands corps lumineux, grands par l'usage dont ils sont à l'homme, le plus grand pour présider au jour, le moindre pour briller à son tour pendant la nuit. Il fit aussi les étoiles, et les plaça dans le firmament pour luire sur la terre, pour régler alternativement le jour et la nuit, et pour séparer la lumière d'avec les ténèbres. Dieu considérant son grand ouvrage vit que cela était bon. Le premier des corps célestes qu'il forma fut le soleil, qui ne fut d'abord qu'une immense sphère sans lumière, quoique d'une substance éthérée : ensuite il forma la lune sphérique et des étoiles de toutes grandeurs ; il sema le ciel comme un champ d'astres nombreux ; il prit la plus grande partie de la lumière, et la transporta de son enceinte nébuleuse dans l'orbe du soleil ; l'astre était à la fois spongieux, afin qu'il attirât ce fluide dans ses pores, et ferme, pour qu'il pût retenir l'assemblage de ses rayons. Cet astre est à présent le grand palais de la lumière. Là, comme à leur source, les autres astres recourent, et dans leurs urnes d'or viennent puiser leurs feux. Par lui la planète du matin dore ses cornes, et toutes les autres planètes augmentent par la réflexion de ses rayons la petite clarté qui leur est propre, et que l'éloignement diminue à nos yeux. L'astre du jour parut d'abord à l'orient. Charmé de parcourir son vaste cercle dans la haute carrière des cieux, il éclairait l'horizon. L'aurore préparait son chemin, et les pléiades, dansant devant lui, versaient de douces influences. La lune moins brillante se montrait à l'occident avec une face arrondie : miroir du soleil, elle empruntait de lui sa lumière. Sa position par rapport à cet astre la dispensait de briller par elle-même ; elle se retirait à mesure qu'il avançait : la nuit vint, et la lune se fit voir à son tour du côté du levant, roula sur le grand axe des cieux, et tint la royauté dont elle fit part à mille autres flambeaux, à mille et mille étoiles qui émaillèrent en ce jour l'hémisphère. Alors, pour la première fois ornés de mobiles et brillants luminaires, le soir et le matin couronnèrent avec joie le quatrième jour.

» Et Dieu dit : Que les eaux produisent des animaux vivants qui nagent dans l'onde, et que les oiseaux volant sur la terre déploient leurs ailes par les régions des airs. Et Dieu créa les grandes baleines et tous les animaux qui se meuvent dans l'air ou dans l'onde, avec tous les oiseaux pourvus d'ailes chacun selon son espèce ; il vit que cela était bon, et il les bénit, disant : Croissez, multipliez, remplissez les eaux de la mer, des lacs et des rivières, et que les oiseaux s'étendent sur la terre.

» Aussitôt les détroits et les mers, les anses et les baies fourmillèrent d'une multitude de poissons, qui, pourvus de nageoires et couverts d'écailles luisantes, fendirent les ondes vertes, et s'avancèrent sans crainte au milieu de l'Océan. Quelques-uns solitaires, d'autres avec leurs semblables, paissent l'herbe de la mer, et se promènent dans les bocages de corail. Tantôt ils se jouent en effleurant subtilement la surface des eaux, tantôt ils montrent au soleil leurs robes changeantes et dorées. Quelques-uns, retirés dans leurs coques perlées, attendent à leur aise une nourriture liquide. Le veau de mer et le dauphin voûté folâtrent légèrement sur la plaine calme ; d'autres, prodigieux en grandeur, se roulent pesamment avec leur masse énorme et soulèvent l'Océan. Léviathan, la plus monstrueuse de toutes les créatures vivantes, dort étendu comme un promontoire sur les eaux profondes, ou nage semblable à une terre mouvante, et rejette par ses naseaux une mer qu'il attire par ses ouïes.

» Cependant les contrées tièdes, les marais et les rivages font éclore des couvées nombreuses. Déjà l'œuf animé par la chaleur s'entr'ouve heureusement, et montre au jour les petits encore tendres et nus ; mais bientôt fournis de plumes et d'ailes, ils les déploient, et prenant hardiment l'essor, ils méprisent la terre et la couvrent comme un nuage. L'aigle et la cigogne bâtissent leurs aires sur les rochers et sur le sommet des cèdres. Quelques-uns dispersés battent la campagne ; d'autres par un instinct merveilleux s'avancent ensemble sur deux files dont le front se resserre. Les saisons leur sont connues, et conduisant au-dessus des mers et des terres leurs caravanes aériennes, ils volent dans les nues, et se relaient alternativement pour soulager leur vol. Ainsi les prudentes grues dirigent chaque année leurs voyages portées par les vents. L'air flotte sur leur passage, et cède aux efforts de leurs plumes innombrables. De branche en branche les plus petits oiseaux voltigeants égaient les bois par leur ramage, et étendent leurs ailes colorées jusqu'à ce que la nuit leur marque la retraite ; alors le rossignol mélodieux ne discontinue point ses chants, mais toute la nuit il répète ses tendres lais. D'autres sur les lacs argentins et sur les rivières baignent leur gorge pleine d'un tendre duvet. Le cygne au long cou majestueusement recourbé, relevant comme un manteau royal ses ailes blanches, porte en avant son beau corps, et ses pieds lui servent d'avirons : il quitte quelquefois les eaux, et s'élevant sur ses ailes nerveuses, il fend la moyenne région de l'air. D'autres marchent d'un pas ferme sur la terre. Tel est cet animal orné d'une crête superbe, le coq dont le timbre éclatant sonne les heures du silence ; et cet autre que rendent tout fier ses yeux étoilés et les brillantes nuances de l'arc-en-ciel dont sa queue est colorée. Les eaux furent ainsi remplies de poissons, et l'air d'oiseaux ; et le soir et le matin solennisèrent le cinquième jour.

» Le sixième et le dernier jour de la création se leva, et les harpes du soir et du matin retentirent quand Dieu dit : Que la terre produise des animaux vivants et domestiques, les reptiles et les bêtes sauvages selon leurs différentes espèces. La terre obéit, et dans l'instant son sein fertile produisit une infinité de créatures vivantes, et de grands animaux tous formés et parfaits dans leurs membres. Les animaux sauvages sortirent de la poussière comme de leur séjour ordinaire, et animèrent les déserts, les forêts, les antres et les buissons : ils s'élevèrent et marchèrent en couples parmi les arbres. Les animaux domestiques parurent dans les champs et dans les vertes prairies. Les premiers étaient rares et solitaires, les autres nombreux et attroupés. Les mottes entr'ouvertes laissent passage tantôt à la génisse, tantôt au lion. Ce dernier impatient, frappe du pied, puis il s'élance comme échappé de ses liens, et secoue, en se cabrant, sa crinière hérissée. L'once, le léopard et le tigre soulevèrent la terre qu'ils fendirent avec leurs griffes tranchantes. Le cerf léger leva hors de terre sa tête branchue. Behemoth, le plus gros des enfants de la terre, se dégagea péniblement du moule qui retenait son vaste colosse. Les troupeaux bêlants poussèrent comme des plantes. Indécis entre la mer et la terre, le cheval marin et le crocodile écaillé se montrent au jour. Une infinité de créatures rampantes, d'insectes ou de vermisseaux sortent par différentes ouvertures. Ceux-là remuèrent leurs ailes souples, et découvrirent de petits traits fins et réguliers ornés des plus superbes livrées de l'été, avec des marques d'or, de pourpre, d'azur et de sinople. Ceux-ci, se traînant lentement, sillonnèrent la campagne, et ne furent point les moindres productions de la nature. Quelques-uns, de l'espèce des serpents, merveilleux en longueur et en corpulence, soulevèrent avec des ailes leur corsage tortueux. D'abord rampa la fourmi économe; son corps, tout petit qu'il est, renferme un grand cœur; et, dans sa république réunie en tribus populaires, elle sera peut-être un jour le modèle de la juste égalité. Après parut en essaim l'abeille diligente qui, nourrissant délicieusement le bourdon son époux, construisit ses cellules de cire, et les remplit de miel. Le reste des animaux est sans nombre; tu sais leur nature, et tu leur as donné des noms qu'il n'est pas besoin de répéter. Tu connais aussi le serpent; il est le plus subtil de toutes les bêtes de la terre. Sa grandeur énorme, ses yeux d'airain et sa vaste crinière le rendent terrible aux animaux; mais loin d'être malfaisant pour toi, il obéit à ta voix.

» Déjà les cieux brillaient dans toute leur gloire, et roulaient suivant les mouvements que leur avait imprimés la puissante main du premier moteur. La terre parfaite et consommée dans sa beauté souriait agréablement. L'air, l'eau, la terre, étaient peuplés d'oiseaux, de poissons, d'animaux qui volaient, nageaient, marchaient.

» Mais il restait quelque chose à faire en ce sixième jour. Le chef-d'œuvre n'était point encore formé. Il manquait une créature qui ne fût ni courbée vers la terre, ni brute comme les autres, mais d'une stature droite et haute, levant aux cieux un front serein; qui, douée de sainteté et de raison, et se connaissant elle-même, pût gouverner les autres de concert avec le ciel; qui, bien qu'elle sentît sa propre grandeur, fût toujours prête à reconnaître et à adorer son Dieu, son auteur. C'est pourquoi l'Eternel se fit entendre à son Fils en ces mots : Faisons l'homme à notre image et à notre ressemblance; qu'il domine sur les poissons de la mer, sur les animaux qui fendent les airs, sur les bêtes des champs, et sur tous les reptiles qui se traînent sur la terre. Ayant fini ces mots, il te forma, ô Adam, toi homme, poussière de la terre, et répandit sur ton visage un souffle de vie; il te créa à sa propre image, à l'image expresse de Dieu, et tu devins une âme vivante. Il te créa mâle, et te donna une compagne d'un autre sexe, pour peupler la terre; puis il bénit le genre humain, et dit : Croissez, multipliez, remplissez le monde, et dominez d'un bout à l'autre sur les poissons de la mer, sur les oiseaux de l'air, et sur toutes les créatures vivantes qui se remuent sur la terre. Ensuite, comme tu sais, il te plaça dans ce bocage délicieux, dans ce jardin planté d'arbres divins, délectables à la vue et au goût, et il te donna libéralement pour nourriture leurs fruits excellents. Tu trouves ici une variété infinie, mais tu ne saurais toucher à l'arbre dont le goût produit la connaissance du bien et du mal. Le jour où tu en mangeras, tu mourras. La mort est la peine imposée. Sois sur sur tes gardes, et commande bien ton appétit, de peur que le péché et la mort, sa noire compagne, ne te surprennent. Ici Dieu finit son ouvrage, et considérant ce qu'il avait fait, il vit que tout était parfaitement bon. Ainsi le matin et le soir accomplirent le sixième jour. Alors le Créateur se reposa, mais ce repos ne fut que la cessation du travail; rien ne pouvait le fatiguer. Il remonta au ciel des cieux, sa haute demeure. Il considéra de là ce nouveau monde, l'accroissement de son empire; il fut content de son ouvrage en voyant la perspective qui se présentait à son trône, et combien il était bon, rempli de beauté, et répondant à sa grande idée. Il s'avança au bruit des acclamations et de la symphonie de dix mille harpes qui faisaient entendre une harmonie divine. La terre, l'air, en retentirent. Tu t'en souviens, tu l'entendis. Le ciel et ses constellations s'abaissèrent, les planètes attentives suspendirent leur cours, pendant que la brillante cour montait ravie de joie. Ouvrez-vous portes éternelle, chantèrent-ils; vous, cieux, ouvrez vos portes vivantes; laissez entrer le grand Créateur qui revient après avoir achevé son œuvre magnifique; ouvrez-vous, et désormais attendez-vous à être souvent ouvertes. Le Seigneur se fera un plaisir de visiter la demeure des justes. Il y dépêchera fréquemment ses courriers ailés pour y répandre ses grâces. Ainsi chantaient les glorieuses légions dans leur marche; cependant, à travers le ciel qui ouvrit de toute leur grandeur ses portiques brillants, il fit un chemin qui va droit au palais éternel, une route large et superbe dont la poussière est d'or et le pavé formé d'astres nombreux; ainsi se montre en Galatie cette voie lactée qui de nuit te paraît une zone semée d'étoiles.

» Le septième soir s'avançait sur la terre d'Eden, car le soleil était couché, et le crépuscule qui devance la nuit partait de son orient, quand le Fils du Tout-Puissant arriva au sommet élevé du saint mont des cieux, au trône de Dieu, fixe, ferme et assuré pour jamais. Il s'assit avec son auguste Père présent à tout, quoique toujours assis sur son trône (tel est le privilége de l'immensité), et il avait ordonné l'ouvrage, auteur et fin de toutes choses. La création étant finie, il bénit et sanctifia le septième jour, comme un jour de repos après tous ses ouvrages. Ce jour pourtant ne fut point sanctifié par le silence : la harpe ne resta point suspendue dans l'inaction. La flûte grave, le timpanon, les orgues mélodieuses, et toutes sortes d'instruments, soit à cordes, soit à fils d'or, formèrent un concert relevé de voix, en parties ou à l'unisson : des nuages d'encens cachèrent la sainte montagne. Ils chantèrent la création et l'œuvre de six jours. « Tes ouvrages sont grands, Jéhovah, ton pouvoir est infini! Quelle pensée peut te mesurer? quelle langue peut exprimer ta grandeur? Elle éclate encore plus dans la création que tu viens de faire que dans la destruction des esprits audacieux. Tes foudres montrèrent en ce jour ta force ; mais il est plus grand de créer que de détruire. Puissant roi, rien ne peut borner ton empire absolu : qui oserait te le disputer? Tu as réprimé l'attentat orgueilleux, et les vains projets des esprits apostats. Ils voulaient t'abattre ; mais en te refusant l'hommage qui t'est dû, ils ont prouvé leur folie et fait briller ta puissance. De la malice même tu sais tirer le bien : ce monde nouveau en sera l'éternel témoignage. Nous y découvrons un autre paradis situé près de la porte du ciel ; ses fondements ont été posés sur le cristal des airs ; son étendue immense contient des astres sans nombre, dont chacun sera peut-être quelque jour un monde habité ; mais tu sais leur destination; tes yeux considèrent toute la terre que tes enfants doivent habiter. O trois fois heureux les hommes que Dieu a créés à son image pour habiter le monde, et pour adorer sa divinité; pour dominer sur tous ses ouvrages, tant sur la terre que dans la mer et dans l'air ; pour multiplier une race d'adorateurs justes et saints ! O trois fois heureux s'ils connaissent leur bonheur, et s'ils persévèrent dans l'obéissance ! »

» Ainsi chantèrent les anges, et l'empirée retentit des cantiques de joie. Ainsi fut observé le jour du repos. Telle est l'origine de tout ce qui a été créé avant toi : instruis-en ta postérité. Vois à présent si j'ai rempli ton attente; et si tu veux savoir quelque autre chose qui n'excède pas la portée de l'homme, tu n'as qu'à parler. »

ARGUMENT DU LIVRE HUITIÈME.

Adam fait diverses questions sur les mouvements célestes. Il reçoit une réponse douteuse, et une exhortation de chercher plutôt à s'instruire de ce qui lui peut être utile. Il y souscrit, et pour retenir Raphaël il lui rapporte ses premières idées après sa création ; comment il fut enlevé dans le paradis terrestre ; son entretien avec Dieu touchant sa solitude. Il obtient une compagne, et raconte à l'ange quels furent ses transports en la voyant. Raphaël lui fait là-dessus une leçon utile, et retourne au ciel.

LIVRE HUITIÈME.

L'ANGE cessa de parler ; sa voix laissa dans l'oreille d'Adam une impression si ravissante qu'il croyait toujours l'entendre, et qu'il continuait d'être attentif : enfin il revint à lui comme quelqu'un qui s'éveille, et il fit ainsi éclater sa reconnaissance :

« Non, je ne saurais te rendre assez de grâces, divin interprète ; tu as pleinement étanché la soif de science dont j'étais altéré, et ta bonté nous a appris des choses que sans toi nous n'eussions jamais pénétrées : elles nous ont frappé jusqu'au ravissement ; il est juste que nous en rendions gloire au Très-Haut ; mais il me reste encore un doute que tu peux seul me résoudre. Quand je considère l'admirable structure et la grandeur de ce monde composé du ciel et de la terre ; quand je songe que cette terre comparée au firmament n'est qu'une motte de terre, un grain, un atôme ; lorsque d'un autre côté 'envisage ces étoiles nombreuses qui semblent parcourir des espaces incompréhensibles, car la distance de ces astres et la promptitude de leur retour journalier en sont une preuve, je me perds dans mes raisonnements. Est-il possible, dis-je, que tant de merveilleuses substances soient uniquement faites pour répandre jour et nuit la lumière sur un objet aussi petit que le globe terrestre? Comment la nature, économe et sage, est-elle tombée dans de telles disproportions? Pourquoi d'une main peu discrète a-t-elle créé pour un usage qui paraît si borné tant de corps plus grands et plus sublimes? Fallait-il sans aucun relâche imposer à leurs orbes une semblable course qu'ils recommencent tous les jours; tandis que la terre, qui pourrait faire un moindre circuit en tournant sur son centre, est servie par des êtres plus nobles qu'elle-même, reste dans un profond repos, et tire à tous moments un tribut de chaleur et de lumière qui parviennent jusqu'à elle avec une activité dont les corps ne sont point capables, et dont les nombres mêmes ne sauraient exprimer la vitesse?»

Ainsi parla notre premier père, et sa contenance fit connaître qu'il allait se livrer à des spéculations abstraites et profondes. Eve, que la bienséance avait retenue jusqu'ici avec eux, mais que la modestie avait empêchée d'entrer dans la conversation, s'en aperçut. Elle se leva avec humilité, mais en même temps avec grâce, et se retira pour visiter les fruits, les plantes et les fleurs qui désiraient sa présence. Ce n'est pas qu'elle s'ennuyât de leurs discours, ou que des entretiens si sublimes fussent au-dessus de sa portée; mais elle se réservait le plaisir d'en entendre le récit de la bouche d'Adam quand elle serait seule avec lui. Elle crut qu'il conviendrait mieux d'exposer ses doutes à son époux, et qu'elle serait plus en droit de lui faire des questions qu'au céleste ministre.

Après qu'elle se fut éloignée, Raphaël répondit avec une douce complaisance aux doutes qu'Adam avait proposés.

« Je ne blâme point l'envie que tu as de t'instruire. Le ciel est comme le livre de Dieu, il est devant toi pour que tu y lises ses merveilles, et pour que tu connaisses les saisons, les heures, les jours, les mois et les années. Mais il n'importe point de savoir si le ciel se meut, ou la terre ; il suffit que tes calculs soient justes. Le grand architecte a fait sagement de cacher plusieurs choses aux hommes comme aux anges, et de ne point prodiguer ses secrets : on doit plutôt les admirer que chercher à les approfondir. Peut-être même a-t-il abandonné cette structure céleste aux jugements des humains, pour se jouer de leurs vagues et folles opinions, lorsqu'ils viendront dans la suite des temps à faire le plan des cieux, et à calculer les étoiles. Il se rira des vains efforts de leur esprit quand ils travailleront à remuer la puissante machine de l'univers. Que n'imagineront-ils point pour expliquer les divers phénomènes ? Ils construiront, détruiront, réformeront ; ils ceindront péniblement la sphère de cercles concentriques, d'excentriques, de cycles, d'épicycles, d'orbes les uns dans les autres. Par tes raisonnements je conjecture ceux de tes descendants, car ta conduite entraînera ta postérité. Tu trouves qu'il n'est pas convenable que des corps plus grands et lumineux en servent un moindre qui n'est pas brillant, et que le ciel fasse tant de chemin pendant que la terre se repose toujours, quoiqu'elle reçoive seule tout l'avantage. Considère d'abord que le grand ou le brillant ne sont pas des marques assurées de l'excellence. La terre, quoique si petite et sombre, en comparaison des cieux, peut posséder quelque chose de plus parfait que le soleil qui n'a que de l'éclat, et dont la vertu, inutile à soi-même, opère seulement sur la terre fertile. C'est là premièrement que ses rayons, d'ailleurs oisifs, exercent leur activité ; encore ses feux ne sont-ils point faits pour le service de la terre, mais pour toi, habitant de ce globe. La vaste circonférence du ciel publie la magnificence de l'auteur qui l'a formé ; son étendue annonce à l'homme qu'il ne possède point en propre ce monde, édifice trop spacieux pour lui : aussi n'en occupe-t-il qu'une petite portion ; le reste est ordonné pour des usages mieux connus à son souverain. Attribue la rapidité, quoique inconcevable, de ces cercles à la toute-puissance, qui pouvait donner aux substances corporelles une activité presque spirituelle. Si cela t'étonne, quelle sera ta surprise quand je te dirai que, après l'aurore levée, je suis parti des palais où réside l'Eternel, et que je suis arrivé avant le midi en Eden, distance que tous les nombres connus ne sauraient exprimer. Tu vois par là combien est faible ce qui t'a excité à douter. Cependant je t'avertis que je n'ai fait que supposer ce mouvement du ciel; je ne l'affirme point, quoi qu'en disent tes yeux. Mais les sens sont trompeurs. L'Eternel a placé des espaces immenses entre le ciel et la terre, afin que la vue humaine, si jamais elle veut trop embrasser, se perde comme dans un abîme, sans tirer aucun avantage de ses efforts. Que dirais-tu si le soleil était le centre du monde, et si les autres étoiles, répondant par une propriété merveilleuse à sa vertu attractive, roulaient autour de lui en différents cercles? Tu remarques des mouvements inégaux dans six astres : tu les vois tantôt hauts, tantôt bas, puis cachés, directs, rétrogrades ou stationnaires. Eh quoi! si la terre, étant elle-même pour les autres une septième planète, quoiqu'elle semble si stable, se mouvait insensiblement de trois mouvements différents, tu ne serais plus obligé alors de rapporter ces irrégularités à différentes sphères mues en des sens contraires, et qui se croisent obliquement : car c'est ce que tu es obligé d'admettre si tu fais tourner le soleil, et le grand mobile que tu places, sans le voir, au-dessus des étoiles, comme la roue du jour et de la nuit. Tu n'as pas besoin de toutes ces sphères, s'il est vrai que la terre industrieuse se procure elle-même le jour en voyageant vers l'orient, et qu'elle aille au-devant de la nuit en dérobant un hémisphère aux rayons du soleil, tandis que ces mêmes rayons éclairent l'autre moitié de son globe. La lune avec son flambeau, dissipant les ténèbres, égaie pendant la nuit l'obscurité de la terre. Que dirais-tu si la terre, renvoyant vers la lune cette lumière à travers les champs transparents de l'air, était, pendant que tu jouis du soleil, un astre nocturne pour cette planète? Conçois-tu que toutes deux peuvent être de même nature; que la lune peut avoir des campagnes et des habitants? Tu vois ses taches comme des nuages; les nuages se fondent en pluie, et la pluie ramollissant son terrain pourrait produire des fruits destinés pour la nourriture de quelques habitants. Peut-être même découvriras-tu un jour d'autres soleils, et dans leurs tourbillons d'autres lunes. Mais de quelque manière que soient les choses, soit que le soleil dominant dans le ciel se lève pour la terre, ou que la terre se lève à l'égard du soleil ; soit qu'il entre par l'orient dans sa carrière ardente, ou que, tournant sur son axe de l'occident à l'orient, la terre s'avance d'un pas ferme et réglé, et qu'elle t'emporte doucement avec l'air fluide, n'étends pas tes recherches au-delà des bornes que Dieu t'a prescrites : laisse-lui son secret ; songe seulement à le servir et à le craindre ; qu'il dispose à son gré des autres créatures, quelque part qu'elles soient placées : jouis de ce qu'il te donne, jouis de ce paradis. Le ciel est trop haut pour que tu puisses distinguer ce qui s'y passe. Sois humblement sage ; songe uniquement à ce qui te regarde. Ne t'occupe point d'autres mondes, des créatures qui s'y trouvent, de leur état, de leur condition, ni de leurs degrés ; mais contente-toi de ce qui t'a été révélé jusqu'ici touchant la terre et le ciel. »

Adam, satisfait de sa réponse, lui répliqua : « Quelle obligation ne t'ai-je point, pure intelligence ! De quel embarras ne m'as-tu point tiré ! Tu m'as enseigné à vivre de la manière la plus douce, sans me livrer à des pensées curieuses qui ne sont propres qu'à troubler le repos de la vie ; le Seigneur a voulu éloigner de nous les soins pénibles ; il nous épargnera les chagrins, à moins que nous ne les cherchions nous-mêmes dans l'égarement de nos pensées et de nos vaines notions. Mais l'esprit et l'imagination sont sujets à s'emporter s'ils ne sont retenus par aucun frein ; ils ne cessent point de s'égarer, jusqu'à ce que, instruits par l'expérience, ils apprennent que la vraie sagesse n'est point de savoir une infinité de choses étrangères à nos besoins, mais de connaître ce qui tous les jours peut être d'usage. Le reste n'est que fumée, n'est que vanité, et nous laisse sans expérience et toujours indécis dans les points qui nous intéressent le plus. Consens donc à descendre de ce haut degré ; prenons un vol plus bas : peut-être des objets plus simples me donneront-ils lieu de te demander d'utiles éclaircissements, si tu veux bien le souffrir, en me continuant tes bontés.

» Je t'ai entendu raconter ce qui a précédé ma création ; écoute maintenant mon histoire ; peut-être n'est-elle point venue jusqu'à toi. Le jour n'est point encore prêt de finir. Tu vois ce que je fais pour te retenir ; pourquoi parlerais-je, si je n'espérais pas de t'engager à me répondre ? Pendant que je suis avec toi, je m'imagine être dans le ciel, et ton discours est plus doux à mon oreille que les fruits du palmier ne sont agréables, au retour du travail, à l'heure du repas. Ces fruits, quoique savoureux, lassent et rassasient ; mais tes paroles remplies d'attraits plaisent sans pouvoir causer de dégoût. »

« Père des hommes, lui répondit Raphaël avec une douceur céleste, tes lèvres ne sont point sans charmes, ni ta langue sans éloquence. Tu es créé à l'image de Dieu ; il a versé abondamment sur toi ses dons tant intérieurs qu'extérieurs ; les grâces accompagnent tes paroles, et la noblesse de ton origine se fait sentir jusque dans ton silence. Dans le ciel même nous ne te regardons pas autrement que comme notre compagnon, serviteur du même maître, et nous cherchons avec plaisir les voies de Dieu envers l'homme ; car nous voyons que la Providence t'a couronné de gloire et qu'elle a répandu sur toi son amour. Parle donc. Le jour de ta création, je me trouvai chargé d'un voyage fâcheux : je fus envoyé en détachement, avec une légion choisie, pour faire une excursion vers les portes de l'enfer. Nous marchâmes tandis que Dieu était à son ouvrage. Il fallait empêcher que l'ennemi ne fît sortir du Tartare ses troupes ou ses espions, de peur que le Tout-Puissant, indigné d'une telle hardiesse, ne mêlât la destruction avec la création. Ne t'imagines pas pourtant que les rebelles osent rien entreprendre sans sa permission. S'il nous envoie porter ses ordres suprêmes, ce n'est que pour montrer sa grandeur et pour nous tenir dans l'obéissance que l'on doit à son souverain. Nous trouvâmes les portes effroyables de l'enfer étroitement fermées et barricadées ; mais de loin nous entendîmes au-dedans des sons tristes et lugubres, le bruit des tourments, des lamentations, les cris d'une rage furieuse. Nous retournâmes avec joie aux contrées de la lumière avant le soir du jour consacré au repos : tel était notre ordre. Mais raconte maintenant ; si tu as eu quelque plaisir à m'entendre, je n'en aurai pas moins à t'écouter. »

La puissance céleste s'exprima de la sorte, et notre premier père prit la parole : « Il est difficile à l'homme de dire comment la vie humaine à commencé. Connaît-on avant que d'exister! Mais le désir de converser plus longtemps avec toi m'engage à cet entretien.

» Comme nouvellement éveillé du plus profond sommeil, je me trouvai doucement couché sur l'herbe fleurie, trempé d'une sueur embaumée que le soleil, qui s'abreuve de l'humidité légère, sécha bientôt par ses rayons. Aussitôt je tournai vers le ciel mes yeux étonnés, et je regardai pendant quelques instants le vaste firmament, jusqu'à ce que, poussé par un subit mouvement d'instinct, je me dressai comme pour y monter, et je me tins debout sur mes pieds. Autour de moi, de toutes parts, je vis des montagnes, des vallées, des bois épais, des plaines découvertes et des ruisseaux qui fuyaient en murmurant ; j'aperçus encore des créatures qui vivaient, qui se remuaient, qui marchaient ou qui volaient. Des oiseaux chantaient sur les branches ; l'air était parfumé, tout riait, mon cœur nageait dans la joie. Quelquefois j'allais, quelquefois je courais pour me délier les membres et pour éprouver ma force ; mais je ne savais point qui j'étais, où je me trouvais, ni comment j'existais. J'essayai de parler, et d'abord je parlai ; ma langue obéit, et sur-le-champ nomma tout ce qui se présenta à mes yeux. Toi, soleil, dis-je, belle lumière, et toi, terre, séjour enchanté, montagnes, vallées, rivières, bois, plaines, et vous qui vivez et qui vous remuez, belles créatures, dites, si vous l'avez vu, comment ai-je reçu l'être ? comment suis-je venu ici ? ce n'est point de moi-même : j'ai donc été formé par quelque grand créateur prééminent en bonté et en puissance. Dites-moi, comment puis-je le connaître ? comment dois-je adorer celui de qui j'ai reçu tant de grâces, la vie, le mouvement et le sentiment d'un bonheur plus grand que je ne saurais l'exprimer ?

» A ces mots, je partis sans savoir où j'allais ; je m'éloignai de l'endroit où j'avais d'abord respiré l'air, et envisagé pour la première fois cette heureuse lumière ; enfin, comme je ne recevais nulle réponse, je m'assis pour méditer à l'ombre, sur un banc de verdure garni de fleurs. Là un tendre sommeil pour la première fois me surprit, saisit d'un doux accablement mes sens assoupis, et cela sans aucun trouble, quoique je crusse alors que je repassais insensiblement à mon premier état, et que je rentrais dans le néant. Soudain je sentis placer sur ma tête un songe dont la vision agréable me fit croire que j'existais encore, et que je vivais. Quelqu'un dont le port me semblait divin s'approcha et me dit : Adam, père des hommes, et le premier d'entre eux, lève-toi : ta demeure t'attend. Je viens pour te conduire au jardin de délices que je t'ai préparé.

» Il me prit par la main, m'enleva, et par-dessus les campagnes et les rivières, me transportant doucement en l'air, il me remit sur une montagne couverte d'un bois charmant. Le sommet formait une grande plaine : je vis un enclos vaste et planté des plus beaux arbres, avec des promenades et des berceaux, tels que je ne trouvais presque plus rien de beau dans ce que j'avais auparavant admiré sur la terre. Chaque arbre chargé des fruits les plus exquis et les plus séduisants excita en moi un appétit soudain de cueillir et de manger ; je m'éveillai, et je trouvai réellement devant moi tout ce que j'avais vu en songe.

» J'aurais ici recommencé ma course vagabonde, si la divine présence de celui qui m'avait conduit sur la hauteur ne m'eût apparue entre les arbres. Plein de joie, mais en même temps de crainte et de respect, je me jetai à ses pieds en l'adorant.

» Il me releva, et me dit avec douceur : « Je suis celui que tu cherches, auteur de tout ce que tu vois au-dessus, à l'entour et au-dessous de toi. Je te donne ce paradis ; c'est à toi de le cultiver. Mange librement de tous les fruits qui croissent dans le jardin : ne crains point ici de disette ; seulement tu ne toucheras point à l'arbre qui te donne la connaissance du bien et du mal, et qui est placé au milieu du jardin près de l'arbre de vie. Je t'en défends l'usage. Cette légère abstinence sera le gage de ta foi et la preuve de ton obéissance. Qu'il te souvienne de l'avertissement que je te donne. Abstiens-toi d'en goûter; sache qu'au jour que tu en mangeras et que tu transgresseras mon ordre unique, tu mourras. Dévoué dès ce jour-là à la mort, et privé de ton heureux état, tu seras relégué dans un monde de malheur et de tristesse. »

» Il prononça d'un ton sévère la défense rigide, dont mon oreille retentit encore d'une façon terrible, quoiqu'il soit en mon pouvoir de n'en point encourir l'effet; mais bientôt il reprit un aspect serein.

« Je ne t'abandonne pas seulement, me dit-il, cette belle enceinte; je te livre encore toute la terre. J'en donne la souveraineté à toi et à tes enfants. Possède-la en commun avec eux, et domine sur tout ce qui respire ici-bas dans la mer ou dans l'air, bêtes sauvages, poissons et animaux domestiques. Pour t'en assurer par un signe, voilà les oiseaux et les animaux suivant leurs différentes espèces; je te les amène pour recevoir de toi leurs noms, et pour t'offrir leurs hommages. Ton empire s'étendra aussi sur les poissons qui restent dans leur demeure aquatique; ils ne se présentent point ici, l'air est trop subtil pour eux. »

» Comme il achevait ces mots, les oiseaux et les animaux s'approchèrent deux à deux, ceux-ci se traînant contre terre d'une manière caressante, ceux-là battant des ailes en s'abaissant vers moi; je les nommais à mesure qu'ils passaient; je connaissais leur nature : tant était grande la pénétration que Dieu m'avait subitement donnée! Mais, parmi toutes ces créatures, je ne trouvai point ce qui me manquait encore, comme il me semblait; ainsi je pris la liberté de parler à la céleste vision.

» O! de quel nom t'appellerai-je, toi qui es au-dessus de toutes ces espèces, au-dessus du genre humain, et de ce qui est encore plus haut que le genre humain! tu surpasses tous les noms que je peux te donner. Comment puis-je t'adorer, auteur de cet univers créé en faveur de l'homme, pour le bonheur duquel tu as si abondamment préparé de tes mains libérales tant de faveurs! Mais je ne vois personne qui les partage avec moi. Quelle félicité peut-on goûter dans la solitude, et seul dans la jouissance de tout, quel contentement peut-on trouver? Je fus assez présomptueux pour parler ainsi; et la vision brillante, avec un sourire qui en relevait l'éclat, me répondit :

« Qu'appelles-tu solitude? La terre et l'air ne sont-ils pas remplis de diverses créatures? Ne sont-elles pas toutes à ton commandement pour contribuer à tes plaisirs? N'entends-tu pas leur langage? Leurs actions ne te disent-elles rien? Elles ont un instinct qui égale presque la science, et elles s'expriment d'une manière si rapprochée du raisonnement qu'elles peuvent t'amuser. Fais-en donc tes plaisirs, et gouverne-les. Ton royaume est suffisamment étendu. » Ainsi parla le souverain de l'univers, semblant dicter des ordres; mais après avoir demandé avec une humble prière la permission de lui parler, je répondis :

» Que mes paroles ne t'offensent pas, céleste puissance; mon créateur, sois-moi propice tandis que je parle. Ne m'as-tu pas ici commis à ta place? Ceux-ci ne sont-ils pas des inférieurs au-dessous de moi? Entre inégaux, quelle société peut s'assortir? Quelle harmonie ou quel vrai plaisir peut s'y trouver? L'amitié veut des engagements réciproques; elle se fonde sur un juste rapport d'humeur et de condition : celui qui domine et celui qui doit obéir ne se plairont jamais, mais ils s'ennuieront bientôt l'un l'autre. Je parle d'une société telle que je la cherche, propre à partager les plaisirs raisonnables que la brute ne connaît point. Chacun des animaux s'amuse avec son semblable; ils s'attachent à leur espèce. L'oiseau ne pourrait pas si bien se satisfaire avec les bêtes sauvages, ni le poisson avec les animaux domestiques, ni le singe avec le bœuf : l'homme peut encore moins converser avec les animaux.

» Le Tout-Puissant me répondit avec bonté : « Je vois, Adam, que tu te proposes un bonheur délicat dans le choix de tes associés, et que tu ne saurais goûter de plaisirs dans la solitude, quelque agréables qu'ils puissent être. Que penses-tu donc de moi, de mon état? Je suis seul de toute éternité, car je ne connais ni second, ni semblable, encore moins d'égal; avec qui donc puis-je m'entretenir, si ce n'est avec mes productions, qui ont plus de disproportion avec moi que les moindres de mes créatures n'en ont avec toi? »

« Il cessa ; je répondis humblement : Toute pensée humaine est bien éloignée de pouvoir pénétrer la hauteur et la profondeur de tes voies éternelles, suprême auteur de tous les êtres : tu es parfait, et rien ne manque à ton bonheur. Il n'en est pas ainsi de l'homme : borné de sa nature, il sent en lui-même un désir secret de remédier ou de se dérober à son imperfection par la conversation avec son semblable ; il n'est pas besoin non plus que tu te multiplies, étant déjà infini et absolu de tout point, quoique unique : mais l'homme trop défectueux pour l'unité doit faire voir par le nombre sa propre insuffisance. Il faut donc qu'il produise son semblable de son semblable, et qu'il soit soutenu par un amour mutuel et par une compagne qu'il puisse chérir. Quoique seul, tu es excellemment accompagné de toi-même, et tu n'as besoin de société ni de communication ; cependant, si tu le voulais, tu pourais porter tes créatures à telle hauteur qu'il te plairait, et tu pourrais les rapprocher de plus en plus de ta divinité. Pour moi, je ne saurais par la conversation relever ceux-ci de rampants qu'ils sont vers la terre, ni trouver de plaisir dans leur commerce.

» J'usai de la liberté qui m'avait été accordée ; je parlai de la sorte, et je fus écouté. J'obtins cette réponse :

« Adam, j'ai voulu voir jusqu'où allait ta pénétration, et je trouve que tes lumières ne se bornent point à connaître la nature des animaux. Les noms que tu leur as donnés expriment leurs divers caractères : tu te connais encore toi-même. L'esprit qui t'anime se fait voir en tes discours. Mon image empreinte sur ton front n'a point passé jusqu'aux animaux ; tu as raison de mépriser leur société, elle est peu convenable pour toi ; pense toujours de même. Avant que tu parlasses, je savais qu'il n'était pas bon pour l'homme d'être seul ; aussi ne te destinais-je pas pour compagne celle que tu as vue. Je ne te l'ai montrée que pour t'éprouver, et pour voir comment tu jugeais de la convenance des choses. Celle que bientôt je te présenterai te plaira, tu peux en être certain : tu trouveras en elle ta ressemblance, un aide convenable, un autre toi-même, exactement conforme aux désirs de ton cœur. »

» Il cessa de parler, ou bien je n'entendis plus. Ma faiblesse ne put soutenir plus longtemps ce sublime entretien. Accablée de sa divinité et éblouie de sa gloire, elle tomba dans une espèce d'étourdissement : j'appelai le sommeil à mon aide, et je me jetai dans ses bras pour réparer mes esprits épuisés : il vint à moi et me ferma les yeux. Il ferma mes yeux, mais il me laissa le libre usage de l'imagination, qui est ma vue intérieure. Par elle, transporté comme en extase, tout endormi que j'étais, je vis auprès de moi l'Être glorieux en présence duquel je m'étais trouvé pendant que je veillais : il se baissait contre moi, m'ouvrait le côté gauche, et en prenait une côte fumante de sang spiritueux, principe de la vie : la blessure fut large; mais soudain remplie de chair, elle fut guérie. Il pressa la côte et la façonna de ses mains. Entre ses mains artistes crût une créature pareille à l'homme, mais d'un sexe différent; elle était d'une beauté, d'une amabilité incomparables. Sa présence répandait partout l'esprit d'amour et de joie. Elle disparut, et la tristesse me saisit. Je me réveillai en sursaut, résolu de la trouver. Je l'aperçus à quelques pas, telle que je l'avais vue dans mon songe, ornée de tout ce que la terre ou le ciel pouvaient verser sur elle pour la rendre aimable. Elle vint à moi conduite par son divin créateur tout invisible qu'il était, et instruite des devoirs de son état. La grâce était dans ses pas, le ciel dans ses regards, et dans chaque geste la dignité et l'amour. Transporté de joie, je ne pus m'empêcher de crier à haute voix :

» Voilà mon souhait! Tu as accompli tes paroles, créateur bon et bienfaisant. Tu m'as donné une infinité de biens; mais je vois maintenant l'os de mes os, la chair de ma chair, moi-même devant moi; elle tirera son nom de l'homme, parce qu'elle a été prise de l'homme; c'est pourquoi il abandonnera son père et sa mère, et s'attachera à son épouse, et ils ne feront qu'une chair, qu'un cœur et qu'une âme.

» Elle m'entendit; une puissance surnaturelle l'entraînait vers moi : cependant l'innocence et la modestie virginale, sa vertu, et je ne sais quel sentiment intérieur, lui firent connaître qu'elle devait se laisser rechercher, et que ce n'était point à elle à faire les premières démarches ; ou , pour dire tout, la loi de la nature gravée dans son cœur innocent l'obligea à baisser la vue et à se détourner. Je la suivis ; elle fut touchée de l'honneur que je lui rendais, et avec une majesté complaisante elle m'accepta pour époux. »

Adam alors cessa de parler. « Père des hommes, lui dit Raphaël, ta parole est pleine d'agrément, et c'est avec un vrai plaisir que je t'ai entendu raconter ta propre histoire. Maintenant il faut que je te quitte. Le soleil est déjà parvenu au-delà du cap Vert et des îles Hespérides ; c'est pour moi le signal du départ. Allons, persiste dans le bien, et vis heureux. Mais surtout aime par-dessus toutes choses celui dont on doit remplir les commandements par amour. Prends garde que la passion ne fausse ton jugement, et ne t'engage à faire des choses indignes de toi. Ton sort et celui de tes enfants est entre tes mains. Ta persévérance sera ma joie et celle de tous les bienheureux. Tiens-toi ferme ; il est au pouvoir de ton libre arbitre de te soutenir ou de te laisser tomber. Dieu t'a accordé les moyens nécessaires pour persévérer. »

En achevant ces mots, Raphaël se leva. Adam le suivit en le comblant de bénédictions. « Puisqu'il te faut partir, va, hôte céleste, messager divin, envoyé de celui dont j'adore la bonté souveraine. Ta condescendance pour moi a été excessive, et elle sera honorée à jamais de ma reconnaissance. Soit toujours protecteur et ami du genre humain, et reviens souvent vers nous. »

Ils se séparèrent de la sorte ; l'ange se retira au ciel, et Adam à son berceau.

ARGUMENT DU LIVRE NEUVIÈME.

Satan ayant parcouru la terre, et s'étant armé de malice, revient de nuit comme un brouillard dans le Paradis. Il s'insinue dans le serpent tandis qu'il dormait. Adam et Eve sortent au lever de l'aurore pour leurs occupations ordinaires. Eve propose de s'écarter l'un de l'autre, et de travailler séparément. Adam s'y oppose, alléguant le danger prochain, et la crainte qu'il a que l'ennemi dont ils ont été avertis ne vienne la tenter quand elle sera seule. Eve, touchée de ce qu'il ne la croit pas assez circonspecte ni assez ferme, persiste dans sa première idée, afin de faire preuve de sa vertu. Adam se rend à la fin. Le serpent la trouve seule et l'aborde avec souplesse. D'abord il la regarde, ensuite il lui parle en termes flatteurs, et l'élève au-dessus de toutes les créatures. Eve, surprise de l'entendre parler, lui demande comment il a acquis la voix et la raison humaine, qu'il n'avait point dans son origine. Le serpent répond que le fruit d'un certain arbre du jardin lui a procuré ces avantages. Eve le prie de la conduire à cet arbre. Elle trouve que c'est celui de la science qui leur était interdit. Le serpent l'engage à manger du fruit ; elle le trouve exquis, et elle délibère quelque temps si elle en fera part à Adam, ou non. Enfin elle lui porte une branche garnie de ses fruits. Adam fut d'abord consterné ; mais, par un excès d'amour, il prend la résolution de périr avec elle, et, s'aveuglant lui-même, il mange du fruit. Quels en furent les effets. Ils cherchent d'abord à couvrir leur nudité ; ensuite la discorde se met entre eux, et ils en viennent aux reproches.

LIVRE NEUVIÈME.

Ce temps n'est plus, cet heureux temps où Dieu et les anges, hôtes indulgents de l'homme, venaient familièrement converser avec lui, et partageaient à sa table un frugal repas, sans lui faire sentir le poids de leur supériorité : il me faut aujourd'hui exposer de tragiques événements. L'objet de mon récit sera désormais l'infidélité, la perfidie, la révolte et la désobéissance de la part de l'homme; et, de la part du ciel irrité, l'indignation, la colère, le juste reproche, et la terrible sentence. Je vais chanter ce moment fatal qui fit entrer dans le monde une foule de malheurs, le péché, et la mort suite du péché, et les infirmités qui préparent les voies de la mort. Sujet déplorable, il est vrai; mais ni la colère de l'implacable Achille contre son ennemi indignement traîné autour des murailles de Troie, ni la rage de Turnus perdant son épouse Lavinie, ni le courroux de Neptune et de Junon qui désola si longtemps les Troyens et le fils de Cythérée, n'offrirent jamais de si grandes images. Puisse la Muse divine qui me protége me fournir des expressions dignes de l'épopée! Elle me dicte au milieu du sommeil, ou m'inspire dans mes veilles, des vers qui coulent sans travail, depuis que mon choix, longtemps incertain, s'est fixé à des objets vraiment sublimes et trop négligés. Chante qui voudra les combats tumultueux consacrés à Calliope dans l'opinion des hommes; qu'un autre produise pour chefs-d'œuvre de longs et ennuyeux carnages de chevaliers fabuleux dans des batailles imaginaires, tandis que la patience des martyrs, leur courage invincible, leur mort héroïque restent dans l'oubli. Qu'il décrive, j'y consens, les courses, les jeux, l'appareil des tournois, les boucliers, les armoiries, les devises, les tentes et les coursiers; qu'il s'attache à peindre la broderie des housses, l'éclat des harnais, et la magnificence des chevaliers entrant dans la carrière; qu'il varie la description de ces jeux militaires par le détail d'un festin dressé dans une salle enchantée et servie par des officiers élégamment vêtus; le récit de ces pompes fastueuses peut bien distinguer un auteur commun. Pour moi, je renonce à ces frivoles peintures; elles sont au-dessous de l'héroïque. Je parcours à grands pas des sentiers non encore battus : jamais poète n'entonna des airs si graves ni si majestueux. Mais, dans le déclin du monde vieillissant, mes forces engourdies par le froid du climat et des ans seraient bientôt épuisées, si l'intelligence qui m'inspire cessait de me soutenir.

Le soleil était tombé; Hespérus, l'avant-coureur du crépuscule, qui concilie pour quelques moments la lumière et les ténèbres, commençait à disparaître; déjà d'un bout de l'hémisphère à l'autre la nuit avait investi l'horizon, quand Satan, que les menaces de Gabriel avaient contraint de s'enfuir, retourna vers les contrées du paradis. Armé de fraude et de malice, il s'avançait sans crainte pour s'employer à la destruction de l'homme; la considération de tout ce qu'il pouvait attirer sur lui-même de plus rigoureux n'était point capable de l'arrêter. Les ténèbres tombaient lorsqu'il partit. Il fit le tour de la terre, et revint à l'heure où la nuit déploie son voile le plus épais. Il eut soin d'éviter le jour, trop instruit qu'Uriel, conducteur de l'orbe du soleil, l'avait découvert la première fois, et qu'il avait averti de son entrée les chérubins chargés de veiller à la porte du paradis. Chassé du jardin de délices, il erra parmi les ténèbres durant sept nuits continues. Trois fois il tourna autour de la ligne équinoxiale. Quatre fois, passant d'un pôle à l'autre, il suivit et croisa le char de la nuit; au huitième tour, il se glissa furtivement par une entrée dont les chérubins, placés de l'autre côté de la montagne, ne se méfiaient point. Ce fut à la faveur du gouffre où le fleuve du Tigre se précipitait. La rapidité de cette chute faisait jaillir une fontaine près de l'arbre de vie. Satan se plongea dans le gouffre. L'onde qui se relevait l'introduisit dans le jardin ; le brouillard lui servit d'enveloppe. Il songea ensuite à s'avancer sans être connu. Il avait parcouru la mer et la terre depuis Eden jusque par-delà le Pont-Euxin, les Palus-Méotides, et le fleuve d'Oby en montant. De là il était descendu aussi loin vers le pôle antarctique. Il s'était aussi transporté de l'orient au couchant, depuis Oronte jusqu'à la barrière de Darien qui partage l'Océan ; et, poursuivant sa route, il avait passé dans les pays qu'arrosent l'Inde et le Gange. Pendant qu'il faisait le tour du globe terrestre, il avait tout observé; et après avoir mûrement pesé quelle créature serait la plus propre à seconder ses desseins, il avait trouvé que le serpent était le plus fin de tous les animaux : il le choisit comme le meilleur suppôt de fraude. L'adresse et la subtilité naturelle du serpent éloignaient le soupçon, au lieu que dans un autre animal on aurait pu reconnaître la puissance d'un esprit pervers produisant des actions au-dessus de la capacité des brutes. Il songea donc à trouver le serpent : mais son cœur forcené exhala auparavant sa tristesse en ces plaintes :

« O terre! ô séjour magnifique! habitation digne des anges ! œuvre brillante sortie des mains du créateur, que de perfections ne renfermes-tu pas? Autour de toi tournent d'autres cieux éclatants : leurs lampes officieuses, élançant lumières sur lumières, se meuvent pour ton service ; leurs rayons précieux, leurs influences sacrées se concentrent en toi. De même que Dieu, dont la circonférence illimitée embrasse l'univers, est en même temps le centre de tout ce qui existe, de même tu reçois tribut sur tribut de ces orbes dont la vertu se rapporte entièrement à ton globe. Tu es l'heureux terme de leur fécondité merveilleuse : tu leur prêtes ton sein pour toutes leurs productions. La charmante verdure des plantes, le ravissant coloris des fleurs, seraient des ouvrages inconnus sans ta coopération. Avec quel plaisir aurais-je parcouru ton vaste contour et ton immense surface, si le plaisir pouvait encore trouver accès dans mon cœur, si je pouvais goûter l'agréable variété de tes décorations, montagnes, vallées, rivières, bois, plaines, îles, mers, continents! Ici des rivages couronnés de forêts ; là des rochers, des grottes et des antres; hélas! je n'ai trouvé nul asile, nul refuge ; et plus je vois d'objets admirables, plus je souffre intérieurement ; telle est la fatalité de ma destinée. Les biens mêmes dont le ciel abonde me seraient encore plus insupportables si l'on me forçait à en être le témoin ; j'y renonce, à moins que je n'y domine le grand monarque. Il m'est inutile de prétendre adoucir mes malheurs : rendons les autres misérables, dussent encore leurs peines retomber sur moi ; ce n'est qu'en détruisant que je puis soulager mon cœur implacable ; et si je viens à bout de détruire celui pour qui tout ceci a été créé, ou si je l'engage à faire ce qui peut causer sa perte, la ruine de tout s'ensuivra. L'homme est le chef du monde ; à son sort, dans le bien ou dans le mal, est enchaîné le sort de tous les êtres : précipitons-le dans le mal, afin que la destruction soit universelle. J'aurai seul parmi les infernales puissances la gloire d'avoir renversé en un moment ce que le Tout-Puissant a été six jours et six nuits à former. Eh! qui sait si ce grand ouvrage n'a point été l'objet de ses méditations éternelles! Peut-être aussi n'y a-t-il pensé que depuis la nuit où j'affranchis d'une servitude ignominieuse la moitié des esprits célestes. Peut-être ne saurait-il plus produire d'anges ; si pourtant il a produit les anges. Ceux qui m'ont suivi ne sont plus à lui, il en veut réparer la perte, ou bien il veut combler notre désespoir, en nous faisant remplacer par des créatures qu'il élève d'une si basse origine pour les revêtir de nos dépouilles célestes. J'ignore ses desseins, mais ils sont effectués. Il a créé l'homme ; c'est pour lui qu'il a construit ce monde magnifique, et la terre lieu de sa résidence : il l'a déclaré souverain ; et de plus, ô indignité ! les anges sont chargés de veiller à sa conservation. Ils m'ont déjà repoussé : je veux les surprendre ; le brouillard me dérobe à leur connaissance : les replis du serpent me cacheront encore mieux. O comble de misère ! j'ai disputé l'empire au Fils de l'Eternel, et aujourd'hui je suis trop heureux d'enfermer dans un vil animal cette essence qui aspirait à la divinité. Mais à quoi ne se contraignent pas l'ambition et la vengeance ? Pour se satisfaire doit-on craindre de s'abaisser ? Vains scrupules, éloignez-vous. Je me soumets à tout, pourvu que mes coups accablent celui qui excite mon envie. Je ne puis atteindre le céleste monarque ; frappons du moins son nouveau favori, cet homme d'argile, cet enfant du dépit que le créateur a tiré de la poussière pour nous insulter. Il faut repousser l'injure par l'injure. »

A ces mots, ainsi qu'un noir brouillard, il se coule terre à terre dans les ténèbres, et traverse les buissons, les plaines et les ruisseaux, en cherchant le serpent. Il le trouve profondément endormi, replié en cercles nombreux, au milieu desquels reposait sa tête féconde en finesse et en subtilité. Cet animal ne se tenait point alors caché dans l'ombre d'une caverne hideuse ou dans l'obscurité d'un buisson ; il n'était point encore nuisible ; il dormait sur l'herbe sans craindre, et sans se faire craindre. Satan s'insinua dans son corps avec l'air qu'il respirait, et, prenant possession du cœur et de la tête, il répandit sur ses sens l'esprit d'intelligence ; mais il ne voulut point interrompre son sommeil, et il attendit patiemment la venue du jour.

Dès que la lumière sacrée commença à dorer dans Eden les humides fleurs qui exhalaient leur encens matinal, au temps où tout ce qui respire élève du grand autel de la terre ses louanges tacites vers le créateur, et porte jusqu'à son trône une odeur agréable, nos premiers pères sortirent, et joignirent leur adoration vocale à l'hommage tacite des créatures muettes. Ils profitèrent des moments où la fraîcheur et le baume de l'air se font le mieux sentir ; ensuite ils délibérèrent sur les moyens d'avancer leur ouvrage qui s'augmentait de jour en jour, et auquel la main de deux personnes seules dans un si grand jardin ne pouvait suffire. Eve adressa ces mots à son mari :

« Adam, ne nous rebutons point de cultiver ce jardin, et de prendre soin des plantes et des fleurs que Dieu nous a confiées ; cet emploi n'a rien que d'agréable ; mais que pouvons-nous seuls comme nous sommes ? L'on dirait que nos travaux ne font que nous en préparer de plus grands. Les branches superflues que nous coupons, que nous étayons, ou que nous lions dans le cours de la journée, repoussent en une nuit ou deux, et rendent nos soins inutiles ; dis-moi donc ce qu'il nous faut faire, ou écoute ce que je viens d'imaginer. Partageons-nous ; suis ton inclination, ou va au plus pressé ; amuse-toi à tourner le chèvrefeuille autour de cet arbre, ou dirige le lierre qui ne demande qu'à monter ; pour moi, dans ce buisson de roses entremêlées de myrtes, je trouverai suffisamment de quoi m'occuper jusqu'à l'heure du repas. Pendant que nous travaillons à côté l'un de l'autre, faut-il s'étonner que notre ouvrage n'avance pas ? D'agréables entretiens viennent à la traverse, ou l'aspect de nouveaux objets nous engagent dans des discours imprévus et sérieux ; ainsi nous sommes détournés à tout moment ; et quoique nous nous levions de grand matin, nous n'avons presque rien fait quand la journée finit. »

Adam lui répondit :

« Eve, ma seule associée (car ta compagnie me fait presque oublier toutes les créatures qui vivent sur la terre), ton projet est juste, et tu ne saurais mieux faire que de songer aux moyens d'avancer l'ouvrage que le Seigneur a confié à nos soins ; aussi je ne manquerai point de t'adresser les éloges que tu mérites ; rien de plus aimable dans une femme que de savoir s'occuper utilement, et de le disputer ainsi à un époux laborieux; mais le Seigneur ne nous a pas si étroitement imposé le travail qu'il nous ait interdit toute récréation; il nous a permis de prendre quelquefois un relâche nécessaire, et d'entremêler à nos occupations la nourriture du corps, ou la conversation qui est la nourriture de l'esprit. Il ne nous a pas créés pour un travail pénible, mais agréable. Nos mains s'employant de concert, entretiendront assez pour nos besoins ces berceaux et ces routes où nous faisons notre demeure et nos promenades. Bientôt de plus jeunes mains viendront nous seconder. Mais si trop de conversation te fatigue, je consentirai à une courte absence. La solitude est quelquefois préférable à la société, et un peu de retraite fait mieux sentir la douceur de la compagnie. Je t'avouerai pourtant qu'une chose me fait peine : je crains qu'il ne t'arrive quelque mal si tu te sépares de moi; tu sais l'avertissement qui nous a été donné. Nous avons un ennemi dangereux. Jaloux de notre bonheur, et désespérant du sien, il médite notre perte : sans doute qu'il veille, et qu'il nous observe de près. Il ne songe qu'à prendre ses avantages. C'est le seconder que de nous séparer. Il ne saurait nous surprendre tant que nous serons ensemble; chacun au besoin pourrait donner à l'autre un prompt secours. Je m'imagine que son but est de nous rendre infidèles à Dieu; mais, soit qu'il ait ce dessein, soit qu'il se propose encore quelque autre chose qui nous soit fatale, ne quitte point un époux à qui tu dois la vie, et qui ne manquera jamais de prendre ta défense. Quand il y a quelque danger, quelque déshonneur à craindre, une femme est avec plus de sûreté et de bienséance auprès de son mari qui la garde, ou qui souffre avec elle tout ce qui peut arriver de plus triste. »

Eve, avec la majesté de l'innocence, composant son visage d'une manière douce, mais austère, comme une personne qui aime, et qui pourtant est fâchée de se voir contrariée, répondit :

« Adam, je sais que nous avons un ennemi; je sais qu'il cherche notre ruine : vous m'en avez instruite, et je l'ai entendu de la bouche de l'ange même au moment qu'il vous quittait. J'étais alors derrière une touffe d'arbrisseaux, et je m'en revenais à l'heure que les fleurs du soir ferment leurs calices odoriférants; mais que vous deviez douter de ma fidélité pour Dieu ou pour vous, sous le prétexte que nous avons un ennemi à redouter, c'est à quoi je ne me serais point attendue. Nous n'avons déjà rien à craindre de sa violence, immortels et impassibles comme nous le sommes : ses artifices sont donc le sujet de votre frayeur. De telles alarmes me font trop apercevoir que vous ne comptez pas assez sur ma foi et sur mon amour. C'est en accuser la faiblesse que d'en craindre l'inconstance. Comment une pensée injurieuse à celle qui vous aime tant a-t-elle trouvé place dans votre cœur? »

Adam adoucit en ces termes ses avis salutaires :

« Fille de Dieu et de l'homme, Eve que l'innocence et la pureté rendent immortelle, si je veux te retenir, ce n'est point que ta vertu me soit suspecte : je songe seulement à éviter toute insulte de la part de notre ennemi. Celui qui tente, quoique sans succès, déshonore toujours celui qu'il attaque, en supposant qu'il peut se laisser corrompre. Tu ressentiras toi-même avec dépit et avec indignation une telle injure dans le temps même où tu triompherais de ses lâches artifices. Ne prends point en mauvaise part l'envie que j'ai de te préserver d'un tel affront. Je connais l'audace de notre ennemi; mais il n'osera jamais la pousser jusqu'à nous attaquer ensemble, ou, s'il ose, il tournera contre moi ses premiers traits : sa malice et sa fraude demandent toute notre attention. Il doit être fort subtil, puisqu'il a pu séduire des anges : ne rejette point mon secours. Je reçois de l'influence de tes regards un renfort de vertu. Ta présence me rendrait plus sage, plus vigilant, plus fort, s'il était besoin d'une force extérieure. Tandis que tes yeux seraient tournés sur moi, la honte que j'aurais à me laisser vaincre ou surprendre animerait mon courage, et m'inspirerait une vigueur nouvelle. Pourquoi ma vue ne ferait-elle pas même impression sur toi, et pourquoi refuses-tu d'essuyer en commun le péril? Peux-tu souhaiter un témoin plus attentif et plus sensible à ta victoire? »

Adam, s'intéressant pour sa compagne, exprima de la sorte les mouvements que lui inspirait l'amour conjugal ; Eve crut qu'il faisait tort à la sincérité de sa foi, et répliqua :

« Si nous avons toujours à craindre un ennemi subtil ou violent, et qu'il puisse nous vaincre séparément, nous ne saurions goûter de tranquillité. En nous tentant, dis-tu, notre ennemi nous offense ; mais la mauvaise opinion qu'il peut concevoir de nous n'imprime point de déshonneur sur notre front ; toute l'infamie en rejaillit sur lui : pourquoi donc le fuir ou le craindre ? Hâtons-nous bien plutôt de le confondre ; par là nous obtiendrons la paix intérieure du cœur, la faveur du ciel, un triomphe glorieux après notre victoire. Qu'est-ce que la foi, l'amour et la vertu, qui n'ont point été tentés, et qui n'ont point combattu sans un surveillant ? Ne soupçonnons point notre sage créateur d'avoir laissé notre félicité assez imparfaite pour que nous ne soyons pas en sûreté séparés comme réunis. Notre bonheur serait faible, et notre paradis n'aurait plus rien de divin, s'il était ainsi exposé à la surprise. »

Adam répondit avec chaleur :

« Eve, gardons-nous de rien entreprendre aux ouvrages de Dieu ; il a sagement ordonné toutes choses. En formant l'univers, sa main n'a point laissé ses créatures imparfaites ni défectueuses. Sa bonté se serait-elle resserrée pour l'homme ? Non, sans doute. Il ne lui a rien refusé de ce qui peut assurer le bonheur de son état. L'homme est en sûreté contre toute violence extérieure. Le danger est au-dedans de lui-même ; mais au-dedans de lui-même est aussi le pouvoir de s'en garantir : il n'est point sujet au mal, s'il ne s'y livre que par un acte de sa volonté. Cette volonté est libre, le Seigneur l'a ainsi ordonné : elle obéit librement à la raison, et il a pourvu la raison d'une droiture qui distingue le vrai d'avec le faux ; mais en nous mettant par sa grâce en état de défense, il nous recommande d'être sur nos gardes. Il faut que notre raison veille toujours de peur qu'elle ne s'égare, et que, suivant la fausse lueur d'une apparence de bien, elle n'engage la volonté à faire ce que Dieu a expressément défendu. Cesse d'attribuer mes conseils à une défiance que je n'eus jamais : mon tendre amour les a dictés. Avertis-moi de même : nous paraissons être bien affermis ; cependant nous pouvons tomber, et nous laisser surprendre : évitons donc la tentation, et ne t'écarte point de moi. L'épreuve arrivera sans être cherchée. Veux-tu prouver ta constance? prouve d'abord ton obéissance. Qui saura si tu as triomphé quand on ne t'aura point vue dans le combat? Qui rendra témoignage de ta fidélité? Toutefois, si tu persistes à croire qu'en attendant l'ennemi notre victoire deviendrait moins facile, va comme tu le voudras ; en restant contre ton gré, tu n'en serais que plus absente. Va, conserve le précieux dépôt de ton innocence, ne démens point ta vertu. Dieu a fait ce qu'il devait à ton égard : c'est à toi de remplir à présent ton devoir envers lui. »

Ainsi parla le patriarche du genre humain. Eve persista. Cependant, déférant en quelque sorte à la volonté de son mari, elle répliqua pour la dernière fois :

« C'est donc avec ta permission que je te quitte : j'y suis surtout déterminée par la raison que tu as touchée dans tes dernières paroles. Si nous étions surpris, peut-être aurions-nous plus de peine à résister. Armée de tes conseils, je me présente au combat. Je ne crains point qu'un ennemi si orgueilleux cherche d'abord le côté le plus faible : s'il tourne là son attaque, sa défaite n'en sera que plus honteuse. »

En achevant ces mots, elle dégagea doucement sa main de celle d'Adam, et telle qu'une légère nymphe des bois, Oréade ou Dryade, ou de la cour de Diane, elle s'avança vers l'ombre des bocages. Son port majestueux surpassait celui même de Délie. Elle n'était point comme elle armée d'arc et de carquois, mais d'instruments propres au jardinage ; soit que la simplicité de ces premiers temps les eût formés grossièrement sans le secours du feu, soit qu'ils eussent été apportés par les anges. Ornée de la sorte, elle ressemblait à Palès, ou à Pomone, ou à Cérès dans son printemps, avant qu'elle eût enfanté Proserpine. Adam la suivit longtemps d'un œil satisfait, mais qui laissait entrevoir le regret de son départ. Souvent il lui répétait de revenir bientôt, et elle lui répondait autant de fois qu'elle retournerait avant le milieu du jour pour apprêter le repas et pour se reposer avec lui pendant la chaleur de la journée.

O séparation fatale ! Malheureuse Eve, tu te flattes en vain d'un agréable retour ! Tu ne trouveras plus dans le paradis ni de doux repas ni de tranquille repos. Tu vas te précipiter dans le piége caché sur ton chemin parmi les fleurs et les ombrages. La colère infernale t'attend au passage pour te fermer le retour ou pour te renvoyer dépouillée d'innocence, de foi et de félicité.

Déjà, depuis le point du jour, le prince des démons, pur serpent en apparence, était en marche; il cherchait nos deux premiers pères, et se préparait à attaquer en eux tout le genre humain : il allait et venait dans les berceaux et dans la campagne, partout où les bosquets étaient le plus touffus ; il conjecturait avec raison qu'ils ne pouvaient être loin de ces lieux charmants par la fraîcheur des ruisseaux et des ombrages. Il les cherchait tous deux, mais il souhaitait de trouver Eve séparée de son mari; il le souhaitait, sans pourtant espérer ce qui arrivait si rarement, quand, selon son désir et contre son espérance, il aperçut Eve seule au milieu d'un nuage de parfums. On ne l'y voyait qu'à demi; les roses épaisses s'empressaient de croître sous ses yeux; elle se courbait pour relever les faibles tiges des fleurs, dont la tête colorée des plus belles nuances, et enrichie de pourpre, d'azur et d'or, pendait languissamment sans pouvoir se soutenir ; elle les étayait délicatement avec des baguettes de myrte : mais elle ne songeait point qu'elle-même, la plus belle fleur de toutes, privée de support, était si loin de son meilleur appui, et que la tempête était si proche. Le séducteur s'avança vers elle, et traversa plusieurs allées de cèdres, de pins ou de palmiers, qui formaient un couvert admirable. Tantôt il se roulait avec hardiesse, tantôt il se cachait; puis il se découvrait tout-à-coup parmi les arbrisseaux entrelacés, et parmi les fleurs dont Eve avait bordé de sa main les diverses routes. Tout riait dans ce terrain, mille fois plus précieux que ces jardins imaginaires, où d'Adonis ressuscité, ou du fameux Alcinoüs, hôte du fils du vieux Laërte.

Satan admira d'abord les charmes d'un aussi merveilleux séjour. Tel un homme longtemps renfermé dans une grande ville, où les égouts et les immondices corrompent la pureté de l'air, profitant d'un beau jour d'été pour aller dès le matin respirer un air plus pur dans la campagne, il est réjoui par tout ce qu'il rencontre. L'or des moissons, l'herbe fleurie, le bêlement des troupeaux, le doux chant des oiseaux, chaque objet, chaque son champêtre, tout l'enchante. Tel était le plaisir qu'éprouvait le serpent en contemplant ce bosquet fleuri; il s'extasia surtout à l'aspect de la belle et majestueuse Eve, qui dès le point du jour avait choisi cette retraite solitaire. Son air divin comme celui des anges, mais accompagné d'une aimable douceur, sa simplicité gracieuse, ses manières et ses moindres actions, subjuguaient insensiblement le séducteur et calmaient sa férocité. Une espèce d'enchantement, endormant sa malice, lui tint lieu de stupide honte, et désarma quelque temps l'inimitié, la fraude, la haine, l'envie et la vengeance. Mais l'enfer qu'il porte partout, et qui le suivrait jusque dans le ciel, termina bientôt son extase. La vue de tant de félicités qui n'étaient pas pour lui ne servit qu'à le déchirer plus vivement. Il rappelle la haine et la fureur, et s'encourageant dans le mal, il ranime ainsi les funestes projets qu'il avait conçus :

« Où m'entraînez-vous, vaines pensées d'admiration? Par quel charme séduisant me faites-vous oublier ce que je dois exercer ici? Ni l'amour, ni l'espérance de changer mon triste sort, ne m'amènent en ces lieux : je n'y viens point chercher le plaisir, mais ruiner tout plaisir, excepté celui qui se trouve à détruire; toute autre joie est perdue pour moi : l'occasion me rit, ne la laissons point échapper. Voici la femme seule exposée à mes traits. Je n'aperçois point son mari que je craignais le plus. Son intelligence plus relevée, son courage mâle, son port héroïque, sont soutenus d'une force invincible. Quoiqu'il soit formé de terre, ce n'est point un ennemi à mépriser : il est invulnérable; mes plaies saignent encore, et l'enfer a entièrement changé ma nature ; sa compagne possède des grâces infinies, mais elle ne m'intimide point. Si la beauté peut inspirer le respect et la crainte, est-ce à moi qui ne connais que la haine? haine d'autant plus funeste, que pour la mieux cacher j'emprunterai le langage même de l'amour?»

A ces mots, l'ennemi des hommes, intimement uni au serpent, fatale société! s'avance vers Eve. Il ne se traînait point alors en rampant contre terre; il se portait en avant sur sa croupe, ainsi que sur une base circulaire de divers contours, qui, recourbés les uns sur les autres, se confondaient comme un vrai labyrinthe; sa tête parée d'une crête superbe, ses yeux d'escarboucles, et son cou doré, luisant et verdâtre, se relevaient avec éclat, tandis que l'extrémité de son corps replié en spirale flottait sur l'herbe.

Jamais le temps n'a produit rien de si beau dans l'espèce des serpents. On opposerait en vain la métamorphose d'Hermione et de Cadmus arrivée en Illyrie, ou celle de la divinité qui se rendit visible dans Epidaure.

Il vint en tournoyant comme un esclave qui voudrait aborder son maître, mais qui craint d'être importun. Tel, près de l'embouchure d'une rivière, ou bien à la vue d'un cap où le vent tourne continuellement, un vaisseau, conduit par un habile pilote, louvoie et change à tout moment ses voiles; ainsi il variait son allure, et s'entortillant en cent façons, il formait devant Eve de folâtres contours, afin d'attirer ses regards.

Occupée de son ouvrage, elle entendit l'agitation des feuilles, mais elle n'y fit d'abord aucune attention. Elle était accoutumée à voir badiner au milieu de la campagne les différentes espèces d'animaux, plus dociles à sa voix que le troupeau déguisé ne l'était à l'ordre de Circé.

Il sentit augmenter par là sa confiance, et se présenta devant elle sans être appelé, restant comme saisi d'admiration; puis il se mit à plier et replier, en signe de caresse, sa tête superbe et son cou délié, qui représentait une infinité de vives couleurs; il léchait d'une manière flatteuse les vestiges de ses pas. Enfin ses expressions muettes et pleines de grâces attirèrent les yeux d'Eve sur son badinage. Il fut charmé d'avoir obtenu son attention, et par le moyen de la langue du serpent, dont il se servit comme d'un organe, ou par l'impulsion de l'air, qu'il sut modifier, il employa ces trompeuses paroles pour la tenter :

« Ne vous étonnez pas, souveraine de l'univers ; vous qui seule dans la nature devez causer de l'étonnement, ne vous étonnez pas de ma liberté : vos yeux, plus sereins que le ciel le plus calme, sont le siége de la douceur : les armeriez-vous contre moi de sévérité ? Rassurez un sujet que la majesté de votre front et votre solitude respectable ont déjà confondu. Si j'ai fait un crime en m'approchant de vous pour vous contempler, c'est le crime de vos charmes ; vous êtes la plus noble image du créateur ; vous méritez comme lui le tribut de nos hommages. L'Eternel vous a soumis toute la terre ; tout ce qui l'habite trouve son bonheur à se ranger sous votre sceptre, tout adore votre céleste beauté qui ne saurait avoir trop d'admirateurs : je vous vois à regret au milieu d'une troupe grossière d'animaux, incapables de discerner et le nombre et l'étendue de vos divines perfections : un seul homme en connaît le mérite ; mais ces perfections ne doivent-elles avoir qu'un seul appréciateur ? Déesse incomparable, vous êtes digne de commander aux anges : quand verrai-je les dieux, marchant à votre suite, se disputer l'honneur de vous servir ! »

Tel fut le prélude artificieux du tentateur. Ses paroles s'insinuèrent dans le cœur d'Eve : l'étonnement où elle était de l'entendre parler lui fit d'abord garder le silence ; mais bientôt elle marqua ainsi sa surprise :

« Qu'entends-je ? le langage de l'homme employé par une brute ! des pensées raisonnables exprimées par sa voix ? Je croyais du moins que Dieu avait refusé la parole aux animaux ; quant à la raison, je suspendais mon jugement ; car souvent il paraît beaucoup d'esprit dans leurs regards et dans leurs actions. Je savais bien que le serpent était le plus subtil des animaux, mais j'ignorais qu'il eût la faculté de peindre, comme nous, ses idées. Renouvelle donc ce prodige : dis-moi, comment as-tu acquis la parole, et qui t'a rendu si passionné pour

La Sainte milice des Cieux, nombreuse comme les étoiles,

moi ? qu'est-ce qui t'attache plus à moi que les autres créatures qui se présentent tous les jours à ma vue? Explique-moi ce mystère ; une telle merveille mérite bien qu'on y fasse attention. »

« Reine de ce beau monde, reprit le perfide tentateur, je puis facilement vous répondre, et il est juste que vous soyez obéie. Semblable aux animaux qui paissent l'herbe que vous foulez sur la terre, je n'avais au commencement que des pensées grossières, terrestres et conformes à ma nourriture. La nature, pour toute science, m'avait donné l'instinct de connaître ce qui servait à me nourrir ou à perpétuer mon espèce ; je ne concevais rien au-dessus. Un jour, errant à l'aventure, ma vue tomba sur un arbre chargé d'un fruit doré, vermeil, et du plus beau coloris que l'on vît jamais. Je m'approchai pour le regarder. Une odeur suave s'exhalant des branches excita mon appétit. Mes sens ne furent jamais si flattés par le doux parfum du fenouil, ou par le lait que distillent à la fin du jour les mamelles gonflées de la brebis ou de la chèvre, lorsque leurs petits, trop occupés de leurs jeux folâtres, ont oublié de les sucer. Je résolus, sans différer, de satisfaire le désir ardent que j'avais d'en goûter. La faim et la soif, puissants motifs de persuasion, réveillées par l'odeur de ce fruit attrayant, me donnèrent de l'industrie. Je m'entortillai autour du tronc ; car pour atteindre aux branches il faudrait avoir ou votre stature, ou celle d'Adam. D'autres animaux, enflammés du même désir, mais n'ayant pas la même adresse, me regardaient avec une espèce d'envie. Dès que je me vis à portée de ce fruit tentant, qui pendait en abondance, je cueillis, je mangeai ; je trouvai un goût si savoureux, une fraîcheur si exquise, que jamais le suc des plantes, jamais l'eau des claires fontaines ne m'avaient paru si délectables. J'aperçus aussitôt en moi-même un changement étrange : un nuage épais qui m'enveloppait la tête se dissipa comme une vapeur ; je fus frappé d'un rayon de lumière jusqu'alors inconnu ; je sentis la raison se développer dans mes facultés intérieures ; des idées nettes et solides s'arrangèrent d'elles-mêmes : la parole vînt naître sur ma langue : de tout ce que j'étais autrefois, il ne m'est resté que la forme de mon corps. Depuis ce temps je me suis livré tout entier à des spéculations sublimes et profondes ; je me suis élevé sur les ailes de mes pensées jusqu'au sanctuaire de la vérité. J'ai vu, j'ai comparé dans le ciel et dans l'air, sur la terre et sur l'onde, les objets les plus dignes d'attention ; mais rien ne m'a tant frappé que vous. L'éclat de vos beaux yeux efface les clartés célestes : vous êtes la beauté même, et vous en serez toujours le plus parfait modèle : voilà ce qui m'a attiré ; voilà ce que je contemple, transporté, hors de moi-même ; et si mes regards importuns vous fatiguent, recevez au moins mes adorations ; elles vous sont dues à juste titre : l'univers vous reconnaît pour sa divinité. »

Par ce discours, le serpent subtil augmenta encore l'étonnement d'Eve, qui répondit imprudemment :

« Serpent, les louanges excessives dont tu m'accables me font douter que ce fruit ait véritablement la vertu de donner la sagesse ; tu es le premier de qui je les aie reçues. Mais cet arbre est-il loin d'ici ? où se trouve-t-il, dis-moi ? Il en croît dans ce séjour une multitude si variée que nous n'avons pas eu le temps de les connaître, ni de savoir ce qu'ils produisent ; leurs fruits se gardent incorruptibles pour les hommes qui doivent naître et nous aider à les consommer. »

« Reine adorable, reprit l'imposteur avec un malin contentement, le chemin est beau et court : il n'y a qu'une allée de myrtes à traverser ; l'arbre est sur un terrain plat, proche d'une fontaine, au milieu d'un bosquet de myrrhe et de baumes fleuris ; si vous voulez me suivre, je vous y conduirai bientôt. »

« Mène-moi donc, dit Eve. »

Aussitôt il prend les devants ; son ardeur pour le crime précipite sa marche ; à peine peut-il se contenir : sa crête en paraît plus animée ; la joie lui donne un nouvel éclat. Tel un feu follet composé de vapeurs onctueuses que la nuit condense, et que le froid contraint de se retirer, s'allume par l'agitation : la flamme, s'il est permis de le croire, dirigée par quelques mauvais esprit, répand en tournoyant une lueur trompeuse, détourne du chemin le voyageur qui marche pendant la nuit, et le mène dans des terres grasses et marécageuses, quelquefois dans des étangs et dans des lacs, où il se trouve subitement englouti loin de tout secours. Ainsi brillait le serpent séducteur en conduisant Eve, notre crédule mère, à l'arbre défendu d'où pendait le germe fatal de nos maux. Elle l'aperçut bientôt, et dit à son guide :

« Serpent, nous aurions pu épargner nos pas; ce fruit n'est pas bon pour moi; conserve-le pour toi seul : il est véritablement merveilleux s'il produit des effets si surprenants; mais nous n'en pouvons faire aucun usage. Cet ordre est la seule défense qui soit émanée de la bouche de Dieu ; tout le reste est en notre pouvoir ; nous n'avons d'autres lois à suivre que celles de notre raison. »

« Quoi ! reprit le tentateur, Dieu vous a défendu de manger du fruit des arbres de ce jardin ! Il vous a cependant déclaré les maîtres de tout sur la terre ou dans l'air. »

Eve, encore exempte de péché, lui répondit : « Nous pouvons manger de tous les fruits du paradis ; mais le Seigneur nous a défendu de toucher au fruit de ce bel arbre qui est au milieu du paradis, de peur que nous ne mourions. »

A peine eut-elle fini ce discours, que le tentateur, devenu plus hardi, sous une apparence de zèle et d'amour pour l'homme, et comme indigné du tort qu'il souffrait, dressa un nouveau plan d'attaque. Il parut touché de compassion, agité, troublé ; puis il se leva avec grâce, comme quelqu'un qui doit traiter une affaire d'importance. Ainsi l'on voyait autrefois dans Athènes et dans Rome, où l'éloquence florissait au temps de la liberté, avant que la servitude l'eût abâtardie, un orateur chargé d'un grand intérêt se recueillir en lui-même. Son air, son maintien, chaque mouvement, chaque geste préparaient l'attention avant qu'il parlât. Quelquefois, commençant avec véhémence, il entrait tout d'un coup en matière, comme si son ardeur pour la justice l'eût forcé de supprimer un préambule inutile. Ainsi le tentateur s'arrêtant, s'agitant ou se dressant de toute sa hauteur, disposait Eve à l'écouter, et commença d'un ton passionné :

« O plante sacrée ! source de sagesse ! vraie mère de science ! je sens à cette heure ta puissance qui opère en moi. Par toi je pénètre non-seulement les choses jusque dans leurs principes, je démêle encore les voies des agents les plus hauts malgré leur impénétrable profondeur. Reine de cet univers, n'ajoutez point de foi à ces rigoureuses menaces de mort : vous ne mourrez point. Qu'est-ce qui vous ferait mourir ? Serait-ce le fruit ? il vous ouvre l'entrée de la science. Serait-ce celui qui a fait la menace ? jetez les yeux sur moi : j'ai touché, j'ai mangé ; cependant je vis, et je suis parvenu à une vie plus parfaite pour m'être élevé par une noble audace au-dessus de ma condition. Ce qui est permis aux animaux serait-il interdit à leurs rois ? ou la colère de Dieu s'allumerait-elle pour un sujet si léger ? Ne louera-t-il pas plutôt votre courage, que la menace de la mort n'a point empêché de mériter une vie plus heureuse par la connaissance du bien et du mal ? Du bien ; quoi de plus juste ? du mal ; si le mal est quelque chose de réel, pourquoi ne le pas connaître ? c'est le meilleur moyen de l'éviter. Dieu ne saurait vous punir et être juste : s'il est injuste, il n'est pas Dieu ; il ne faut point le craindre, il ne faut point lui obéir. Que prétend-il donc en cherchant à vous intimider ? Eh ! ne le voyez-vous pas ? il veut vous tenir dans l'ignorance et dans l'humilité pour se conserver des adorateurs. Il sait qu'au jour que vous en mangerez, vos yeux, que vous croyez bons, mais qui sont encore troublés, seront parfaitement ouverts et éclairés. Vous serez comme des dieux, et vous connaîtrez comme eux le bien et le mal. Si, de l'état de brute, ce fruit m'a rendu intérieurement semblable à l'homme, il faut, par une juste proportion, qu'il vous rende semblables aux dieux ; ainsi peut-être vous mourrez en quittant l'humanité pour vous revêtir de la divinité. Qui ne souhaiterait une mort dont la suite est si fortunée ! Qui pourrait en craindre le moment, malgré les frayeurs qu'on a voulu vous en donner ! Que sont les dieux, pour que l'homme ne puisse parvenir à leur rang ! Usez de ce qu'on sert à leur table, et vous serez bientôt leur égal. Ils se sont trouvés les premiers dans le monde ; ils nous ont fait accroire que tout procédait d'eux. J'en doute ; car je vois que cette terre merveilleuse, échauffée par les rayons du soleil, produit chaque chose, et je ne vois rien faire aux dieux. S'ils ont tout fait, pourquoi la connaissance du bien et du mal se trouve-t-elle dans cet arbre, afin que quiconque en mange obtienne la sagesse de leur permission ? L'homme peut-il commettre un crime en tâchant d'acquérir des lumières ? quel tort fait votre science au Seigneur ? Si tout dépend de lui, qu'est-ce que peut produire cet arbre contre sa volonté ? est-ce l'envie qui l'a engagé à vous faire cette défense ? mais l'envie peut-elle trouver place dans des cœurs célestes ? Il est donc évident que ce fruit vous sera d'une utilité infinie. Déesse humaine, prenez et goûtez hardiment. »

Il finit ; ses paroles artificieuses firent, hélas ! trop d'impression dans le cœur d'une femme trop faible. Elle regarda fixement le fruit ; la vue seule en était tentante, et le son de tant de mots persuasifs retentissait encore dans l'oreille de l'infortunée. Cependant l'heure de midi s'approchait, et éveillait en elle un ardent appétit que redoublait l'odeur exquise de ce fruit; sa beauté sollicitait son œil avide ; elle commençait à succomber ; mais auparavant elle s'entretint de la sorte :

« Divin fruit, ta vertu sans doute est grande ; pourquoi nous es-tu interdit ? pourquoi t'avons-nous si longtemps négligé ? Dès le premier essai tu as donné la parole aux stupides et aux muets : par toi la langue auparavant embarrassée se trouve en état de publier tes louanges. Celui qui nous défend ton usage ne nous a point caché ton prix, puisqu'il t'a nommé l'arbre de la science du bien et du mal. Sa défense relève ton mérite, elle nous laisse pressentir tes vertus et nos besoins ; car sûrement on n'a point le bien que l'on ignore ; ou, si on le possède et qu'on l'ignore, cette ignorance est égale à la privation. Il est donc visible que celui qui nous défend la science nous défend aussi le bien, nous défend d'être sages : de telles défenses n'obligent point : mais si la mort vient nous frapper, à quoi nous serviront les connaissances que nous avons acquises ? Au jour que nous mangerons de ce fruit nous sommes condamnés à mourir. Eh quoi ! le serpent est-il mort ? il a mangé, il vit, il sait, il parle, il raisonne, il discerne, lui qui jusque là était privé de la raison. La mort a-t-elle été faite uniquement pour nous ? ou les bêtes seules ont-elles droit sur une nourriture divine refusée à l'homme ? Le serpent, le premier et le seul qui en ait goûté, nous invite à partager son bonheur : exempt de toute envie, il nous transporte ses droits. Le serpent n'est point un garant suspect ; ami de l'homme, il est éloigné de toute tromperie et de toute malice. Qu'est-ce donc que je crains ? mais plutôt, dans cette ignorance du bien ou du mal, de Dieu ou de la mort, de la loi ou de la peine, sais-je ce qu'il faut craindre ? Instruisons-nous. Ce fruit divin possède la vertu de rendre sage ; il renferme et l'utile et l'agréable. Qui nous empêche donc d'en prendre, et de nourrir à la fois le corps et l'esprit ? »

A ces mots, dans une heure fatale, portant au fruit sa main téméraire, elle cueillit, elle mangea. La terre sentit la funeste blessure ; et la nature, poussant de profonds soupirs, annonça que tout était perdu.

Le serpent, ayant consommé son crime, se déroba dans le bois, et il le pouvait aisément. Eve donnait toute son attention à ce fruit délicieux. Il surpassait à son goût tous ceux qu'elle connaissait : peut-être avait-il en effet plus de saveur ; peut-être se l'imaginait-elle par la haute attente qu'elle avait de la science et par l'idée qu'elle se formait de sa divinité prochaine. Elle ignorait qu'elle faisait passer la mort en son sein. Enfin, rassasiée et comme enivrée de son crime, elle se livra aux transports les plus vifs de joie et de confiance.

« O le plus précieux de tous les arbres, tu conduis heureusement à la sagesse ! Pouvais-tu être condamné à l'obscurité ? On t'avait diffamé devant nous, et ton beau fruit pendait abandonné comme nuisible. Arbre divin, je vais réparer ta gloire. Au lever de l'aurore je viendrai chaque jour, dans la joie de mon cœur, chanter tes louanges et publier tes mérites. Mon premier soin sera de soulager les branches qui offrent libéralement à toute la nature leurs fruits abondants. Je ne cesserai point de te visiter jusqu'à ce que ton suc, coulant dans mes veines avec mon sang, ait fait passer dans mon esprit la science universelle des dieux. Ils nous envient ce qu'ils ne sauraient donner. Si la science était en leur pouvoir, elle ne croîtrait pas sur cet arbre. Quelles obligations ne t'ai-je point, ô expérience, incomparable guide ! Sans toi l'ignorance était pour toujours mon partage : tu m'as donné l'accès à la sagesse qui prend plaisir à se cacher. Peut-être suis-je devenu invisible comme les dieux ; ils ignorent mon changement. Le ciel est trop haut et trop éloigné pour qu'ils puissent voir distinctement ce qui se passe sur la terre. D'autres soins ont détourné les yeux de notre grand législateur. Peut-être ses espions sont-ils tous rassemblés autour de lui. Mais comment me dois-je montrer à Adam ? lui déclarerai-je dès aujourd'hui mon bonheur ? lui apprendrai-je les moyens de s'élever contre moi ? ou plutôt lui en ferai-je un mystère ? Ne serait-il pas plus prudent de garder sans partage en mon pouvoir l'avantage de la science ? Par là j'attirerais davantage son amour ; je serais son égale ; et peut-être, ce qui n'est point à mépriser, obtiendrais-je cette supériorité qu'il a sur moi, et qui m'oblige à lui céder sans cesse. Mais quoi ! si tandis que je m'applaudis Dieu me préparait des châtiments, s'il me donnait le coup de la mort, si je rentrais dans le néant, Adam formerait de nouveaux liens avec une nouvelle Eve, et trouverait son bonheur avec elle. Ah ! cette pensée seule me fait mourir ! Le sort en est jeté ; Adam partagera avec moi le bien ou le mal. »

Elle dit ; et après une inclination devant cet arbre dont l'ambroisie devait l'élever au rang des dieux, elle part pour aller rejoindre son époux. Adam l'attendait avec impatience : il avait tressé une guirlande de fleurs choisies pour en orner ses cheveux et couronner ses travaux rustiques, comme les moissonneurs ont coutume de couronner la reine de leur moisson.

Cette légère absence animait ses sentiments et lui promettait une nouvelle joie au retour de sa compagne. Cependant le battement inégal de son cœur lui présageait quelque chose de sinistre : ses alarmes ne lui permirent pas de différer : il vole au-devant d'elle par la route même qu'elle avait suivie en le quittant.

Cette route conduisait vers l'arbre de la science. Il la vit : hélas ! elle tenait en main une branche de cet arbre funeste : le fruit avait encore toute sa fleur et répandait une odeur charmante. Elle courut à lui ; le trouble de son visage annonçait par avance et déclarait ouvertement son crime. Sa bouche le publia bientôt avec des mots flatteurs qui ne lui manquaient jamais au besoin.

« Adam, ne t'es-tu point étonné de mon retard? J'ai été séparée de toi, privée de ta présence, et ce temps m'a paru un siècle. Je ne m'y exposerai plus, je te le proteste ; mais j'ai été retenue par quelque chose de surprenant. Cet arbre n'est pas, comme on nous l'a dit, un arbre dangereux et mortel ; ses vertus sont admirables : il a la vertu de dessiller les yeux et d'élever à la divinité ; j'en ai pour garant l'expérience même. Le plus subtil des animaux, le serpent, soit qu'on ne lui eût point fait de défense, soit qu'il n'ait pas craint de désobéir, a mangé du fruit, et il n'est pas mort, suivant la menace qui nous a été faite. Depuis ce temps il parle, il raisonne ; et par la force de ses discours il m'a si bien convaincue que j'en ai goûté, et j'ai trouvé que les effets répondaient à ce qu'il me disait. Il m'a paru que l'on m'ôtait un bandeau de dessus les yeux ; ce fruit a porté la lumière dans mon esprit et l'élévation dans mon cœur. J'ai senti qu'il m'approchait du rang des dieux : je n'ai cherché cette grandeur que pour te la procurer. La divinité même, si je ne la partageais avec toi, perdrait à mes yeux son plus bel avantage. Prends donc ce fruit, afin qu'un même sort, une même joie nous unissent. Si tu me refuses, je crains qu'une inégalité de condition ne nous sépare, et qu'alors, mais trop tard, je ne veuille pour toi renoncer à la divinité, quand le destin ne le permettra plus. »

Eve se justifia de la sorte : elle affectait de montrer de la joie ; mais son œil inquiet découvrait le malheur de son état.

Adam, dès qu'il eût appris la fatale désobéissance de son épouse, demeura surpris, interdit, déconcerté ; une froide horreur courut dans ses veines, et la faiblesse s'empara de ses membres. La guirlande qu'il avait tressée pour Eve tomba de ses mains appesanties, et les roses se flétrirent subitement. Il resta longtemps pâle et sans voix ; mais enfin il rompit le silence par ces lamentations :

« O toi, dont la beauté faisait jusqu'ici l'ornement de la nature ; toi, le dernier et le meilleur des ouvrages de Dieu ; créature en qui excellait tout ce qui pouvait être formé, pour la vue ou pour la pensée ; de saint, de divin, de bon, d'aimable et d'attrayant, dans quel abîme t'es-tu précipitée ! Comment te vois-je en un instant pervertie, dégradée, avilie, et livrée à la mort ! Eve a-t-elle pu consentir à violer la défense du Très-Haut ? Eve a-t-elle pu se résoudre à porter une main criminelle sur le fruit sacré ? Ah ! je reconnais ici le funeste ouvrage d'un ennemi caché. Mais, hélas ! pourrais-je t'abandonner à ton funeste sort ? Pourrais-je vivre sans mon épouse ? Irai-je encore traîner un vie errante et solitaire dans ces bois déserts ? Quand l'Eternel pourrait se résoudre à créer une seconde Eve ; quand il la formerait encore d'une partie de moi-même pour me donner une compagne, ta perte ne s'effacerait jamais de mon cœur. Non, non, je sens que la chaîne de la nature m'entraîne : tu es chair de ma chair, os de mes os ; un même sort nous est réservé. »

Après ces exclamations, il se calma un peu ; et comme un homme qui commence à revenir d'un triste accablement, et qui, s'étant d'abord livré à la douleur, se soumet enfin à une chose sans remède, il adressa ce discours à Eve :

« Téméraire ! quelle tempête viens-tu de soulever contre nous ! nos regards mêmes auraient dû par respect s'abstenir de contempler ce fruit, et tu as osé y porter une main profane, en manger malgré la malédiction que tu savais y être attachée ! Quelle faute ! mais enfin elle est commise, et qui peut empêcher que ce qui est fait ne soit arrivé ? Le Tout-Puissant même ne saurait renverser l'ordre des actions passées. Peut-être cependant tu ne mourras point : peut-être l'action n'est-elle pas si odieuse, après que le fruit a été profané par le serpent. Cet attentat l'aura sans doute flétri et privé de sa sainteté avant que l'homme en ait goûté ; j'envisage encore qu'il n'a point été mortel pour lui. Le serpent vit, comme tu le dis, et il a l'avantage de posséder une vie plus parfaite. Cette induction est forte pour nous ; en le mangeant nous pourrions devenir des dieux, ou des anges demi-dieux. Comment croire que le sage créateur veuille sérieusement effectuer sa menace et nous détruire ? nous sommes ses meilleures créatures ; il nous a constitués en dignité, et préposés sur tous ses ouvrages. Comme ils ont été créés pour nous, par une dépendance nécessaire ils périraient avec nous ; ainsi l'Eternel, trompé dans ses desseins, ferait, déferait, et perdrait le fruit de ses productions. Cette idée est indigne de Dieu : quoiqu'il pût recommencer sa création, il serait pourtant fâché de nous exterminer. Son adversaire en triompherait, et serait en droit de dire : L'état de ceux que le Seigneur favorise le plus est peu assuré. Qui peut se flatter de lui plaire longtemps ? il m'a ruiné le premier, il ruine aujourd'hui le genre humain : qui doit-il ruiner encore après nous ? Il se gardera bien de donner à notre ennemi ce sujet d'insulter sa providence. Mais j'ai lié mon sort avec le tien : je suis résolu de subir le même jugement : la nature, avec ses liens puissants, m'entraînant vers toi, me ramène à moi-même : tout ce que tu es vient de moi. Notre état ne peut être séparé : un seul esprit nous anime, nous ne sommes qu'une chair : te perdre, ce serait me perdre moi-même. »

« O touchante preuve d'une tendresse sans bornes, répondit Eve ; exemple illustre, bien digne de me servir de modèle ! Mais étant si éloignée de ta perfection, comment y parviendrai-je, cher Adam, du côté duquel je me glorifie d'être issue ? Quelle est ma joie quand je t'entends appeler notre union un cœur, une âme en nous deux ! Tu m'en donnes en ce jour un témoignage bien marqué : tu te soumets à la mort, et à tout ce qu'il y a de plus terrible, plutôt que de laisser rompre cette union. Tu déclares que tu es résolu de t'engager avec moi dans la même faute, dans le même crime, si c'en est un de goûter de ce beau fruit. C'est lui (car du bien procède toujours le bien), c'est lui qui, par sa vertu, t'a présenté un moyen de signaler ton amour d'une manière éclatante. Si je croyais que mon expérience dût être suivie de la mort dont nous avons été menacés, je m'offrirais seule à ses plus rudes coups. Je ne te proposerais point de marcher sur mes traces, et j'aimerais mieux mourir que de t'obliger à faire quelque chose de pernicieux à ton repos, surtout après que tu viens de me donner une si authentique assurance de ton amitié; mais ce que j'éprouve m'engage à te presser de suivre mon exemple. Loin que la mort m'ait anéantie, je sens ma vie augmentée, mes yeux ouverts, de nouvelles espérances, de nouvelles joies; et près de la saveur d'un fruit si divin, les saveurs les plus exquises me semblent maintenant insipides. Manges-en donc, Adam, sur mon expérience, et livre aux vents fugitifs la crainte de la mort. »

A ces mots, ravie de le voir s'exposer volontairement à la colère divine ou à la mort plutôt que de l'abandonner, elle versa des larmes de tendresse. Pour marque de sa reconnaissance, elle lui donna libéralement du fruit séducteur de la branche qu'elle tenait en main. Il n'hésita point à manger, malgré ce qu'il savait; il mangea, non par ignorance, mais par faiblesse pour sa femme.

La terre trembla, comme étant de nouveau dans les douleurs, et la nature poussa un second gémissement. Le tonnerre gronda, le ciel s'attrista et versa quelques larmes à la consommation du crime dont tous les hommes doivent être infectés. Adam n'y fit point d'attention; il était tout occupé du goût de ce fruit.

Eve ne craignit point de redoubler ses premières fautes; elle voulait rassurer son époux par son exemple. Les voilà tous deux enivrés; ils nagent dans la joie. Ils s'imaginent sentir la divinité qui leur donne des ailes pour voler dans les cieux; mais ce fruit trompeur produisit un effet bien contraire. Il enflamme pour la première fois en eux une ardeur criminelle; mille pensées impudiques surgirent dans leurs esprits. La fatale concupiscence leur livre des attaques jusqu'alors inconnues, trouble leurs facultés intellectuelles, et les pousse violemment au mal. Affaiblis par la désobéissance, leurs âmes ne résistent pas à tant d'assauts; elles tombent, hélas! dans le plus déplorable égarement.

Le sommeil enfin versant sur eux son humide rosée, mit un terme à cet état lamentable; mais alors les songes, funestes enfants de l'intempérance, commencèrent à les tourmenter. Ils s'éveillèrent accablés de fatigue; ils se regardèrent l'un l'autre, et virent leur honte et leur nudité : leurs yeux s'étaient ouverts. L'innocence, dont le voile autrefois leur ôtait la vue du mal, les avait abandonnés. La juste confiance, la pureté naturelle et l'honneur s'étaient éloignés d'eux. Tel l'Hercule de la tribu de Dan, le redoutable Samson, s'éveilla privé du don de force qu'il avait reçu du ciel.

Dépouillés comme lui, et dénués de toute leur vertu, ils gardèrent longtemps un morne silence, comme s'ils eussent perdu la voix. Adam la recouvra le premier; et malgré la confusion dont il était couvert, il fit entendre ces plaintes :

« Pourquoi as-tu prêté l'oreille aux raisonnements de ce reptile séducteur? Il disait bien que nous changerions. Où est l'élévation qu'il nous promettait? Nos yeux se sont ouverts en effet, nous connaissons le bien et le mal; le bien que nous avons perdu, et le mal où nous sommes livrés. Funeste science, si c'en est une de savoir que nous sommes nus, vides d'honneur, d'innocence, de foi, de pureté! C'étaient là nos premiers ornements : ils sont maintenant flétris et souillés. Nous portons sur le front les signes évidents de l'infâme concupiscence, d'où dérivent le mal et la honte qui marchent toujours à la suite du crime. Comment soutiendrai-je la face de Dieu ou des anges, que je voyais autrefois si souvent avec joie et avec transport? Ces figures célestes éblouiront désormais de l'éclat insupportable de leurs rayons cette substance terrestre. Oh! puissé-je vivre errant et solitaire dans quelque retraite obscure, où les bois impénétrables à la lumière du jour entretiennent une nuit perpétuelle! Couvrez-moi, vous, pins, cèdres; cachez-moi sous vos branches innombrables; épargnez à mes yeux la clarté du soleil! Mais dans l'état déplorable où nous sommes réduits, songeons à dérober à nos yeux ce qui nous ferait rougir. Couvrons-nous de feuilles, afin que la honte que nous commençons à connaître ne nous reproche pas sans cesse notre impureté. »

Tel fut son conseil, et tous deux ils s'enfoncèrent ensemble dans le bois le plus épais. Ils y choisirent le figuier ; non cette espèce renommée pour le fruit, mais cette autre que connaissent encore aujourd'hui les orientaux du Malabar ou du Decan. Ses rameaux courbés prennent, dit-on, racine en terre, et croissant à l'ombre de la principale tige, comme des filles qui se rassemblent autour de leur mère, forment des portiques où résident les échos : c'est là que le berger indien se garantit de l'ardeur du jour pendant qu'il observe à travers les ouvertures ses troupeaux qui paissent l'herbe tendre. Ils en cueillirent des feuilles larges comme un bouclier d'amazone ; et, les ajustant sur leurs corps, ils essayèrent, mais en vain, de se dérober la honte de leur crime.

Quelle différence entre cet état et celui de l'innocence! Ainsi, dans ces derniers siècles, le voyageur génois trouva les Américains portant une ceinture de plumes; du reste nus, et dispersés parmi les forêts qui sont sur les rivages des îles.

Enveloppés de la sorte, mais sans avoir le contentement et le repos d'esprit, ils s'assirent : une pluie de larmes tomba de leurs yeux ; il s'éleva encore en eux de rudes et de furieuses tempêtes.

Les passions tumultueuses, la colère, la haine, la méfiance, le soupçon et la discorde ébranlèrent violemment le siége de leur esprit; région calme autrefois et paisible, maintenant agitée et turbulente. L'entendement ne gouvernait plus, la volonté n'écoutait plus sa voix : elle se trouvait soumise à l'appétit sensuel, qui, soulevé contre l'empire de la raison, prétendait alors dominer. Adam voulut parler : il ne put que se plaindre.

« Pourquoi n'as-tu pas déféré à mes paroles, dit-il, en s'adressant à Ève? Pourquoi n'es-tu pas demeurée avec moi, comme je t'en priais, quand un dérèglement d'esprit te faisait courir à ta perte? Nous ne serions pas, comme nous le sommes, dépouillés de tout, honteux, nus, misérables. Que personne désormais ne s'expose sans motifs à mettre sa félicité à l'épreuve : quiconque en cherche l'occasion est déjà criminel. »

Eve, sensible à ce reproche, lui répondit :

« Quels mots sont sortis de ta bouche, cruel Adam? Tu me fais un crime de mon malheur : ta présence ne l'eût point détourné; peut-être même serais-tu tombé le premier; tu n'aurais pu découvrir de fraude dans le serpent. Il n'y avait point de sujet d'inimitié entre nous : pourquoi devait-il me vouloir du mal, ou chercher à me nuire? Fallait-il donc jamais ne m'éloigner de tes côtés? Mais puisque j'étais si faible, et que tu étais mon chef, pourquoi ne me commandais-tu pas absolument de rester? Tu savais que je m'exposais à un si grand danger; ta facilité nous a perdus : si tu m'avais marqué un peu de fermeté, nous serions encore innocents. »

« Ingrate, reprit Adam, courroucé pour la première fois, est-ce là ta tendresse? est-ce là le prix de mon amour? Je t'en donnai une preuve certaine quand il n'y avait encore que toi de criminelle. J'aurais pu jouir de l'heureux état de l'immortalité; cependant j'ai préféré la mort avec toi, et maintenant tu me fais des reproches comme si j'étais la cause de ta chute. Je n'ai pas été assez sévère à te retenir! Que pouvais-je faire de plus? je t'ai prévenue, je t'ai avertie; je t'ai fait connaître le danger et l'ennemi caché qui te menaçait. Si j'en eusse fait davantage, j'aurais employé la violence, et la force n'a point de droits sur la volonté; elle est libre de sa nature; mais la présomption t'a emportée : le désir d'une vaine gloire t'a fait mépriser le danger. Hélas ! je me suis trop reposé sur tes perfections; j'ai cru, sans raison, que le mal n'aurait point de prise sur toi; je suis la victime de mon erreur, et tu oses maintenant être mon accusatrice ! Ainsi gémira quiconque, follement enivré du mérite d'un sexe vain, cédera l'empire à son épouse; elle fera sa volonté; elle suivra ses caprices ; et, après qu'elle aura fait ce qu'elle se proposait, s'il en arrive quelque mal, elle accusera d'abord la faiblesse de son mari. »

Ainsi, dans une accusation mutuelle, ils passaient le temps sans fruit : aucun d'eux ne se condamnait lui-même, et leur vaine dispute semblait ne devoir jamais finir.

ARGUMENT DU LIVRE DIXIÈME.

Aussitôt que les Anges ont connu la désobéissance de l'homme, ils abandonnent le Paradis et remontent au Ciel pour justifier leur vigilance. Le Fils de Dieu, envoyé pour juger les coupables, descend, prononce le jugement, et, touché de compassion, il les habille tous deux et remonte. Le Péché et la Mort, assis jusque là aux portes de l'enfer, sentant par une sympathie merveilleuse le succès de Satan dans ce nouveau monde, et le crime de ceux qui l'habitent, prennent la résolution de ne pas rester davantage aux enfers, mais de se transporter vers la demeure de l'homme pour trouver Satan. Ils font une communication de l'enfer à ce monde, et construisent un pont à travers le chaos, en suivant la route que Satan avait d'abord tenue; ensuite, se préparant à descendre sur la terre, ils le rencontrent qui revenait tout fier de ses succès. Leur congratulation mutuelle. Satan arrive à Pandœmonium : il raconte avec vanité dans une pleine assemblée la victoire qu'il a remportée sur l'homme. Au lieu des applaudissements qu'il comptait recevoir, il entend un sifflement général. Les Anges de ténèbres sont changés tout-à-coup en serpents : ils rampent tous, suivant le jugement prononcé dans le Paradis. Un bois de la même nature que l'arbre défendu s'élève auprès d'eux. Ils montent avidement sur les branches pour prendre du fruit, et mâchent de la poussière et des cendres amères. Le Péché et la Mort infectent la nature. Dieu prédit que son Fils les détruira un jour tous deux. Il commande à ses Anges de faire diverses altérations dans les cieux, et parmi les éléments. Adam, s'apercevant de plus en plus du changement de son état, pleure amèrement, et repousse Ève, qui met tout en usage pour le consoler. Elle redouble ses efforts et l'apaise enfin : elle songe à détourner la malédiction qui devait tomber sur leur postérité, et propose à Adam des moyens violents qu'il n'approuve point. Il conçoit de meilleures espérances : il lui rappelle la promesse qui leur a été faite, que sa race tirera vengeance du serpent, et il l'exhorte à se joindre avec lui pour apaiser, par la pénitence et par les prières, la Divinité offensée.

LIVRE DIXIÈME.

Déjà le crime que Satan venait de consommer dans l'Eden était connu de l'Eternel. Il savait comment, sous la figure du serpent, il avait séduit Eve, qui, après avoir mangé du fruit fatal, en avait fait encore goûter à son mari ; car qui peut échapper à l'œil qui voit tout ? qui pourrait tromper l'esprit saint à qui rien n'est caché ? cet Etre souverainement sage n'empêcha point Satan de tenter nos premiers pères. Les lumières et les forces qu'ils tenaient de Dieu suffisaient pour découvrir et pour repousser les piéges d'un ennemi découvert ou d'un faux et insidieux ami. Ils savaient l'un et l'autre, et ils devaient toujours avoir devant les yeux, l'ordre qu'ils avaient reçu d'en haut, de ne point toucher à ce fruit, malgré toutes les tentations qui pouvaient se présenter. Au moment où ils tombaient dans la désobéissance, ils encouraient la peine qu'avait prononcée l'oracle infaillible ; et par une complication de crime ils méritaient la mort. Les anges préposés à la garde du paradis terrestre montèrent promptement vers le ciel : leur morne silence marquait assez à quel point ils étaient sensibles au malheur de l'homme. Sa faute leur était connue ; mais ils ne concevaient point comment le subtil ennemi s'était glissé à leur insu. Dès que ces funestes nouvelles arrivèrent aux portes de l'empirée, tous ceux qui les entendirent furent attendris. Le front des bienheureux se couvrit d'une sainte tristesse, mais qui n'altérait point leur béatitude. Chargés de rendre compte au trône suprême, les messagers fidèles s'avancèrent avec respect, et justifièrent aisément leur extrême vigilance ; alors le Père tout-puissant, du fond de son tabernacle, qu'une obscurité majestueuse environne, fit entendre le tonnerre de sa voix.

« Esprits immortels, et vous, Puissances, dont le zèle n'a point été secondé par le succès, ne soyez point abattus ni découragés. Vos soins ne pouvaient prévenir ce qui vient d'arriver sur la terre : je vous le prédis lorsque le tentateur, sorti des enfers, traversait les gouffres de l'abîme. Je vous fis entendre qu'il réussirait dans ses mauvais desseins, que l'homme serait réduit et perdu par la flatterie, et qu'il écouterait plutôt l'esprit de mensonge que son créateur. Cependant mes décrets ne concouraient point à nécessiter sa chute ou à ébranler par le moindre degré d'impulsion son libre arbitre. J'avais laissé à sa propre disposition d'en conserver ou d'en rompre l'équilibre. Il est tombé. Que reste-t-il, sinon de fulminer contre lui la sentence irrévocable de mort dénoncée au jour de sa transgression ? Il regarde déjà la menace comme frivole parce qu'elle n'a point eu son effet immédiatement après sa désobéissance : mais avant la fin du jour il verra que mes coups, pour être suspendus, n'en sont pas moins certains. S'ils ont méprisé ma bonté, je leur ferai redouter ma justice : c'est à toi, ô mon Fils, de prononcer leur arrêt ; je t'ai remis mes jugements, soit au ciel, soit sur la terre, soit dans les enfers. La clémence et la justice marcheront devant toi. Quel juge plus favorable les hommes pourraient-ils souhaiter ? Tu es leur médiateur, leur rançon, leur rédempteur : et la nature humaine, dont tu consens à te revêtir, te constitue leur juge naturel. »

L'auguste Père s'énonça dans ces termes ; et dévoilant sa gloire dans tout son éclat, il épancha vers sa droite les rayons sereins de la divinité sur son Fils, qui représenta dignement toute la splendeur paternelle.

« Mon Père, répondit-il avec une douceur toute divine, c'est à vous de commander, à moi d'exécuter votre volonté suprême : mon obéissance répondra toujours à votre amour. J'irai juger sur la terre ces coupables, auxquels malgré leur crime vous daignez encore prendre intérêt ; la peine de leur crime tombera sur moi quand les temps seront accomplis ; je m'y suis engagé devant vous, et je ne m'en repens point. En vertu de ce sacrifice volontaire, j'ai obtenu le pouvoir d'adoucir leur châtiment ; mais j'accorderai la justice avec la miséricorde, en sorte qu'elles brilleront toutes deux avec éclat, et que vous serez parfaitement apaisé. Je ne prendrai nulle escorte, nulle suite ; personne ne sera témoin de mes arrêts, hormis l'homme que je jugerai. Le démon est déjà condamné, il est convaincu par sa fuite. Quant au serpent, il est incapable de se disculper. »

A ces mots, il se leva de son siége rayonnant à côté de celui du Tout-Puissant dans un même degré de gloire. Les Trônes, les Vertus, les Principautés et les Dominations qui composent sa cour l'accompagnèrent aux portes du ciel, d'où l'on découvrait distinctement Eden et les provinces voisines : il descendit tout-à-coup. La vitesse d'un dieu n'est point mesurée par le temps, quoique porté sur les ailes des plus rapides minutes.

Le soleil, déclinant à l'occident, était loin du midi, et les zéphirs, s'éveillant à l'heure ordinaire, envoyaient leurs douces haleines pour rafraîchir la terre, quand le Fils, juge et intercesseur tout à la fois, vint prononcer à l'homme l'arrêt décisif de son sort. Ils se promenaient tous deux dans le jardin : la voix de Dieu, portée sur les ailes des vents, à l'heure où le jour commençait à tomber, frappa leurs oreilles : ils l'entendirent, et, fuyant sa présence, ils s'enfoncèrent parmi les arbres les plus épais. Vains projets, inutile fuite! Dieu s'approche, il les joint, et parle en ces mots :

« Où es-tu, Adam? à mon arrivée tu avais coutume d'accourir avec joie pour me recevoir. Je ne suis pas content de voir que tu manques ici. Naguère ton devoir empressé t'amenait sans te faire chercher; peux-tu me méconnaître? Ma gloire n'est-elle plus la même? Quel changement ou quel malheur retient tes pas? Parais, je l'ordonne. »

Il parut, et avec lui Eve plus timide, quoiqu'elle eût été la première à désobéir, tous deux interdits et déconcertés. Leurs regards ne brillaient plus ni d'amour pour leur créateur, ni de charité mutuelle : on n'y voyait que le crime, la honte, le trouble, le désespoir, la colère, l'obstination, la haine. Adam, après avoir longtemps hésité, répondit en peu de mots :

« J'ai entendu votre voix dans le jardin; mais, saisi de frayeur parce que j'étais nu, je me suis caché. »

Le divin juge répartit avec modération : « Tu as souvent entendu ma voix, et tu n'en étais point effrayé; au contraire, elle t'inspirait de la joie; comment est-elle devenue aujourd'hui si terrible pour toi? qui t'a dit que tu étais nu? as-tu mangé du fruit de l'arbre où je t'avais défendu de toucher? »

Adam répondit avec peine : « O ciel! je suis aujourd'hui devant mon juge, dans la fâcheuse obligation de prendre sur moi tout le crime, ou d'accuser un autre moi-même, la moitié de ma vie! Pendant qu'elle me reste fidèle je devrais cacher sa faute, sans l'exposer au blâme par ma plainte; mais l'étroite nécessité me soumet : j'obéis, de peur que le crime et le châtiment ne tombent à la fois sur ma tête incapable de les supporter. Et quand je m'obstinerais à garder le silence, votre œil pénétrant discernerait bientôt ce que je voudrais cacher. Cette femme que vous avez faite pour être mon aide, et que vous m'avez présentée comme un don parfait; qui était si bonne, si convenable, si aimable, que de sa main je ne pouvais soupçonner aucun mal, et dont les grâces semblaient justifier toutes les actions; cette femme m'a donné du fruit de l'arbre, et j'ai mangé. »

« Etait-elle ton Dieu, répondit l'Etre suprême; était-elle ton Dieu pour lui obéir préférablement à moi? était-elle même ton égale, pour lui céder ainsi le rang où ton créateur t'avait élevé? ne l'a-t-il pas tirée de ta substance, et formée pour ton service? et n'étais-tu pas bien plus excellent qu'elle en toutes sortes de perfections? Elle fut ornée en effet, et avantagée de la beauté pour attirer ton amour, mais non pas pour te soumettre à ses caprices. Tous ses attributs portaient un caractère de subordination et non d'autorité. C'était à toi d'ordonner, si tu avais mieux su te connaître. »

Il adressa ensuite à Eve ces paroles : « Femme, qu'as-tu fait ? »

Eve, accablée de tristesse et de honte, confessa bientôt sa faute, mais avec la soumission et la retenue convenables devant son juge; et elle répondit : « Le serpent m'a trompée, et j'ai mangé. »

Quand Dieu les eut entendus, il prononça l'arrêt contre le serpent accusé. Quoique brute et incapable de rejeter le crime, dont il n'avait été que l'instrument, sur celui qui avait perverti la fin pour laquelle il avait été créé, il fut maudit avec justice comme dégradé dans sa nature. Il n'importait pas à l'homme d'en savoir davantage, puisque sa pénétration ne s'était pas étendue plus loin, et cela n'aurait pas changé la nature de son crime. Cependant Dieu, en termes mystérieux qu'il choisit à dessein, disposa son jugement de telle sorte qu'il enveloppa Satan, l'auteur du péché, dans la malédiction qu'il fit tomber sur le serpent.

« Parce que tu as servi d'instrument à l'iniquité, tu es maudit entre tous les animaux et toutes les bêtes des champs : tu ramperas sur le ventre, et tu mangeras la poussière chaque jour de ta vie. Je mettrai une inimitié entre toi et la femme, entre sa race et la tienne; elle te brisera la tête et tu la blesseras au talon. »

L'oracle se vérifia lorsque Jésus, Fils de Marie, seconde Eve, vit Satan, prince de l'air, tomber du haut du ciel comme un éclair. Le divin Messie, sortant de son tombeau, dépouilla les Principautés et les Puissances : il en triompha publiquement, et dans une ascension brillante traversa les airs, traînant après lui la captivité captive. C'est là que, au milieu de son propre empire, le prince des ténèbres se trouvera un jour foulé sous nos pieds, grâce au Dieu de paix qui doit combattre pour nous. Puis il tourna sa sentence sur la femme.

« Je multiplierai considérablement tes peines dans tes grossesses; tu enfanteras dans la douleur, et tu seras soumise à la volonté de ton mari; il dominera sur toi. »

Il finit par ce jugement prononcé contre Adam :

« Parce que tu as écouté la voix de ta femme, et que tu as mangé du fruit de l'arbre où je t'avais défendu de toucher, la terre est maudite à cause de toi : tous les jours de ta vie tu en mangeras les fruits dans la douleur et la peine. Elle produira d'elle-même des épines et des chardons; l'herbe des champs sera ta nourriture. Tu mangeras ton pain à la sueur de ton front, jusqu'à ce que tu rentres dans cette même terre dont tu as été tiré. Connais ton origine et ton sort : tu es poudre, et tu retourneras en poudre. »

Il fit ainsi l'office de juge et de sauveur : il condamna l'homme, et il recula le coup de la mort qui devait les frapper dès le jour même de leur désobéissance : puis, ayant pitié de l'état misérable où ils se trouvaient, nus, et exposés aux injures de l'air, dont la température allait souffrir de grands changements, il ne dédaigna pas de commencer dès lors à prendre la forme d'un serviteur. Plein de cette bonté qui lui fit laver dans la suite les pieds de ses disciples, il les revêtit en ce jour, ainsi qu'un bon père de famille, aux dépens des animaux qu'il tua pour en avoir la dépouille, ou bien qu'il dédommagea en leur donnant en échange une peau nouvelle comme au serpent. Il ne garantit pas seulement leur nudité extérieure, mais il couvrit leur nudité intérieure qui est la plus ignominieuse à ses yeux. Ensuite il remonta au ciel, et rentra dans le sein bienheureux de son Père, au milieu de la gloire, où il réside éternellement. Après qu'il l'eût apaisé par une douce intercession, il lui raconta tout ce qui s'était passé entre lui et l'homme.

Cependant, avant que le crime eût été commis et jugé sur la terre, le Péché et la Mort se tenaient en présence l'un de l'autre, au-dedans des portes de l'enfer, dont l'énorme ouverture vomissait au loin dans le chaos un torrent de flammes. Ils avaient toujours gardé l'entrée depuis que le prince des démons était sorti par l'entremise du Péché, quand ce dernier s'adressa ainsi à la Mort :

« O mon fils, pourquoi nous tenons-nous ici nonchalamment assis? Pourquoi perdons-nous le temps à nous regarder l'un l'autre, pendant que Satan, notre grand auteur, prospère dans d'autres mondes, et qu'il nous prépare un plus heureux établissement? Le succès sans doute l'accompagne; autrement, chassé avec furie par les ministres des vengeances célestes, il serait déjà de retour en ces tristes régions; car il n'est point de lieu plus convenable pour son châtiment, ni plus au gré de leur fureur. Je m'imagine sentir en moi une nouvelle force; il me semble qu'il me croît des ailes, et que j'entre en possession d'un vaste empire au-delà de cet abîme. Quelque chose m'attire je ne sais si c'est sympathie ou un effet de la nature; assez puissant pour agir à la plus grande distance, et pour unir d'une amitié secrète, par un mouvement inexprimable, les choses qui ont du rapport ensemble. Il faut que tu te joignes à moi : rien ne doit diviser la Mort d'avec le Péché. La difficulté de repasser à travers ce gouffre impraticable arrête peut-être notre grand souverain. Entreprenons un ouvrage hardi, mais facile à notre puissance unie : essayons de faire un pont sur l'abîme, depuis l'enfer jusqu'à ce nouveau monde où Satan triomphe en cette heure. Ce monument nous rendra recommandables à toute l'armée infernale; il lui servira de passage pour aller et venir, ou pour se transporter ailleurs, si le destin le permet. Je ne saurais manquer le chemin : le nouvel instinct qui opère en moi me guide trop sûrement. »

« Va, répartit à l'instant le squelette hideux, va où ton penchant et la gloire t'appellent : je ne resterai point en arrière, et je ne m'égarerai point avec un tel guide. Une forte odeur de carnage et le goût de mort qui s'exhalent de toutes les créatures vivantes nous marquent notre route. Je ne me refuse point à l'exécution du projet que tu te proposes ; j'en veux partager l'honneur avec toi. »

En achevant ces mots, il respira avec délices l'odeur du fatal changement qui était arrivé sur la terre. Ainsi des oiseaux carnassiers, malgré l'éloignement, distinguent l'exhalaison des cadavres vivants marqués par la mort la veille d'un sanglant combat. Ils s'avancent en troupes, et se rendent vers la plaine où campent des armées ennemies. Tel, démêlant sa proie d'une distance prodigieuse, le spectre affreux renversait en haut ses larges narines, et aspirait une odeur empestée.

Soudain, franchissant les portes de l'enfer, ils s'envolent dans la confuse anarchie du chaos, déserts sombres et fangeux, et planant au-dessus des eaux avec une force surprenante, ils rassemblent tout ce qu'ils peuvent trouver de matière solide ou visqueuse, éparse et dispersée comme dans une mer orageuse ; ils en font comme une masse énorme, puis ils la tirent chacun de leur côté vers la bouche de l'enfer. Ainsi deux vents contraires soufflant sur la mer Cronienne, dans la région du pôle, rassemblent des montagnes de glace qui bouchent le prétendu passage de Petzora aux côtes opulentes du Cathay. La Mort, de sa pesante massue, battit ce terrain, et le rendit aussi fixe que Délos, autrefois flottante : ses regards, plus glaçants que ceux de la Gorgone, cimentèrent le reste avec un mastic plus fort que le bitume asphaltite. Ils attachèrent solidement aux fondations de l'enfer la chaussée dont la largeur répondait à celle des portes, et ils construisirent en arcades, sur l'abîme écumant, le môle immense, énorme pont qui s'étendait jusqu'aux solides remparts du nouveau monde, maintenant démantelé, ouvert, dévoué à la mort, et joint à l'enfer par une communication large et facile. Ainsi Xerxès, pour asservir la liberté de la Grèce, si l'on peut comparer les grandes choses aux petites, partit de Suse, l'ancien palais de Memnom, s'avança jusqu'à la mer, jeta un pont sur le Bosphore, joignit l'Europe à l'Asie, et fit battre de verges les vagues indignées.

Ils poussèrent d'une façon merveilleuse, en suivant la trace de Satan, une chaîne de rochers suspendus en forme de voûte au-dessus de l'abîme désolé. L'arcade immense s'appuyait d'un bout sur les enfers, et de l'autre sur l'aride surface de ce monde sphérique, au même lieu où le prince des démons s'était impunément abattu au sortir du chaos. Ils affermirent le tout avec des clous et des chaînes de diamants ; hélas ! ils le firent trop solide et trop durable.

Arrivés sur la plage qui fait la séparation du monde terrestre et de l'empirée, ils voient d'un même point les légions du ciel, de la terre et des enfers. Trois chemins conduisaient à chacun de ces empires. Les deux monstres envisageaient la demeure de nos premiers pères, quand ils aperçurent Satan qui montait du zénith entre le Centaure et le Scorpion, pendant que le soleil se levait dans le Bélier ; il s'était déguisé sous la figure d'un ange de lumière. La Mort et le Péché reconnurent bientôt leur père, quoiqu'il eût pris toutes les mesures possibles pour dérober sa marche. Après avoir séduit la mère du genre humain, il s'était glissé furtivement dans le bois prochain, et, changeant de forme, sans perdre de vue les criminels, il vit Eve qui engageait, mais sans aucun mauvais dessein, un époux trop complaisant dans le piége où elle s'était laissée surprendre : il remarqua leur honte et leur confusion ; mais quand il reconnut le Fils de Dieu qui descendait pour les juger, il s'enfuit épouvanté. Ce n'est pas qu'il espérât échapper au châtiment ; il ne cherchait qu'à retarder les coups dont la colère céleste aurait pu foudroyer à l'heure même sa tête coupable. Après le jugement il revint de nuit, et il écouta les discours que nos premiers pères tenaient entre eux. Leurs plaintes lui apprirent sa propre condamnation ; mais il entendit qu'elle était sursise et reculée au temps à venir. Là dessus, portant avec lui la joie et la nouvelle du succès, il part pour l'enfer, et rencontre au bord du chaos, près de ce pont merveilleux, ses redoutables enfants, qui, sans être attendus, venaient au-devant de lui. A cette rencontre la joie fut grande de part et d'autre, et la sienne augmenta à la vue de cet édifice surprenant :

il fut longtemps en admiration, jusqu'à ce que l'ombre enchanteresse du Péché rompit le silence en ces mots :

« O mon père, ce sont là tes ouvrages magnifiques : ne reconnais-tu pas tes propres trophées ? sans toi cet arc de triomphe n'aurait point été construit. Mon cœur, qui se remue toujours avec le tien par une secrète harmonie, a d'abord eu un pressentiment de ta victoire. J'ai compris que tu avais prospéré sur la terre : tes regards le témoignent clairement. Aussitôt, quoique séparée de toi par l'intervalle de plusieurs mondes, j'ai senti que je devais marcher à ta suite avec ce fils qui s'offre à tes yeux. Tel est le fatal rapport qui nous unit. Les barrières de l'enfer n'ont point été capables de nous retenir, et les ténèbres de l'abîme impraticable n'ont pu nous détourner de suivre tes traces glorieuses. Tu nous as rendu notre liberté, auparavant resserrée dans une infâme prison ; tu as étendu nos limites, et tu nous a mis en état de nous y maintenir et de construire au-dessus du noir abîme ce pont énorme. Tout ce monde est maintenant à toi. Ta valeur a gagné ce que tes mains n'ont point fait ; et ta sagesse recouvrant avec avantage ce que la guerre t'avait enlevé, a pleinement vengé notre défaite dans le ciel. Ici tu règneras en monarque. Laisse dominer là-haut le vainqueur, comme la bataille en a décidé ; il te cède la souveraineté de ce nouveau monde, puisqu'il l'a aliénée par les arrêts qu'il a fulminés lui-même ; et partageant avec toi la monarchie de toutes choses, il sépare par les bornes de l'empirée ses régions supérieures d'avec tes domaines inférieurs. Laisse-le donc en paix, ou plutôt éprouve contre son trône ta puissance plus redoutable que jamais. »

« Mes enfants, répondit avec joie le prince des ténèbres, vous venez de montrer d'une manière signalée que vous êtes la race de Satan : tel est mon nom ; et je me glorifie d'être l'antagoniste du Tout-Puissant. Que ne méritez-vous point de moi et de l'empire infernal ! cet ouvrage que vous avez poussé près des portes du ciel couronne mes exploits guerriers et joint vos trophées aux miens. Par là vous avez fait de l'enfer et de ce monde un même empire, un royaume soumis à nos lois, un continent d'une communication aisée. Allez donc jouir du fruit commun de nos travaux, tandis que, traversant les ténèbres à la faveur de la nouvelle route que vous avez frayée, j'irai joindre mes guerriers pour les informer de nos succès, et pour leur faire part de notre joie. Allez vers ces nouveaux mondes ; ils vous sont dévolus. Etablissez-vous, et régnez dans la béatitude. Exercez votre domination sur le globe terrestre, dans les airs, et principalement sur l'homme, à qui l'Eternel avait donné la monarchie de la terre : assurez-vous d'abord de lui comme de votre esclave, jusqu'à ce que par un coup fatal vous tranchiez le fil de ses jours. Je vous envoie en mon nom, et je vous donne un plein pouvoir : rien ne vous résistera ; vous êtes issus de moi. Ne divisez point vos forces ; c'est sur elles que je fonde la conservation du nouvel empire que le Péché, grâce à mes exploits, a livré à la Mort. Si vous êtes victorieux, l'enfer ne saurait manquer de prospérer. Allez, et faites sentir partout votre puissance. »

Les deux monstres à l'instant, courant à travers les constellations, répandirent leur poison. Les étoiles infectées pâlirent, et les planètes souffrirent de véritables éclipses.

Le prince des démons prit l'autre route, et descendit le long du nouvel ouvrage aux portes de l'enfer. Des deux côtés le Chaos divisé gémissait sous la structure, et de ses vagues bondissantes assaillait les solides arcs-boutants qui se moquaient de son indignation.

Satan arriva : il entra ; les portes étaient ouvertes et sans défense ; tout marquait la désolation. Ceux qui devaient garder l'horrible entrée, abandonnant leur poste, avaient pris leur vol vers le monde supérieur ; le reste s'était retiré dans l'intérieur et sous les murailles du château de Pandœmonium, superbe demeure de Lucifer. Le monarque orgueilleux doit ce nom à l'étoile brillante qui tombe à l'aspect du soleil, et figure la chute de Satan.

C'était là que les légions faisaient une garde vigilante, pendant que les grands, assemblés en conseil, examinaient ce qui pouvait arrêter si longtemps leur empereur : il leur avait donné cet ordre en partant, et ils l'observèrent.

C'est ainsi que les Tartares, évitant la rencontre des Russes, leurs ennemis, se retirent, à la vue d'Astracan, dans les plaines couvertes de neiges. Tel encore le sophi Bactrien, fuyant devant le croissant de Byzance, ravage le pays qu'il laisse derrière lui au-delà du royaume d'Aladule, afin d'assurer sa retraite vers Tauris ou Casbin.

Ainsi ces légions nouvellement bannies des cieux désertèrent les provinces frontières de l'enfer, et se renfermèrent dans leur capitale, en attendant leur grand général, qui était allé, en qualité de volontaire, pour découvrir d'autres mondes.

Il passa au milieu d'eux sous la forme d'un ange du plus bas ordre, et traversant l'assemblée d'une manière invisible, il monta sur son trône. Il les observa quelque temps sans se découvrir. Enfin sa taille auguste se produisit, et son front étincelant d'un reste de gloire, ou plutôt d'une fausse lueur qu'il avait conservée par la permission divine, se montra comme une étoile qui sort d'un nuage. A cet éclat subit, la foule stygienne reconnaît son prince. Les anges ténébreux poussent des cris de joie à la vue de leur puissant chef, dont ils souhaitaient si ardemment le retour.

Les pairs infernaux qui tenaient le conseil se lèvent, courent vers leur souverain, et le félicitent par de vives acclamations. Sa main leur impose silence, et sa voix obtient leur attention.

« Trônes, Dominations, Principautés, Vertus, Puissances, car ces titres éminents vous sont légitimement acquis, mon expédition, dont le succès a passé ma propre espérance, doit encore vous faire jouir des droits qui y sont attachés. Je reviens pour vous conduire triomphants hors de ce gouffre. Allez dominer comme souverains dans un monde spacieux et peu inférieur à notre ciel natal. Je l'ai conquis en bravant le danger et la peine. Il serait trop long de vous dire ce que j'ai fait et ce que j'ai souffert, avec quelle fatigue j'ai voyagé dans l'immense et vide profondeur de l'horrible confusion. Vous y trouverez maintenant une route que le Péché et la Mort ont préparée pour faciliter votre glorieuse marche. Mais quelles difficultés n'ai-je point rencontrées dans mon voyage? J'ai été forcé de m'ouvrir un chemin au travers de l'abîme indocile : je me suis vu plongé dans le sein de la Nuit éternelle et du Chaos barbare, qui, jaloux de leurs secrets, et fièrement opposés à mon passage, portaient avec des clameurs tumultueuses, au trône du Destin, leurs protestations contre mes entreprises. Je ne finirais point si je voulais vous apprendre comment j'ai trouvé la nouvelle création que la renommée nous avait autrefois annoncée dans le ciel. Je ne vous en raconterai point les beautés, les merveilles, ni comment j'ai rencontré et séduit, au milieu d'un paradis, l'homme qui devait son bonheur à votre exil. La nature du crime est quelque chose d'inconcevable ; l'Eternel indigné a livré sa créature chérie, son enfant bien-aimé, et tout ce monde aux fureurs du Péché et de la Mort : nous sommes donc les maîtres de ce monde, sans qu'il nous ait fallu essuyer aucun danger, aucune fatigue, aucunes alarmes. Il ne tient qu'à nous de nous y transporter, de nous y établir, et d'aller exercer sur l'homme l'empire que le ciel lui avait déféré sur toutes les créatures. Il est vrai que ce Dieu, à qui j'ai enlevé ses nouveaux sujets, m'a aussi jugé ; ou plutôt ce n'est pas moi, mais le serpent, dont j'ai emprunté les organes pour exécuter mes desseins. Ce qui me concerne, c'est l'inimitié qu'il veut mettre entre moi et l'homme. Je dois briser son talon; mais sa race (le temps n'en est pas marqué), me brisera la tête. Qui ne voudrait pas acheter un monde au prix d'une blessure ou d'une peine encore plus rude? Voilà le détail de mon expédition. Que vous reste-t-il à faire à présent, célestes divinités? Levez-vous, partez, jouissez de la béatitude que je vous ai préparée. »

Il dit; et son orgueil suspend son discours pour goûter, au milieu des acclamations, les applaudissements qu'il croyait mériter, quand il entend de tous côtés d'épouvantables sifflements, signe du mépris général. Il s'étonne, mais son étonnement redouble encore en se regardant. Il sent son visage s'allonger et se diminuer, ses bras se collent à ses côtés, et ses jambes s'entrelacent. Enfin, transformé en un serpent monstrueux, il tombe étendu sur le ventre. Il fait tout son possible pour résister, mais en vain ; une plus grande puissance disposait de lui. Réduit par une juste condamnation à la figure dont il s'était servi pour séduire l'innocence, il veut parler ; mais sa langue fourchue ne produit que des sifflements comme les autres ; ils se trouvent tous pareillement transformés en serpents.

On n'entend plus maintenant que des voix aiguës et perçantes : la salle est remplie de monstres pêle-mêle confondus, scorpions, aspics, cruelles amphisbènes, cérastes cornus, hydres, élopes et dipsades terribles : jamais le terrain humecté du sang de la Gorgone ni l'île d'Ophiuse ne fourmillèrent de tant de reptiles.

Au milieu de tous, Satan se distinguait par sa grandeur. Dragon effroyable, et bien plus monstrueux que l'énorme Python, celui que dans les champs pythiens le soleil engendra du limon de la terre, il semblait conserver encore la supériorité du pouvoir.

Il s'élance de ce hideux séjour, et tous l'accompagnent. Ceux qui étaient au-dehors, en faction ou en ordre de bataille, l'attendaient avec impatience, et se livraient au plaisir de songer qu'ils allaient voir leur chef dans toute sa gloire, quand il sortirait pour la cérémonie du triomphe. Ils le voient : mais que le spectacle est différent de celui qu'ils se promettaient ! ils ne trouvent qu'une troupe de serpents affreux. L'horreur et la contagion les saisit : ils sentent en eux un semblable changement : leurs armes, leurs lances et leurs boucliers tombent par terre ; ils tombent en eux-mêmes. Le cruel sifflement se renouvelle ; ils prennent tous une forme hideuse : ils avaient concouru au crime, ils en partagent la peine. Ainsi l'applaudissement qu'ils se proposaient fut changé en un bruit de dérision, le triomphe en opprobre, et leurs propres bouches servirent à les couvrir eux-mêmes d'ignominie.

Au moment de leur métamorphose s'était élevé près d'eux un bois chargé de fruits semblables à ceux que portait dans le paradis l'arbre dont le tentateur s'était servi pour séduire Eve. Ainsi Dieu l'avait ordonné pour aggraver leurs tourments. Ils attachent fixement leurs yeux sur cet objet imprévu; les plants de l'arbre interdit semblent se multiplier à leurs yeux pour les accabler de honte.

Tourmentés par une ardente soif et par une faim cruelle que Dieu leur envoie comme un piége décevant, ils se roulent par troupes et s'entortillent autour des arbres. Bientôt les branches, pareilles aux tresses qui formaient la chevelure de Mégère, sont couvertes de ces abominables reptiles; ils arrachent avidement le fruit, mille fois plus trompeur que cet autre qui crût depuis près du lac d'Asphalte, où Sodome fut embrasée : l'un n'abusait que l'œil, l'autre abuse encore le goût. Les reptiles affamés croient soulager leur faim, mais leur bouche empoisonnée n'est remplie que de cendres amères qu'ils sont forcés de vomir avec des contorsions épouvantables. L'homme ne tomba qu'une seule fois; pour eux, ils retombent à tous moments dans la même illusion, et leur faim n'est point rassasiée. Le sifflement dura jusqu'au terme prescrit par le Tout-Puissant pour les rendre à leur forme naturelle. Ils sont obligés, dit-on, de subir tous les ans la même peine pendant un certain nombre de jours; terrible humiliation de leur orgueil, juste expiation de la joie insolente que leur inspira la chute de l'homme. Nonobstant ce châtiment, ils ont osé se vanter de leur coupable conquête; et pour en conserver la mémoire, ils ont publié dans le monde païen que le serpent Ophion avec Eurinome, peut-être la même qu'Eve, gouverna le haut Olympe, d'où il fut chassé par le vieux époux de Rhéa, avant que la Crète eût vu naître Jupiter.

Cependant les deux monstres que Satan avait rencontrés sur la route arrivèrent dans le paradis; hélas! ils arrivèrent pour notre malheur! Le Péché en prit possession pour étendre de là son empire sur la terre. La Mort marchait derrière lui pas à pas; elle n'était point encore montée sur son cheval pâle : le Péché lui dit en s'adressant à elle :

« Puissante Mort, que penses-tu de cet empire qui nous

appartient maintenant? Regrettes-tu la fatigue du voyage ? Ne sommes-nous pas ici beaucoup mieux que si nous fussions restés aux sombres portes de l'enfer, pour les garder d'une manière servile, inconnus, méprisables, et toi-même mourant de faim ? »

Le monstre hideux lui répondit : « Il m'importe peu du ciel, du paradis ou de l'enfer, pourvu que ma faim soit satisfaite; je serai le mieux où il y aura le plus à dévorer. L'abondance qui se trouve ici ne suffira pas encore aux besoins de ce corps vaste et décharné. »

« Commence donc, dit le Péché, à te repaître de ces herbes, de ces fruits, de ces fleurs; prends ensuite pour ta nourriture les quadrupèdes, les poissons et les oiseaux; ne fais aucun scrupule de dévorer tout ce que la faulx du temps peut moisonner, jusqu'à ce que, établissant ma résidence dans la race de l'homme, j'infecte ses pensées, ses regards, ses paroles et ses actions, pour en faire ta dernière et ta plus douce proie. »

A ces mots ils se séparèrent et prirent différentes routes, mais dans le même dessein de tout ruiner, en répandant sur les diverses créatures de la terre les semences empoisonnées d'une destruction inévitable. Le Tout-Puissant, les observant de son trône sublime, au milieu de ses saints, fit entendre sa voix à ses cohortes brillantes :

« Voyez avec quelle ardeur s'avancent ces deux monstres de l'enfer : ils ne songent qu'à ravager et qu'à détruire ce monde parfait que j'ai créé, et que j'aurais conservé dans le même état, si la témérité de l'homme n'eût introduit ces furies dévorantes qui osent m'accuser de folie : elles ne sauraient concevoir comment je leur ai permis de s'approcher et de se saisir d'une demeure si céleste. Il leur semble que par une indigne connivence je me suis déterminé à entrer dans les vues de mes fiers ennemis, et que dans un transport de colère j'ai indiscrètement remis et abandonné tout à leur disposition. L'enfer ne sait pas que, si je souffre ces monstres dans ces lieux, ils y sont destinés à consumer les immondices que la désobéissance de l'homme a répandues sur ce qui était pur dans son origine. Après qu'ils en auront tiré le venin, un jour viendra, mon Fils, mon bien-aimé, que le péché, la mort et le sépulcre insatiable, renversés d'un seul coup de ton bras victorieux, seront précipités à travers le chaos : ainsi tu fermeras la descente de l'enfer, et l'ouverture de sa gueule dévorante se trouvera scellée pour jamais : alors la terre et les cieux renouvelés brilleront d'une sainteté que rien ne pourra plus souiller ; mais il faut auparavant que la malédiction prononcée ait son effet. »

Il finit, et la céleste assemblée chanta des cantiques plus élevés que le mugissement des mers.

« Tes voies sont justes, et tes décrets sont remplis d'équité. Qui pourrait donner atteinte à ta gloire ? Ton trône, inébranlable par lui-même, est encore soutenu par un Fils qui sera le rédempteur du genre humain, et qui, dans les siècles futurs, tirera de l'abîme ou fera descendre de l'empirée un nouveau ciel et une terre nouvelle. » Tels étaient les chants des chœurs célestes.

Cependant le Créateur, appelant les premiers d'entre ses anges, leur donne des ordres relatifs à l'état présent des choses. Ils enjoignent d'abord au soleil de changer son cours, et de luire de manière qu'il pût affecter la terre d'un froid et d'une chaleur à peine supportables, amenant du nord l'hiver décrépit, et du midi les rudes chaleurs du solstice d'été. Ils règlent les fonctions de la lune, et ils prescrivent aux cinq autres planètes leurs bizarres mouvements et leurs nuisibles aspects, le sextil, le quadrat, le trine et l'opposé, en leur indiquant des temps pour s'unir dans une conjonction maligne. Les étoiles fixes apprennent à verser leurs influences malfaisantes ; quelques-unes en se levant, d'autres en tombant avec le soleil, sont préposées pour exciter les tempêtes. Ils rangent les vents dans leurs divers quartiers, les laissant maîtres de confondre à grand bruit la mer, l'air et la terre, et de rouler terriblement le tonnerre par les régions ténébreuses de l'air. On dit que ces mêmes anges reçurent l'ordre d'incliner les pôles de la terre de deux fois dix degrés et plus sur l'axe du soleil ; et qu'aussitôt avec un rude effort ils poussèrent obliquement le globe central. D'autres prétendent que le soleil eut ordre de détourner, dans la même distance de la route équinoxiale, les rênes de son char, et qu'ainsi il passe par le Taureau pour visiter les sept sœurs atlantiques et les jumeaux de Sparte, en montant au tropique du Cancer, puisqu'il descend par le Lion, la Vierge et la Balance jusqu'au Capricorne. Cette marche nouvelle causa un changement de saisons dans les divers climats ; autrement la terre, toujours ornée de fleurs naissantes, même après le péché, aurait joui d'un printemps éternel, et les jours se seraient trouvés égaux aux nuits, excepté pour les pays situés au-delà des cercles polaires. Pour eux le jour eût brillé sans nuit ; et, pour les dédommager de sa distance, le soleil toujours présent à leurs yeux, et circulant dans leur même plan, aurait perpétuellement terminé leur horizon, sans qu'ils eussent pu distinguer ni levant ni couchant : ainsi son aspect constant aurait préservé de neiges le froid Estotiland, et les terres australes également éloignées au-dessous du détroit de Magellan. Mais à la vue du crime de nos premiers pères, le soleil frappé d'horreur se jeta hors de sa route, comme il le fit depuis au festin de Thyeste ; car, dans l'état d'innocence, la terre destinée à être remplie d'un bout à l'autre eût-elle été exposée tour-à-tour au rude froid de l'hiver et aux chaleurs excessives de l'été ?

Ces changements qui arrivèrent dans les cieux produisirent avec le temps des mutations aussi considérables dans la mer et sur la terre. Les astres répandirent ici-bas les vapeurs, les brouillards, et les exhalaisons chaudes et pestilentielles. Les vents crevèrent leur prison d'airain : déjà du nord de Norumbéca et des rives Samoyèdes accourent Borée, Cœcias, le bruyant Argeste et Tracias. Armés de glace, de neige, de grêle, de pluie et de tempêtes, ils arrachent les bois et soulèvent les mers. Avec un souffle contraire, se mutinant du côté du midi vers Sierra-Leone, le Notus et l'Afer poussèrent devant eux des nuages chargés de tonnerres, et bouleversèrent les flots de l'océan. Non moins furieux, les vents du levant et du couchant, Eurus et Zéphyrus, et leurs fougueux collatéraux Sirocco et Libecchio, se jettent à la traverse.

Ainsi le désordre commença par les choses inanimées. La Discorde, fille du Péché, introduisit une cruelle antipathie parmi les créatures brutes et privées de raison. Les animaux se déclarent la guerre; tous cessent de paître l'herbe, s'entre-dévorent. Ils n'ont plus de déférence pour l'homme; mais ils s'enfuient à sa rencontre, ou avec une contenance menaçante ils font étinceler leurs yeux sur son passage.

Adam, caché au milieu de l'ombrage le plus épais, où il s'abandonnait au désespoir, voyait une partie de ces maux qui le menaçaient au-dehors; mais il en sentait intérieurement de plus rudes; et, se laissant emporter par l'orage de ses passions, il chercha dans ces tristes plaintes un soulagement à son cœur affligé :

« Malheureux que je suis, de quel degré et dans quel abîme affreux me vois-je précipité! Est-ce là la fin de ce monde si glorieux qui ne fait que de naître? à peine créé je péris, et je vois ma félicité changée en malédiction. Qui me cachera de la face de Dieu? sa vue faisait autrefois mon bonheur le plus sensible. Je me consolerais encore si ma misère devait se terminer en moi. Je l'ai méritée, et je porterais la peine de ma faute; mais il n'en sera pas ainsi. Tout ce qui m'environnera et tout ce qui proviendra de moi ne fera que perpétuer ma confusion. O paroles autrefois entendues avec joie, *croissez et multipliez,* que vous me désespérez maintenant! que puis-je faire croître ou multiplier, si ce n'est des malédictions sur ma tête! Tous mes enfants souffriront de mon crime. Chacun d'eux s'écriera : « Maudit soit l'auteur corrompu de notre impure naissance; il est la cause de nos malheurs!» Ainsi, outre ma propre malédiction qui me restera toujours attachée, toutes celles de mes descendants retourneront vers moi comme à leur centre naturel, et m'accableront un jour.

» O joies courtes du paradis! y a-t-il la moindre proportion entre votre plaisir passager et des peines continuelles? Te priai-je, mon Créateur, de me donner l'être quand tu me formas du limon ? Te sollicitai-je de me tirer des ténèbres, et de me placer dans ce jardin délicieux ? Comme ma volonté ne concourut point à mon existence, ta justice devrait se contenter de me réduire en poussière. Incapable d'accomplir tes conditions trop dures, et de garder le bien que je ne cherchais pas, je t'offre de te rendre tout ce que j'ai reçu. La privation de ce bien n'est-elle pas une peine suffisante ? Pourquoi me tourmentes-tu par une cruelle idée de malheurs sans fin ? Ta justice semble inexplicable. Mais que dis-je ? Ah ! j'avoue que je me plains trop tard. J'ai su sous quelles conditions mon bonheur m'était accordé, il fallait alors les refuser ; je les ai acceptées, j'ai dû les observer, Dieu m'a fait, ai-je dit, sans ma participation ; mais quoi, malheureux ! si ton fils un jour se révoltait contre toi, s'il osait te dire : Pourquoi m'as-tu mis au monde ; je ne t'ai point demandé la vie : admettrais-tu pour sa justification cette orgueilleuse excuse ? Ce ne serait pourtant point ton choix, mais la nécessité naturelle qui l'aurait formé. Et toi, Dieu t'a fait de son propre mouvement, et pour le servir à son gré : tu tenais de sa grâce tous les biens dont tu jouissais ; il est donc le maître de te punir comme il lui plaît. Eh bien ! je me soumets à ses jugements ; ils sont tous équitables : je suis poussière, et je retournerai en poussière. Quand arrivera cette heure désirée ? Pourquoi sa main diffère-t-elle d'exécuter ce que ses décrets ont fixé en ce jour ? pourquoi ma vie est-elle prolongée ? pourquoi suis-je frustré de la mort, et réservé par dérision à des peines qui n'auront point de fin ? Avec quelle joie affronterais-je le trépas en subissant ma sentence ! avec quelle plaisir me verrais-je réduire en une terre insensible, et me coucherais-je dans le sein de cette mère chérie ! Là je me reposerais et je dormirais en pleine sûreté. La voix terrible du Tout-Puissant ne tonnerait plus à mon oreille ; nulle crainte de plus grands maux pour moi et pour ma postérité ne me tourmenterait par une attente cruelle.

» Cependant un doute m'embarrasse encore : je crains de

ne pouvoir mourir tout entier : je crains que ce pur souffle de vie, et que cette portion de l'esprit que Dieu lui-même a inspiré dans l'homme ne survive à cette argile corporelle. Que sais-je si dans le tombeau, ou dans quelque autre place effroyable, je ne mourrai point d'une vivante mort! O pensée terrible, si je dois me trouver dans cette triste situation! Mais non, cette partie supérieure de moi qui veut, qui pense, qui agit, est celle qui a péché : qu'est-ce qui doit mourir, sinon ce qui a vécu et ce qui a péché? Le corps proprement n'a fait ni l'un ni l'autre; je mourrai donc tout entier. Dieu est infini ; mais s'ensuit-il que sa colère le soit de même? et quand cela serait, l'homme est un être fini. Il est condamné à la mort; comment donc l'Eternel peut-il exercer sa colère sans fin sur l'homme que la mort doit finir? peut-il faire la mort immortelle? cela se contredit. Allongera-t-il, pour punir l'homme, le fini jusqu'à l'infini, afin de satisfaire sa rigueur qui ne pourrait jamais être assouvie? Ce serait aller contre la loi de la nature, suivant laquelle tous les agents consultent moins la portée de leur pouvoir que du sujet sur lequel ils agissent. Mais que sais-je, après tout, si la mort est ce que j'imagine ici! Que sais-je si c'est un coup subit qui me privera de tout sentiment, ou si la mort n'est point cette chaîne de maux qui se déclarent en moi et hors de moi, pour durer peut-être toute l'éternité? Malheureux, cette pensée revient sans cesse m'épouvanter : je ne puis la rejeter. Plus je raisonne, plus je me confirme dans l'opinion que la mort me tourmentera éternellement. Enfants infortunés d'un père coupable, quel patrimoine vais-je vous laisser? O si je pouvais seul consumer ce triste héritage, et ne vous point laisser une portion si funeste, quelles obligations ne m'auriez-vous pas de vous avoir épargné tant de malheurs! Pourquoi la faute d'un seul entraîne-t-elle la ruine de tout le genre humain qui en est innocent? Que dis-je, innocent? peut-il sortir de moi autre chose que de la corruption, qu'une âme et un cœur assez dépravés pour tomber, et pour se précipiter volontairement, comme j'ai fait, dans le mal? Pourraient-ils donc être quittes aux yeux de Dieu? je suis forcé de l'absoudre. Mes vains subterfuges et mes détours embarrassés, ainsi que des labyrinthes, ne servent qu'à me confondre moi-même. De quelque côté que je me tourne, je me trouve l'origine de toute iniquité, et tout le blâme tombe sur moi.

» Plût à Dieu que toute la colère fondît aussi sur moi! Téméraire souhait! Pourrais-tu supporter ce fardeau plus pesant que la terre et que tout l'univers, quand même tu en partagerais le poids avec la compagne de ta fortune? Ainsi ce que tu désires et ce que tu crains détruit également ton espérance, et montre que tu es au comble du malheur, seul semblable à Satan en crime et en châtiment. O conscience! dans quel gouffre d'alarmes et d'horreurs m'as-tu réduit? je ne trouve aucune issue pour en sortir, et je tombe d'abîmes en abîmes. »

Adam faisait entendre ces plaintes lamentables dans le silence de la nuit : elle ne ressemblait plus à ces nuits fraîches et tempérées où la nature innocente semblait attentive à ménager à son souverain toutes les douceurs du repos. Elle était embarrassée d'une obscurité lugubre, et l'effroi qu'elle répandait contribuait encore à lui faire mieux sentir l'horreur de son crime. Il était accablé sous le poids de sa douleur; et tristement étendu sur une terre humide, il maudissait sans cesse l'heure de sa naissance. Il accusait à tout moment la lenteur de la mort; la menace l'avait jointe de plus près à l'offense. « Pourquoi la mort, disait-il, suspend-elle si longtemps un coup si désiré? Que ne vient-elle trancher mes tristes jours? la vérité peut-elle se démentir? la justice éternelle ne se hâtera-t-elle pas de s'accomplir? Mais, sourde à ma voix, l'inexorable mort se refuse à mes désirs. Les cris ni les prières ne changent point l'ordre que ta justice divine s'est prescrit. O bois, fontaines, montagnes, vallées, je faisais naguère retentir vos échos des sentiments de mes plaisirs et de ma reconnaissance; je ne leur apprends plus qu'à gémir! »

Eve, qui pleurait assise à l'écart, s'aperçut de son affliction : elle se lève, et s'approche de lui, pour tâcher de calmer ses transports furieux ; mais il la repousse d'un ton sévère.

Retire-toi, dangereux serpent; ce nom te convient après la ligue que tu as faite avec lui : tu n'es ni moins fausse ni moins odieuse. Pourquoi ne lui ressembles-tu pas par l'extérieur et la forme, afin qu'à l'avenir toutes les créatures, averties de ta malice intérieure, se reculent à ta vue, et ne se laissent point surprendre par ces charmes trompeurs qui couvrent une malignité infernale? Je serais heureux si ton orgueil n'eût cherché, dans un funeste éloignement, à se satisfaire malgré mes salutaires avis. L'ambition de te faire voir à Satan même, dont tu prétendais triompher, t'a fait rejeter mon conseil; mais au premier abord le serpent t'a vaincue : tu m'as ensuite séduit, et je me repens maintenant d'avoir compté sur ta vertu. Hélas! je ne concevais point que tu ne possédasses que des perfections apparentes. Pourquoi le sage Créateur, ayant peuplé le ciel d'esprits mâles, a-t-il placé cette nouveauté sur la terre, ce beau défaut de la nature? Que n'a-t-il créé à la fois tous les hommes, comme il a formé les anges, sans aucune différence de sexe? ou pourquoi n'a-t-il pas trouvé quelque autre voie pour perpétuer le genre humain? Le monde n'aurait point à essuyer les maux cruels où je suis maintenant plongé. Que de troubles désormais vont naître de l'union de l'homme avec un sexe artificieux et perfide! L'infortuné ne trouvera presque jamais la compagne qui lui conviendrait. L'intérêt, le hasard, l'erreur d'un moment, voilà quels seront les tristes assortiments d'un nombre immense de mariages; puis viendront les caprices fantasques, les humeurs, les contradictions altières, impérieuses, d'une indocile épouse, et le désaccord régnera dans l'intérieur des ménages. Ainsi la vie humaine sera traversée d'une foule de chagrins, et la paix domestique fréquemment empoisonnée ; et tous ces malheurs auront commencé par toi!»

Il dit, et se détourne d'elle. Eve ne se rebute point. Fondant en larmes, et les cheveux épars, elle se jette humblement à ses pieds qu'elle embrasse ; elle demande pardon ; elle excite ainsi sa pitié :

« Ne m'abandonne pas, Adam; le ciel m'est témoin de l'amour sincère et du respect que je te porte en mon cœur. J'ai péché innocemment, j'ai été malheureusement trompée : je te conjure, je te supplie, j'embrasse tes genoux. Dans cette extrémité fâcheuse, ne me prive point de ce qui me donne la vie ; de tes regards consolants, de ton aide, de tes conseils : c'est là ma seule force et mon unique soutien. Si tu m'abandonnes, quel sera mon recours ? que vais-je devenir ? Nous n'avons peut-être plus que quelques moments à vivre ; passons-les en paix. L'outrage de notre cruel ennemi nous est commun. Joignons-nous dans un même ressentiment : unissons-nous pour la ruine du cruel serpent, qu'un jugement solennel nous donne à combattre. N'exerce pas sur moi ta haine, à cause du malheur qui nous est arrivé. Je suis plus à plaindre, plus misérable que toi. Nous sommes tous deux coupables, mais tu as péché contre Dieu seul ; j'ai péché contre Dieu et contre mon époux : je me rendrai au lieu du jugement ; là j'importunerai le ciel par mes cris : je tâcherai d'éloigner de ta tête notre condamnation, et je demanderai qu'elle tombe sur moi, qui suis la seule cause de ton malheur, et qui mérite par là d'être le seul objet de sa colère. »

Elle finit en versant un torrent de larmes. Son humble posture et sa persévérance à demander grâce d'une faute qu'elle reconnaissait et qu'elle déplorait, excitèrent la pitié d'Adam : son cœur s'attendrit en voyant une si belle créature, maintenant soumise à ses pieds, accablée de douleur, et demandant l'amitié, le conseil, la protection de celui à qui elle avait pu déplaire. Il sentit sa colère désarmée, et, relevant sa compagne, il lui adressa ces douces paroles :

« Imprudente, oses-tu encore désirer ce que tu ne connais point ? peux-tu souhaiter d'attirer sur toi toute la punition ? Contente-toi des maux qui te sont préparés. Tu ne saurais soutenir mon indignation ; comment soutiendrais-tu la colère de Dieu, dont tu ne sens encore que les premières atteintes ? Si je croyais pouvoir changer les décrets d'en haut, je me hâterais de me rendre avant toi au lieu du jugement, et je tâcherais d'obtenir que toute la peine tombât sur ma tête. Je demanderais grâce pour toi, en considération de la faiblesse et de la fragilité de ton sexe qui m'avaient été confiées, et que j'ai mal à propos exposées. Mais levons-nous, ne disputons plus, ne nous blâmons plus l'un l'autre. Nous sommes déjà trop confondus, sans que nous nous accusions encore. Songeons bien plutôt, par des services mutuels, à nous entr'aider dans les maux que nous devons supporter ensemble. Autant que je prévois, la mort ne nous frappera point de sitôt; mais elle viendra pas à pas nous détruire lentement pour augmenter notre supplice, et elle s'étendra sur nos descendants. O postérité infortunée ! »

Eve, reprenant courage, lui répondit : « Adam, je sais par une triste expérience combien mes conseils doivent avoir peu de poids auprès de toi; tu sens combien ils sont peu sages, et combien il t'en coûte pour les avoir suivis; cependant, puisque, malgré mon indignité, tu as bien voulu me recevoir, me pardonner, je dois songer à regagner ton amour, qui sera le seul contentement de mon cœur à la vie et à la mort.

» Je ne te cacherai donc point les pensées qui se sont présentées à mon âme inquiète : elles ont pour objet l'adoucissement ou la fin de nos maux. Le parti est violent, mais il est supportable, et moins dur que la situation où nous sommes. Notre postérité, condamnée à des malheurs certains, et qui doit être enfin dévorée par la mort, est ce qui nous touche le plus. Il serait douloureux de causer la misère d'autrui, de nos propres enfants, de mettre au monde une race malheureuse qui, après une vie infortunée, se trouverait enfin la pâture d'un monstre si effroyable. Eh bien! pour nous délivrer tout d'un coup, nous et notre postérité, abrégeons nos alarmes; cherchons la mort; et, si nous ne la trouvons point, au défaut de ses traits, nos mains peuvent suppléer à son ministère. Pourquoi hésiter à prendre ce parti, puisque nous ne voyons à nos craintes d'autre terme que la mort? Choisissons le plus court de tous les chemins qui y mènent; il est en notre pouvoir d'empêcher de plus grands maux. »

Le désespoir lui coupa la parole : son esprit s'était si fort occupé des pensées de la mort, que l'on en voyait la pâleur sur son visage. Adam ne se laissa point aller à de semblables conseils : son âme plus élevée conçut de meilleures espérances, et il répondit :

« Eve, ton mépris de la vie s'offre comme une grandeur d'âme, et n'est qu'un effet de la faiblesse. L'envie de se détruire soi-même annonce moins d'indifférence pour les choses de ce monde que le chagrin et le regret d'être privé des avantages d'une vie tranquille et heureuse. Si tu souhaites la mort comme la dernière fin de ta misère, et que tu crois par là éluder les jugements d'en haut, désabuse-toi : Dieu a trop sagement armé sa colère vengeresse pour qu'aucune surprise puisse lui dérober sa victime. Je craindrais plutôt, en abrégeant nos jours, qu'un tel désespoir, loin de nous délivrer de la peine où nous sommes condamnés, ne provoquât le Très-Haut à éterniser notre mort. Cherchons donc quelque consolation plus raisonnable : j'en trouve une, ce me semble, dans la dernière partie de notre jugement, qu'heureusement je me rappelle : « Ta race écrasera la tête du serpent. » Faible satisfaction, à moins que nous n'entendions notre grand ennemi, Satan, qui, sous la figure du serpent, nous a tendu le piége fatal. Ce serait une vraie vengeance que d'écraser sa tête orgueilleuse. En précipitant notre mort, comme tu le proposes, nous perdrions cette satisfaction. Notre ennemi échapperait au châtiment qui lui est préparé, et nous augmenterions nos peines au lieu de les éviter. Ne parle donc plus de violence contre nous-mêmes. Une telle résolution nous enlèverait tout espoir, et sentirait l'obstination, l'orgueil, le dépit et la révolte contre Dieu et contre le juste joug qu'il nous a imposé.

» Souviens-toi de la modération et de la bonté avec laquelle il nous a entendus et jugés sans colère ni emportement. Nous nous attendions à être plongés dans le néant de la mort, quand il s'est borné (songes-y bien) à t'annoncer seulement les peines de l'enfantement, peines qui seront bientôt adoucies par la joie de voir le fruit de tes entrailles. La malédiction prononcée contre moi est tombée indirectement sur la terre : je dois gagner mon pain à la sueur de mon front : l'oisiveté eût été plus fâcheuse ; mon travail me fera subsister. Vois comme sa bonté ineffable a prévenu nos prières, a daigné nous garantir des attaques du froid et du chaud : c'est lui-même qui nous a revêtus, malgré les sujets de colère que nous lui avions donnés : il a eu pitié nous, même en nous jugeant. Combien plus, quand nous le prierons, son oreille s'ouvrira-t-elle, et son cœur sera-t-il sensible? Il nous enseignera les moyens d'éviter l'inclémence des saisons, les pluies, les frimas, les grêles et les neiges, que le ciel, ayant changé de face, commence à nous montrer sur cette montagne, tandis que les vents nous soufflent le froid et l'humide, et brisent les branches des arbres. Ces tristes révolutions de l'air nous engagent à chercher quelque meilleur abri, quelque chaleur étrangère pour réjouir nos membres engourdis, avant que le soleil en se couchant introduise la froide nuit. Nous en viendrons peut-être à bout, en rassemblant ses rayons sur des amas de matières combustibles, ou par le choc de deux corps, ainsi que tout à l'heure nous avons vu les nuages poussés par les vents impétueux se heurter violemment, et faire jaillir des éclairs. Les flammes qui en sont descendues obliquement ont embrasé à nos yeux l'écorce résineuse du pin et du sapin, et nous ont fait sentir une chaleur agréable qui pourrait suppléer au défaut du soleil. Quand nous prierons le Seigneur, et que nous implorerons sa miséricorde, il nous apprendra les moyens de faire un feu semblable, et de soulager ou de guérir les maux qu'a produits notre crime. Ainsi, pour que nous puissions passer commodément cette vie, il nous soutiendra de ses fréquentes consolations, jusqu'à ce que nous rentrions dans la poussière, où est notre dernier repos et notre maison natale. Que pouvons-nous faire de mieux que de nous transporter au lieu où il nous a jugés, de nous y prosterner avec soumission devant lui, d'y confesser humblement nos fautes, et d'en demander le pardon? Que nos larmes arrosent la terre, que nos soupirs élancés de nos cœurs contrits vers le trône céleste soient le signe et l'expression de nos regrets sincères, de notre parfaite humiliation. Sans doute qu'il s'attendrira sur nous, et que sa colère se calmera ; car, dans son regard serein, même quand il semblait le plus sévère et le plus courroucé, la tendresse, la grâce et la miséricorde brillaient souverainement. »

Ainsi parla notre premier père, animé d'un esprit de pénitence ; et son épouse partagea sa douleur. Aussitôt, se transportant au lieu où ils avaient été jugés, ils se prosternent avec soumission devant leur Créateur ; tous deux ils confessent humblement leur faute, et en demandent le pardon. Tous deux arrosent la terre de larmes, et de leurs cœurs contrits s'élancent des soupirs vers le ciel, en signe d'un regret sincère et d'une parfaite humiliation.

ARGUMENT DU LIVRE ONZIÈME.

Le Fils de Dieu intercède pour nos premiers pères, qui confessent leur faute ; il présente leurs prières à son Père. Le Seigneur les exauce ; mais il déclare qu'ils ne sauraient rester plus longtemps dans le Paradis. Il envoie Michel avec une légion de chérubins pour les chasser du Jardin de délices : il lui ordonne cependant de révéler auparavant à Adam ce qui arrivera dans la suite des temps. Descente de Michel. Adam fait observer à Eve quelques signes funestes. Il discerne l'arrivée de Michel, et s'avance au-devant de lui. L'Ange lui annonce l'arrêt de son exil. Lamentations d'Eve. Adam tâche d'obtenir grâce ; enfin il se soumet. L'Ange le conduit sur une hauteur du Paradis, et lui découvre, dans une vision, ce qui doit arriver jusqu'au déluge.

LIVRE ONZIÈME.

Touchés d'un véritable repentir, ils priaient dans la plus humble posture. La grâce prévenante, qui était descendue sur eux du trône de la miséricorde, avait fondu la pierre de leur cœur, et y avait fait naître une chair nouvelle. Leurs soupirs, animés par l'esprit, guidés par la prière, franchissaient l'espace d'un vol plus rapide que celui de l'éloquence la plus impétueuse; et cependant ils conservaient encore dans leur soumission un air de dignité. C'est vers le ciel qu'elles s'élevaient ces prières, sans être détournées en chemin ni dispersées par les vents envieux : elles percèrent les portes célestes; puis, parfumées par le divin pontife de l'encens qui fumait sur l'autel d'or, elles parurent devant le trône du Père; et le Fils, les présentant avec joie, commença ainsi son intercession :

« Mon Père, voyez les effets que votre grâce a produits sur la terre. En vertu du sacerdoce dont vous m'avez revêtu, je vous offre dans l'encensoir d'or les soupirs de l'homme, et ses prières mêlées d'encens : ces fruits, provenant de la semence que vous avez jetée dans son cœur, sont pour vous plus précieux que tous les parfums des arbres qu'il cultivait dans le paradis, et qu'il aurait pu vous offrir au temps de son innocence. Ouvrez votre oreille à ses cris; il ne sait point encore comment il doit vous invoquer : entendez ses soupirs muets ; souffrez que je les interprète pour lui; je suis et son juge et son défenseur, et une victime de propitiation pour ses péchés. Transportez sur moi toutes ses œuvres bonnes et mauvaises : mes mérites donneront aux premières une heureuse perfection, et ma mort expiera les autres. Acceptez-moi, et recevez l'odeur agréable de la paix, dont je demande à être le médiateur entre vous et les hommes : tournez la vue sur eux; leurs jours seront assez tristes sans que votre colère les accable : qu'ils vivent jusqu'à ce que la mort, conformément à vos lois, que je ne dois point abroger, mais adoucir, les conduise à une meilleure vie, où tous mes élus demeureront dans la joie et dans la béatitude, unis avec moi, comme je suis uni avec vous. »

« Mon Fils, reprit le Père avec une sérénité qui répandit la joie dans le ciel, je t'accorde ce que tu demandes; tes désirs sont mes décrets; mais la loi que j'ai imposée à la nature ne permet pas à l'homme de demeurer plus longtemps dans les jardins du paradis. Ces lieux sacrés, qui ne souffrent point de mélange impur, le rejettent à présent qu'il a perdu son innocence; ils n'ont plus de rapport avec lui; je l'enverrai donc respirer un air grossier : son crime a infecté l'univers, et dépravé ce qui était parfait dans son origine; son crime l'assujétit à souffrir la dissolution de sa substance; il faut l'y disposer par une nourriture corruptible. Je lui avais fait au moment de sa création deux dons excellents, le bonheur et l'immortalité. Après avoir perdu le premier par sa faute, l'autre n'aurait servi qu'à éterniser son malheur : ma bonté y a pourvu; je lui ai préparé la mort comme la fin de ses maux. C'est elle qui, après une vie éprouvée par de dures tribulations et purifiée par la foi et par les bonnes œuvres, lui ouvrira l'entrée à une seconde vie, lorsque à la fin des temps les justes s'éveilleront pour partager ma gloire. Mais rassemblons les citoyens célestes : ils ont vu comment j'ai traité les anges rebelles, je veux aujourd'hui leur montrer de quelle manière j'exerce mes jugements sur le genre humain. »

Il dit, et le Fils donna le signal au ministre brillant qui veillait auprès du trône; aussitôt l'ange emboucha la trompette qui sonna quand Dieu descendit sur le mont Horeb, et qui doit au grand jour appeler les morts de leur tombeau : elle fut entendue jusqu'aux extrémités du ciel.

Les enfants de lumière accoururent de leurs retraites délicieuses ombragées d'amaranthes; et quittant les torrents de joie qu'ils goûtaient à longs traits au bord des fontaines et des sources de vie, ils se présentèrent devant l'Éternel, et se placèrent suivant leurs rangs. Du haut de son trône suprême, le Tout-Puissant énonça sa volonté souveraine :

« Voilà l'homme devenu comme l'un de nous : il sait, mes enfants, le bien et le mal depuis qu'il a goûté du fruit défendu. Mais qu'il se vante de la connaissance du bien qu'il a perdu, et du mal qu'il a attiré sur sa tête : l'ignorance lui était plus avantageuse. Maintenant il s'afflige, il m'adresse ses prières dans la contrition de son cœur; c'est ma grâce qui produit en lui ces mouvements. Si elle cessait d'agir, et qu'il fût livré à lui-même, vous verriez combien il est vain et changeant. Empêchons donc qu'il ne porte encore une main audacieuse à l'arbre de vie, qu'il n'en mange, et qu'il ne vive ou ne vienne à se figurer qu'il doit vivre éternellement. Je veux l'envoyer hors du jardin pour labourer la terre, d'où il a été tiré, et qui est un séjour plus convenable pour lui. Michel, exécute mes ordres; choisis parmi les chérubins une troupe de guerriers flamboyants, afin que le prince des ténèbres n'excite pas de nouveaux troubles à l'occasion de l'homme, ou ne songe pas à envahir sa demeure déserte. Hâte-toi, et, sans te laisser attendrir, conduis hors du paradis le couple pécheur; éloigne les profanes d'une région sacrée; prononce leur l'arrêt d'un bannissement perpétuel pour eux et pour leur postérité : mais comme ils pourraient succomber au désespoir, traites-les avec douceur; car je vois qu'ils sont touchés, et qu'ils pleurent leur faute. Tu posteras un corps de chérubins à l'orient du jardin, du côté où l'accès es le plus facile; tu y placeras l'épée étincelante pour effrayer tout audacieux qui voudrait pénétrer dans ce lieu de délices et s'approcher de l'arbre de vie; autrement le paradis deviendrait le repaire des esprits impurs, et ils ne manqueraient pas d'en dépouiller encore les fruits pour séduire l'homme crédule et fragile. »

Il dit; et l'archange se prépara pour une prompte descente. Une cohorte redoutable de chérubins actifs le suivit : chacun avait quatre faces, ainsi qu'un double Janus. Leurs corps étaient parsemés d'yeux plus nombreux que ceux d'Argus; la flûte de Mercure ou le charme de sa baguette sut endormir le prince argien; mais la vigilance des messagers du Très-Haut, était assurée contre toute surprise.

Cependant Leucothoé s'éveillant pour répandre la lumière agréable à toute la nature, embaumait la terre de fraîches rosées. Après que nos premiers pères eurent imploré la miséricorde de l'Eternel, ils sentirent en eux une force qui leur était venue d'en haut, un nouveau rayon d'espérance et des mouvements de joie, mais d'une joie encore mêlée de crainte. Adam s'adressant à sa compagne, lui dit :

« Eve, nous pouvons aisément concevoir que tout le bien dont nous jouissons descend du ciel; mais que nos impuissantes paroles montent là haut, et soient dignes d'occuper l'esprit d'un dieu souverainement heureux, ou de toucher sa volonté, cela semble difficile à comprendre; il faut bien pourtant que la prière, ou les faibles soupirs que poussent les humains, parviennent jusqu'au trône de l'Eternel : car depuis que j'ai cherché à calmer sa colère, depuis que je me suis prosterné, et que mon cœur s'est humilié devant le Seigneur, il me semble que je le vois apaisé, attendri, prêt à m'exaucer. Je me persuade même qu'il m'a écouté favorablement : la paix est rentrée dans mon âme, et sa promesse me revient en mémoire : *ta race écrasera notre ennemi.* Cette promesse, que nous avions perdue de vue en nous livrant au désespoir, m'assure que l'amertume de la mort est passée, et que nous vivrons. Ainsi je te salue, Eve, appelée à juste titre mère du genre humain, mère de tous les vivants, puisque l'homme pour qui vivent toutes les créatures sortira de ton sein. »

« Ce titre, lui répondit Eve d'un ton plein de douceur et de tristesse, ce titre me convient mal après mon crime. J'étais faite pour être ton aide, je t'ai entraîné dans le précipice : le reproche, la menace et le blâme devaient être mon unique partage ; mais mon juge est infini en miséricorde. Après que j'ai introduit la mort ici-bas, il me laisse la consolation de devenir la source de la vie. Avec quelle bonté ne me traites-tu point aussi ! Comment peux-tu te résoudre à me donner des titres honorables, malgré les noms odieux que je mérite ? Cependant la campagne nous appelle rigoureusement au travail, quoique la nuit ne nous ait point donné le repos ordinaire. L'aurore, peu touchée de notre insomnie, entre en souriant dans sa carrière semée de roses : marchons ; je ne m'écarterai plus désormais de ton côté, en quelque endroit que l'ouvrage nous conduise dans le courant de la journée. Je sais qu'à présent nos occupations doivent être accompagnées de peine ; mais tant que nous demeurerons ici, que peut-il y avoir de pénible dans ces agréables promenades ? Le changement de notre état n'empêche point que nous ne puissions vivre contents. »

Tel fut le discours, tels furent les vœux de l'humble épouse d'Adam : mais le destin n'y souscrivit pas. Déjà la nature était soumise à d'autres lois. Les oiseaux, les quadrupèdes, en offraient des signes non équivoques : l'air même annonça le changement fatal. Le ciel s'obscurcit tout d'un coup après la courte rougeur du matin : en même temps l'oiseau de Jupiter fond du haut des nues sur deux autres oiseaux du plus riche plumage ; du haut de la montagne, le lion, monarque des bois, se précipite sur le plus noble couple de la forêt, le cerf et la biche; ils prennent la fuite vers la porte orientale du jardin. Adam observe le chemin qu'ils suivent : il en tire un triste présage.

« Chère épouse, dit-il, nous sommes menacés de quelque grand événement. Le ciel nous marque par ces signes muets, avant-coureurs de ses décrets, que notre fortune est sur le point d'être renversée. Peut-être veut-il nous avertir que nous nous abusons si nous comptons sur l'impunité de notre crime, parce que notre mort a été suspendue, et que nous avons un délai de quelques jours. Qui sait combien il durera, et que sera cependant notre vie? Que savons-nous de plus, sinon que nous sommes poussière, que nous retournerons en poussière, et que nous ne serons plus? Autrement pourquoi d'un même côté, à la même heure, nos yeux auraient-ils été frappés de cette double fuite dans l'air et sur la terre? Pourquoi les ténèbres viennent-elles de l'orient avant que le jour soit à la moitié de sa course? Et pourquoi l'aurore se lève-t-elle pour la seconde fois dans cette nue à l'occident? Vois comme ce nuage efface l'azur du firmament par sa blancheur éblouissante, et comme il descend avec une lenteur majestueuse; sans doute il contient quelque chose de divin. »

Il ne se trompait pas : les célestes légions sortirent de cette nuée, ainsi que d'un firmament de jaspe; elles descendirent dans le paradis, et firent halte sur le sommet de la montagne.

Avec quel plaisir Adam n'aurait-il point observé cette glorieuse apparition, si la méfiance et la crainte charnelle n'eussent, ce jour, obscurci ses yeux?

La vision de Jacob n'eut rien de plus auguste, quand les anges vinrent à sa rencontre en Mahanim où la campagne couverte de pavillons et d'éclatantes cohortes s'offrit à ses regards; avec moins d'éclat parut, sur le mont flamboyant de Dothan, le cortége formidable d'Elisée, lorsque son serviteur vit un camp de feu prêt à dévorer le roi de Syrie, qui, pour surprendre un seul homme, avait mis une armée en campagne, et commencé, comme un vil brigand, la guerre sans la dénoncer.

Le prince des hiérarchies lumineuses posta ses puissances, et les avertit d'être prêtes à se mettre en possession du jardin. Pour lui, il marcha tout seul vers l'ombrage où notre premier père s'était retiré. Adam le vit venir, et il tint à Eve ce discours pendant que le divin messager s'approchait :

Eve, prépare-toi à de grandes nouvelles ; peut-être vont-elles décider de notre sort, où nous imposer de nouvelles lois. De ce nuage radieux suspendu au-dessus de la montagne, je vois sortir un des guerriers de l'armée céleste. A juger de lui par son port, et par la noblesse de sa démarche, ce ne peut être un des esprits inférieurs ; c'est quelque grand potentat, l'un des trônes du ciel : son apparence majestueuse et sublime n'est point terrible et menaçante ; mais il n'a point non plus cet air doux et sociable de Raphaël : je ne dois point avoir une entière assurance ; prenons garde de l'offenser. J'irai respectueusement à sa rencontre : ton devoir est de te retirer. »

Il finit : l'archange arriva, non selon sa taille céleste, mais sous la figure de l'homme. Sur ses armes luisantes flottait un manteau d'une pourpre plus vive que celle de Mélibée, ou que la teinture de Sarra portée par les rois et par les héros anciens dans les jours de fête. Iris en avait teint la trame. A travers l'ouverture de son casque étincelant, on entrevoyait un visage glorieux dans la fleur de la virilité, à l'âge où finit la jeunesse. Son épée, terreur de Satan, pendait à son côté comme dans un zodiaque brillant, et il tenait une lance à la main. Adam se prosterna : l'ange soutint la dignité de son caractère, et, sans s'incliner, il déclara ainsi le sujet de son arrivée :

« Adam, les hauts messages du ciel n'ont pas besoin de détours ; qu'il te suffise de savoir que tes prières ont été écoutées. La mort que tu devais subir au moment de ta désobéissance a été reculée pour un nombre de jours ; ils ont été accordés, par grâce, à ta prière, afin que tu aies le temps de te repentir et d'expier ton crime par un grand nombre de bonnes œuvres : alors le Seigneur apaisé pourrait bien t'affranchir entièrement des droits que la mort a sur toi ; mais il ne te permet pas de demeurer dans ce paradis : je viens pour t'en éloigner et pour te conduire hors du jardin, afin que tu laboures la terre d'où tu as été tiré : cet autre séjour est plus convenable pour toi. »

Il s'arrêta. Adam, frappé de ces paroles comme d'un coup de tonnerre, tombait en défaillance, et la douleur suspendait l'usage de ses sens. Eve, qui avait tout entendu sans se faire voir, découvrit bientôt par ses lamentations le lieu où elle s'était cachée.

« O coup imprévu, plus rude que la mort! faut-il donc te quitter, paradis charmant, lieu divin, où nous avons reçu le jour? heureuses promenades, agréables ombrages, habitation digne des dieux, faut-il se séparer de vous? J'espérais passer ici tranquillement, quoique dans la tristesse, le délai qui nous a été accordé jusqu'au jour de notre mort. Vous ne croîtrez jamais en d'autres climats, belles fleurs que je visitais le matin, que je retournais voir le soir, que j'appuyais soigneusement de ma main dès que vous commenciez à vous épanouir, et que j'avais pris tant de plaisir à caractériser par des noms convenables. Qui vous présentera maintenant au soleil? qui rangera vos diverses tribus? qui vous arrosera des eaux d'ambroisie? Toi enfin, berceau nuptial, que j'avais orné de tout ce qui pouvait réjouir la vue ou l'odorat, comment m'éloignerai-je de toi? où porterai-je mes pas, dans un monde obscur et sauvage au prix de celui-ci? comment pourrons-nous respirer dans un air moins pur? comment nous réduire à des aliments grossiers, nous qui sommes accoutumés à des fruits immortels?»

L'ange lui répliqua : « Eve, cesse de te lamenter, renonce patiemment à ce que tu as justement perdu; il ne faut pas avoir tant d'attache pour ce qui ne t'appartient point en propre : tu n'iras point seule, ton mari part aussi bien que toi : tu ne ne saurais te dispenser de le suivre; songe que, en quelque endroit qu'il demeure, là est ton pays natal. »

Adam, revenu de son saisissement, adressa au grand archange ce discours plein de soumission :

« Habitant du ciel, comment te dois-je nommer ? tu es un des trônes, ou le premier d'entre eux ; car l'éclat qui t'accompagne annonce un prince élevé au-dessus des princes. Si nous vivons encore, nous en devons rendre grâce à la douceur avec laquelle tu nous as annoncé ton message : sa rigueur suffisait pour nous donner la mort. Il nous livre en proie au chagrin, à la tristesse, au désespoir : hélas ! nous allons être exclus de cette heureuse demeure, notre douce retraite, et la seule consolation qui pût nous rester ; tous les autres lieux nous paraîtront inhabitables et désolés, aussi étrangers pour nous que nous le serons pour eux. Si par des prières ardentes je pouvais espérer de changer la volonté divine et celui qui peut tout, je ne cesserais point de le fatiguer par mes cris redoublés ; mais contre son décret absolu, les soupirs, les plaintes, les larmes ne sont qu'un souffle léger dont le vent se joue ; ainsi je me soumets à son ordre irrévocable. Ce qui m'afflige le plus, c'est que, en quittant ce séjour, je serai loin de Dieu, et privé de sa vue bienheureuse : ici j'aurais pu lui rendre mes adorations dans chaque endroit où il daigna m'accorder sa présence divine : j'aurais dit à mes enfants : Sur ce mont il m'apparut ; sous cet arbre il se rendit visible ; parmi ces pins j'entendis sa voix : je conversais avec lui au bord de cette fontaine. J'aurais dressé en reconnaissance plusieurs autels de gazon, et j'aurais amassé les pierres naturelles des ruisseaux pour servir de monument aux siècles futurs : j'y aurais offert des parfums d'encens odoriférant, des fruits et des fleurs ; mais dans cet autre monde obscur où chercherai-je ses apparitions brillantes ? où trouverai-je la trace de ses pas ? car quoique je fuis sa colère, maintenant qu'il me rappelle à la vie, qu'il prolonge mes jours, et qu'il me console par l'espoir d'une postérité glorieuse, je me fais un plaisir d'envisager l'extrémité de sa gloire immense, et j'adore de loin ses moindres vestiges. »

Michel lui répondit avec un regard plein de bonté : « Ne sais-tu pas, Adam, que la terre est à lui aussi bien que le ciel ? ce mont n'est pas le seul endroit honoré de sa présence.

Son immensité remplit la terre, la mer et l'air. Toutes les créatures vivantes sont pleines de sa puissante vertu, qui les soutient et les conserve. Il a remis en tes mains l'empire du globe terrestre : tu dois en être content. Ne crois donc pas sa divinité resserrée dans ces bornes étroites du paradis ou d'Eden. Si tu avais conservé ton innocence, cette montagne aurait peut-être été la capitale de ton empire ; de là toutes les générations se seraient répandues sur la terre ; et peut-être tes arrière-petits-fils y seraient venus des quatre coins du monde pour te révérer comme leur grand auteur ; mais tu as perdu cette prééminence : tu es maintenant réduit à demeurer dans le même terrain que tes fils. Cependant ne doute point que Dieu ne soit également dans les plaines et dans les vallées ; plusieurs signes de sa présence t'y suivront ; tu y seras toujours environné de sa bonté et de son amour paternel ; tu y verras l'empreinte de ses traits, et la trace divine de ses pas.

» Afin que tu puisses croire, et que tu sois consolé avant ton départ, sache que je suis envoyé pour te montrer ce qui arrivera dans les jours à venir. Prépare-toi à voir le bien et le mal, et la grâce surnaturelle combattant avec la corruption de l'homme : par là tu pourras apprendre à connaître la véritable patience, à tempérer la joie par la crainte et par une pieuse componction, et tu verras qu'il faut t'accoutumer également à supporter avec modération l'état de la prospérité comme celui de l'adversité. Ainsi tu adouciras tes malheurs, et tu seras préparé à soutenir le passage de la mort quand le moment sera venu. Monte sur cette éminence : qu'Eve (car j'ai appesanti ses yeux) dorme ici-bas, pendant que tu veilles pour la vision ; tu dormis autrefois pendant qu'elle fut formée à la vie. »

Adam, pénétré de reconnaissance, lui répliqua : « Monte, je te suivrai, divin guide, partout où tu me conduiras. Je me soumets au bras de Dieu, quelque pesant qu'il soit. Je m'armerai de patience pour surmonter le mal ; et par une entière résignation, je tâcherai de moissonner le repos dans le travail. »

Ainsi tous deux ils montèrent dans les Visions de Dieu : c'était la plus haute montagne du Paradis : de son sommet on découvrait distinctement un hémisphère entier qui présentait une magnifique perspective.

Il n'était ni plus élevé, ni d'un aspect plus étendu, cet autre mont, sur lequel, par un motif bien différent, le tentateur transporta dans le désert notre second Adam, pour lui montrer les royaumes de la terre et leur gloire.

De là les yeux d'Adam commandaient sur tous les pays occupés depuis par des villes renommées. Il vit les provinces des plus puissants empires, depuis les murailles projetées de Combalu, siége du camp de Cathay, et depuis Samarcande, où fut le trône de Témir, près du fleuve Oxus, jusqu'à Pékin, capitale des rois de la Chine ; et de là Agra et Lahore du Grand-Mogol, en descendant vers la Chersonèse dorée.

Il reconnut la résidence du monarque persan, jadis Ecbatane, maintenant Ispahan ; Moscou soumis au czar de Russie, et Byzance où règne le Grand-Seigneur, issu du Turkestan.

Son œil put encore discerner l'empire de Négus et son port le plus éloigné, Erocco, aussi bien que les autres plus petits états maritimes, depuis Mombaza, Quiloa, Mélinde et Sofala, que l'on croit être Ophir, jusqu'au royaume d'Angola vers le midi.

Ensuite, se portant du fleuve Niger au mont Atlas, il observa les royaumes d'Almansor, Fez, Suse, Maroc, Alger et Trémisen. De là sa vue se tourna sur l'Europe, et sur les pays du monde où Rome devait dominer. Il vit peut-être aussi en idée le riche Mexique séjour de Montézuma, et Cusco dans le Pérou, connu par les fécondes mines que possédait le Grand Atabalippa, et la Guyane encore entière, que les enfants de Gérion appellent la grande cité Eldorado.

Mais, pour lui faciliter de plus nobles visions, Michel fit tomber des yeux d'Adam, la taie que le fruit séducteur y avait étendue malgré les flatteuses promesses du serpent. Ensuite il lui purgea le nerf optique avec l'enfraise et la rue, car il avait beaucoup de choses à lui montrer, et lui versa dans les yeux trois gouttes d'eau puisées dans les sources de vie.

La vertu de ce collyre perça jusqu'au siége le plus interne de la vue mentale : Adam, contraint de fermer les yeux, tomba sans force, et ses esprits devinrent comme engourdis ; mais l'ange le ranima en le touchant, et il rappela ainsi son attention :

« Adam, regarde les effets que ton crime a produits sur tes descendants. Quoiqu'ils n'aient jamais touché à l'arbre défendu, quoiqu'ils n'aient point conspiré avec le serpent ni commis ton péché, ce même péché a répandu en eux tous un germe de corruption qui doit avoir les suites les plus affreuses. »

Il ouvre les yeux, et voit un champ dont une partie est labourée et couverte de javelles nouvellement coupées ; l'autre partie est en pâturage, et paraît remplie de moutons et de porcs. Un autel rustique de gazon s'élève au milieu comme une borne. Sur cet autel un moissonneur échauffé du travail apporte les prémices de sa récolte, les épis nouveaux, et la javelle dorée telle que le hasard l'a fait trouver sous sa main.

Un berger d'un extérieur plus doux vient ensuite pour offrir en sacrifice au Seigneur les premiers-nés et l'élite de ses troupeaux. Il étend sur du bois qu'il avait coupé les entrailles et la graisse, par-dessus un lit d'encens, et remplit tous les rites que prescrit un tel hommage.

Bientôt le feu propice du ciel descend avec rapidité sur son offrande, et la consume tout entière en répandant une odeur agréable. L'autre offrande n'est point agréée ; elle n'était pas sincère. Cette distinction excite la rage du laboureur : s'abandonnant aux transports de sa colère, il saisit une pierre et en frappe le berger au milieu de la poitrine ; l'infortuné tombe le visage couvert d'une pâleur mortelle ; il jette par la bouche des ruisseaux de sang, et rend l'âme en soupirant. A cette vue, Adam est saisi de terreur, et pousse un grand cri.

« Divin interprète, dit-il à l'Ange, quel affreux malheur vient d'arriver à ce berger pacifique qui avait offert un si digne sacrifice ; est-ce donc là le prix de la piété ? »

Michel pareillement touché lui répond : « Adam, ces hommes sont deux frères qui doivent sortir de tes reins; l'injuste a trempé ses barbares mains dans le sang du juste! L'envie lui a fait sentir que le ciel avait agréé l'offrande de son frère; mais le coup sanguinaire sera vengé, et la foi de l'adorateur ne perdra point sa récompense, quoique tu ne le voies pas ici mourir étendu sur la poussière et baigné dans son sang. »

« Hélas! dit notre premier père, quelle action! et quel motif! Je connais donc la mort : est-ce ainsi que je dois retourner à la poudre natale? O vue terrible! si la mort est un objet qu'on ne peut envisager sans horreur, si l'idée seule en fait frémir, quelle sera la rigueur de ses coups? »

« Tu viens de voir, répliqua Michel, sous quelle forme la mort se présentera pour la première fois à l'homme : mais la mort a plusieurs faces; plusieurs routes conduisent à sa triste caverne. Elles paraissent toutes effrayantes; cependant l'entrée est ce qu'il y a de plus terrible pour les sens. Quelques-uns mourront par la violence, d'autres par le feu, l'eau, la faim; il en mourra encore davantage par les excès de la table, qui amèneront sur la terre de cruelles maladies. Leur troupe monstrueuse va passer en revue devant toi, afin que tu puisses connaître combien de maux l'intempérance d'Eve répandra sur les hommes. »

A l'instant un lieu triste, infect et sombre paraît devant ses yeux : là sont accumulées toutes les souffrances humaines, les spasmes affreux, les douleurs aiguës, les défaillances, les fièvres de toute espèce, convulsions, épilepsies, catarrhes, pierres intestines et ulcères déchirants, coliques, frénésies démoniaques, noires mélancolies, folies lunatiques, la phthisie languissante, la consomption, et la peste qui fait tant de ravages; hydropisies, asthmes et rhumes convulsifs : quelles horribles contorsions! quels soupirs lamentables! Le désespoir erre de lit en lit visitant les malades, et sur eux la mort triomphante secoue son dard; mais souvent elle diffère de frapper, quoique des malheureux l'invoquent comme leur plus grand bien et leur dernière espérance.

Quel cœur de rocher aurait pu longtemps soutenir d'un œil sec ce hideux spectacle ? Adam n'y put résister davantage : il pleura, quoiqu'il n'eût pas été conçu dans le sein d'une femme. La pitié l'attendrit et fit couler de ses yeux un ruisseau de larmes, jusqu'à ce qu'enfin, des pensées plus fermes, en modérant le cours, il donna passage à sa voix douloureuse.

« Infortuné genre humain, à quel point tu te trouves dégradé ! à quels maux cruels tu es destiné ! L'image divine qui se trouve en nous, cette image autrefois si belle et si noble doit donc ainsi être flétrie par des tortures, par des souffrances dont la seule vue fait horreur ? mais, hélas ! outre ces passages pénibles, n'y a-t-il point d'autre porte pour arriver à la mort, et pour nous rejoindre à la poussière d'où nous tirons notre origine ? »

« Il en est une plus douce, dit Michel, si tu observes cette règle : Rien de trop et que tu conserves la tempérance dans le boire et dans le manger; cherchant seulement à satisfaire les besoins de la nature, et non les fantaisies déréglées de la gourmandise. Si tu te conduis de la sorte, après plusieurs années révolues sur ta tête, tu viendras, comme un fruit mûr, tomber de toi-même dans le sein de ta mère, et sans aucune violence. Ce chemin qui te disposera insensiblement à la mort s'appelle la vieillesse ; mais alors il te faudra survivre à ta vigueur, à ta beauté. Tu changeras entièrement : ton visage se décharnera ; la faiblesse s'emparera de tes membres ; tes cheveux deviendront blancs, et tes sens seront émoussés ; tout sentiment de plaisir t'abandonnera : au lieu de cet air de fraîcheur, d'embonpoint et de gaîté, une humeur mélancolique et glacée règnera dans ton sang, appesantira tes esprits, et consumera enfin le baume de ta vie. »

« Désormais, répartit notre premier père, je ne veux ni fuir la mort, ni prolonger mes jours : je ne songerai qu'au moyen le plus doux et le plus facile de me délivrer de ces entraves corporelles qu'il me faut porter patiemment, jusqu'à ce qu'il plaise à la providence de m'en affranchir. »

« N'aime point la vie, ne la hais point aussi, reprit Michel ;

songe seulement à bien vivre; le ciel décidera du temps qu tu resteras sur la terre. Mais prépare-toi pour une autre vision. »

Adam regarde et voit une plaine remplie de tentes de diverses couleurs. Près de quelques-unes paissent des troupeaux. On entend retentir dans les autres les sons mélodieux de la harpe et de l'orgue, et l'on voit la main qui fait mouvoir leurs cordes ou leurs touches. Ses doigts légers, habiles dans toutes les positions, savent remonter, redescendre, et poursuivent en courant la fugue sonore.

Dans un autre endroit paraît un laborieux forgeron : il travaille deux barres massives de fer et d'airain : soit qu'un incendie fortuit, après avoir embrasé les bois d'une montagne ou d'une vallée jusque dans le cœur de la terre lui eût livré, par l'ouverture de quelque cavité, ces lingots tout fondus ; soit qu'un torrent, déchaussant la terre qui les couvrait, eût produit au jour leur métal, l'industrieux ouvrier coule dans des moules préparés la matière liquide : il en forme d'abord ses outils, et du reste des lingots il produit divers ouvrages qu'il façonne par le moyen du feu ou du ciseau.

Immédiatement après, Adam aperçoit d'autres hommes qui, du haut des montagnes voisines où ils étaient établis, descendent dans la plaine : leur extérieur annonce des justes entièrement appliqués à servir Dieu, à l'adorer, et à étudier ses ouvrages qu'il a abandonnés à nos spéculations : ils recherchent aussi les moyens de maintenir dans l'état social la paix et une sage liberté.

Ils commençaient à parcourir la plaine, quand tout-à-coup sortent de dessous les tentes une troupe de jeunes femmes brillantes de pierreries et de riches vêtements. Elles chantaient, au son des harpes, des chants d'amour, et s'approchaient en formant des chœurs de danses. De graves personnages les contemplent quelque temps, et bientôt, entraînés par la concupiscence de leurs yeux, ils se choisissent des épouses parmi ces folâtres beautés : et, sur le soir, les tentes retentissent du bruit des fêtes et de la musique.

« Garde-toi, dit alors Michel, de juger de l'excellence des

choses par le plaisir, ou par les dehors séduisants; c'est pour une plus noble fin que tu es venu au monde : tu as été créé saint et pur à l'image divine. Ces tentes au riant aspect sont les tentes de la méchanceté; les enfants du meurtrier de son frère y demeureront. Occupés à perfectionner les arts qui polissent la vie, ils font admirer leurs inventions, mais ils oublient leur Créateur; et quoiqu'ils tiennent de sa libéralité toutes leurs connaissances, ils ne veulent point lui en rapporter la gloire. La beauté distinguera pourtant cette race; mais ces femmes que tu viens de voir, semblables à des divinités, si douces, si gaies, si brillantes, renonceront à la vertu, à la modestie, qui constituent le plus grand mérite de leur sexe. Elles n'ont appris qu'à chanter, à danser, à se parer, et à tendre des filets par l'arrangement de leurs paroles et l'artifice de leurs regards. Pour elles, ces hommes sobres, qui par une vie religieuse avaient mérité le nom d'enfants de Dieu, prostitueront ignominieusement leur vertu, et sacrifieront leur renommée. Ils nagent dans la joie; ils vont être plongés dans la tristesse : et bientôt des torrents de larmes expieront les joies insensées qui les transportent. »

« O honte! ô douleur! s'écrie Adam : se peut-il que ceux qui sont si bien entrés dans la carrière se détournent pour marcher dans des voies indirectes, ou succombent en chemin? Mais je vois l'enchaînement de notre malheur; il vient toujours de la même source, et toujours il commence par les femmes. »

« Il commence, répliqua l'ange, par la coupable mollesse de l'homme, qui devrait mieux garder le rang où l'élèvent la sagesse et les dons supérieurs qu'il a reçus du ciel; mais dispose-toi pour une autre scène. »

Il regarde, et voit dans une vaste plaine des villes et des ouvrages de terre au-devant, des cités peuplées, avec des tours et des portes superbes, un concours d'hommes armés, des visages furieux et qui respirent la guerre, des géants puissants et hardis pour l'exécution. Les uns, placés hors des files, ou rangés en ordre de bataille, cavaliers et fantassins, agitent leurs armes brillantes; d'autres retiennent le coursier écumant, et modèrent pour un temps son ardeur. D'un côté, un détachement choisi de fourrageurs ramène des bœufs, des génisses qu'ils ont surpris dans les gras pâturages : ils enlèvent dans la plaine saccagée les troupeaux riches de leur toison, des brebis et leurs agneaux bêlants. A peine les bergers peuvent-ils se sauver par la fuite. Les cris dont ils remplissent les airs font prendre les armes aux habitants d'alentour; on en vient aux mains. Les escadrons se chargent avec fureur. Les champs où les troupeaux naguère paissaient tranquillement se trouvent maintenant ensanglantés, déserts, jonchés d'armes et de cadavres. Ailleurs une armée investit une ville forte, et l'attaque par batteries, par mine, par escalade. Les assiégés se défendent en jetant du haut de la muraille des dards, des javelots, des pierres, et des torrents enflammés de soufre et de bitume. Des deux côtés le carnage et des faits gigantesques.

D'un autre côté, des hérauts, le sceptre en main, convoquent un conseil aux portes d'une ville. Des vieillards graves et blanchis par les années se mêlent avec les guerriers : les harangues sont entendues, mais bientôt les factions mettent tout en désordre.

Enfin se lève un homme de moyen âge, remarquable par son air sage : il parle beaucoup de l'injustice, de la force, de la violence, de l'équité, de la religion, de la vérité, de la paix et des jugements d'en haut. Jeunes et vieux, personne ne respecte ses sages discours; ils auraient porté sur lui leurs mains forcenées, si un nuage descendant pour le rendre invisible ne l'eût dérobé à leur fureur. Ainsi la violence, la force et l'oppression règnent par toute la plaine, et il n'y a point de refuge.

Adam fondait en larmes; pénétré de tristesse, il se tourne vers son guide : « Oh! qui sont ces barbares qui s'égorgent si cruellement l'un l'autre? ce sont des ministres de la mort et non des hommes. Ils multiplient dix mille fois le péché de celui qui tua son frère. De qui font-ils un tel massacre, si ce n'est de leurs frères? Et quel est ce juste que sa vertu aurait fait périr, si le ciel ne l'eût délivré?»

« Ceux-ci, lui répondit Michel, sont les fruits de ces mariages mal assortis que tu as vu ; de ces mariages où le bien et le mal, ennemis inconciliables, furent imprudemment unis. Leur mélange a formé ces productions monstrueuses de corps et d'esprit. C'est de là que sont venus ces géants renommés ; car dans ces jours malheureux la force seule, objet d'admiration, passera pour une vertu héroïque ; on fera consister la gloire à gagner des batailles, à subjuguer les nations, à ériger des trophées de leurs dépouilles sanglantes. Ceux qui se signaleront de la sorte seront appelés par honneur grands, conquérants, protecteurs des empires, dieux, et fils des dieux, tandis qu'il faudrait les nommer destructeurs et fléaux des humains. Voilà par quelle route on se fera de grands et de superbes noms sur la terre ; la renommée publiera ce qui méritait d'être étouffé dans un silence éternel. Mais Dieu n'abandonne point ceux qui espèrent en lui. Il a protégé visiblement le septième de tes descendants ; dans un monde pervers c'était le seul juste ; il se trouvait presque accablé sous les coups de ses ennemis, parce qu'il osait leur annoncer cette dure vérité, que Dieu viendrait pour les juger avec ses saints : des coursiers ailés l'ont enlevé dans un nuage éclatant de lumière. Il ne paiera pas le tribut à la mort. Le Très-Haut l'en affranchit, et l'appelle pour cheminer glorieusement avec lui dans les régions de la félicité. Tu viens de voir quelle récompense attend les bons ; connais maintenant quelle punition est réservée aux méchants. »

Aussitôt il voit changer entièrement la face des choses. La guerre avec sa gueule d'airain avait cessé de rougir ; tout était converti en plaisirs, en jeux, en excès, en festins et en danses ; partout règnent la mollesse, la débauche, le rapt, ou l'adultère, selon le caprice des passions brutales ; mais bientôt la dissension se mêle à tant de jouissances.

Enfin un vénérable vieillard s'avance au milieu d'eux : il montre une profonde aversion pour leur inconduite ; il rend hautement témoignage contre leurs débordements. On le voit fréquenter leurs assemblées, où il ne trouve que triomphes et que fêtes. Il leur prêche la conversion et la pénitence. Il leur fait entendre que Dieu allait exercer contre eux ses jugements ;

mais, vaines remontrances! tous persévèrent dans leur endurcissement.

Quand il a reconnu que ses discours ne trouvent aucun accès dans les cœurs, il prend le parti du silence, il pleure en secret leurs égarements. Il éloigne ses tentes ; puis, sur la montagne, coupant de grosses poutres, il se mit à construire un vaisseau prodigieux, dont toutes les dimensions, la longueur, la largeur et la hauteur contenaient un grand nombre de coudées. Il l'enduit de bitume, pratique une porte à l'un des côtés, puis y introduit un amas considérable de provisions.

Tout-à-coup se présente un spectacle étonnant : des animaux de chaque espèce, des oiseaux, et jusqu'aux moindres insectes, viennent sept à sept en couples. Ils s'y placent conduits par un instinct surnaturel. Le vieillard y entre le dernier, avec ses trois fils, leurs femmes et la sienne : Dieu scelle lui-même l'entrée du vaisseau.

Cependant le vent du midi s'élève, et, déployant ses sombres ailes, rassemble de toutes parts les nuages. A leur renfort les montagnes envoient un amas d'épaisses vapeurs et d'exhalaisons humides. Les cieux ne paraissent plus que comme une voûte obscure et noire ; la pluie se précipite impétueuse, et continue jusqu'à ce que la terre cesse d'être visible. Bientôt l'édifice flottant roule sur les eaux, et de sa proue avancée en pointe lutte contre les ondes, tandis que les autres habitations sont entièrement submergées, et que leur luxe pompeux se trouve entraîné sous les flots. La mer couvre la terre, ses rivages disparaissent ; et dans les palais, où naguère habitaient les riches et les puissants, viennent aujourd'hui bondir les monstres marins. Un seul et très frêle bâtiment flottait sur les eaux, portant dans son sein tout ce qui reste de la race humaine, auparavant si nombreuse.

Quel fut alors ton chagrin, Adam, quand tu vis la terre dépeuplée, et ta postérité finir d'une manière si lamentable ! Un autre déluge, un déluge de larmes fondit de tes yeux ; un abîme de douleur t'enveloppa comme tes enfants. L'ange te secourut, il te toucha ; tu revins à la vie, quoique privé de tout espoir, comme un père qui pleure ses enfants qu'une mort violente a détruits tout-à-coup à ses yeux, et tu pus à peine proférer cette plainte :

« O visions malheureuses! il aurait mieux valu pour moi vivre dans l'ignorance de l'avenir ; je n'aurais essuyé les maux que successivement ; chaque jour en aurait fourni sa mesure. C'en était assez pour moi ; mais par ma connaissance anticipée tous les malheurs réservés aux siècles futurs fondent sur moi, et ma prévision leur donne une naissance prématurée pour me tourmenter, même avant qu'ils existent. Que personne désormais ne cherche à percer dans l'avenir ; il n'y verra que des sujets d'affliction dont il ne pourra se parer, et le mal ne sera pas moins sensible pour lui dans l'appréhension que dans la réalité : je vois bien que les avertissements ne nous sauvent point. Mais ce petit nombre d'hommes échappés au déluge, et errants sur ces plaines liquides, seront bientôt consumés par la faim et par la tristesse. J'espérais que tout prospérerait quand j'ai vu le calme et le repos succéder aux fureurs de la guerre, et je croyais que la paix enfanterait une longue suite de jours heureux. Quelle était mon erreur ! La paix introduit la corruption, comme la guerre cause la désolation. Céleste guide, éclaircis-moi ce mystère, et dis-moi si ce déluge est le dernier tombeau des hommes. »

Michel lui répondit : « Ces superbes mortels que tu as vus se signaler dans les combats, et triompher au sein de l'opulence, remplissaient la terre de leur renommée ; mais leur cœur était vidé de toute vertu. Après s'être abreuvés de sang ; après avoir ravagé le monde et subjugué les nations ; après avoir acquis un nom fameux, des titres magnifiques, des trésors immenses, ils s'abandonneront aux plaisirs, à la mollesse, aux excès, à la débauche, jusqu'à ce que l'incontinence et l'orgueil les divisent entre eux, et les fassent courir aux armes. Les vaincus, en perdant leur liberté, perdront aussi la crainte de Dieu, qui, rejetant leur fausse piété, les aura livrés en proie à leurs ennemis. Leur zèle se refroidira, ils deviendront mondains et dissolus ; ils ne songeront plus qu'à vivre tranquillement des biens dont leurs vainqueurs les laisseront jouir ; car la terre prodiguera ses biens, afin que la tempérance soit éprouvée : ainsi tous dégénèreront, tous se dépraveront. La justice, la modération, la vérité, la foi, seront abandonnées, excepté d'un seul homme, unique enfant de lumière dans un siècle de ténèbres : l'exemple et les menaces d'un monde ennemi déclaré de la vertu ne pourront l'ébranler : sans crainte du reproche, du mépris ou de la violence, il reprendra les méchants, il les avertira de l'iniquité de leurs voies, il leur exposera combien sont plus sûrs et plus doux les sentiers de justice. Enfin, leur dénonçant la colère céleste prête à fondre sur leur impénitence, il se retirera blâmé des hommes, mais considéré de Dieu, comme le seul juste vivant. Par son ordre, il construira, comme tu viens de voir, une arche merveilleuse pour se sauver avec sa famille du milieu d'un monde dévoué tout entier à la destruction. A peine se sera-t-il placé dans l'arche, et mis à couvert avec ce peu d'hommes et d'animaux choisis pour la vie, que les cataractes du ciel, s'ouvrant avec impétuosité, verseront la pluie jour et nuit sur la terre. Les réservoirs de l'abîme crèveront, et l'océan surmontera ses bornes, jusqu'à ce que l'inondation s'élève au-dessus des plus hautes montagnes. Alors le mont sacré du Paradis, cédant à la violence des eaux, sera renversé ; sa verdure disparaîtra. Ses arbres entraînés par le courant des ondes seront anéantis, et ce jardin délicieux formera dans le fond des eaux une île aride et salée, qu'habiteront les orques et les baleines ; par là tu connaîtras que Dieu n'attribue de sainteté à aucun lieu, si elle n'y est portée par les hommes. Considère maintenant ce qui doit ensuite arriver. »

Il tourne les yeux, et voit l'arche élevée sur les eaux qui commençaient à s'abaisser : les nuages se dissipaient ; l'aquilon les chassait devant lui, et la sécheresse de son souffle resserrait peu à peu la face du déluge. Bientôt le soleil dévoilé jetait un œil ardent sur la vaste étendue de son miroir aquatique, et buvait à longs traits les humides vapeurs : ainsi les eaux, marchant avec un mouvement réglé comme celui du reflux, se dérobaient doucement, et descendaient de plus en plus vers le fond de l'abîme, après que ses écluses et les cataractes du ciel eurent été refermées. Enfin, cessant de flotter, l'arche sembla fixe sur le sommet d'une montagne, et les cimes des monts parurent, ainsi que les pointes des rochers ; de là les ondes furieuses, par de rapides courants, se retirèrent à grand bruit vers la mer.

A l'instant s'envole de l'arche un corbeau, et après lui un messager plus sûr, une colombe, qui avait déjà été envoyée pour reconnaître si les arbres paraissaient, et si l'on trouverait où mettre le pied sur la terre. Elle revient pour la seconde fois, portant dans son bec un rameau d'olivier, symbole pacifique : alors la terre paraît.

Le vénérable vieillard sort de l'arche avec toute sa suite ; puis, levant pieusement en action de grâces les mains et les yeux vers le ciel, il aperçoit au-dessus de sa tête un nuage humide, et dans le nuage un arc remarquable, formant une écharpe de trois vives couleurs, signe de la paix et d'une nouvelle alliance avec Dieu.

Adam, à cette vue, se sent consolé, et sa joie éclate en ces termes :

« Céleste interprète, qui peut représenter les choses futures comme présentes, cette dernière vision me ranime : elle m'assure que l'homme vivra ainsi que toutes les créatures, et que le Seigneur conservera leur race. Je suis moins affligé d'avoir vu détruire un monde entier d'enfants criminels que je ne me réjouis de trouver un homme si parfait et si juste, que Dieu daigne, en sa faveur, faire un autre monde, et qu'il oublie sa colère. Mais, dites-moi, que signifient ces bandes colorées dans le ciel : abaissées comme le sourcil du Seigneur lorsqu'il est apaisé, sont-elles destinées, comme une bordure fleurie, à lier les extrémités de ce nuage, de peur qu'il ne se fonde encore une fois en pluie, et qu'il n'inonde la terre ? »

« Tu as fort bien conjecturé, reprit l'archange ; le Très-Haut désarme sa colère, quoiqu'il se soit repenti d'avoir fait l'homme, et qu'il en ait été pénétré de douleur au-dedans de lui-même, en voyant la terre remplie de violences, et que toute chair avait corrompu sa voie. Tu sais comment il extermine les méchants :

mais un homme juste est si agréable aux yeux de l'Eternel qu'il s'engage à ne plus répandre sa malédiction sur le genre humain. Il fait serment de ne plus détruire la terre par le déluge, et de ne point laisser la mer franchir ses bornes, ni la pluie submerger le monde, les hommes ou les animaux ; mais quand il amènera les nuages sur la terre, il y placera son arc de trois couleurs pour servir de témoignage, et pour rappeler le souvenir de son alliance. Le jour et la nuit, le temps de la semence et de la moisson, le froid et le chaud, garderont entre eux un ordre constant, jusqu'à ce que le feu, purifiant le monde, il renaisse de nouveaux cieux et une nouvelle terre, où les justes habiteront. »

ARGUMENT DU LIVRE DOUZIÈME.

Michel expose dans une narration ce qui suit le déluge. Abraham lui donne occasion d'expliquer à Adam quelle sera la race de la femme, suivant la promesse qui leur avait été faite dans le jugement prononcé sur eux ; l'Incarnation du Fils de Dieu, sa Mort, sa Résurrection, son Ascension, l'état de l'Eglise jusqu'à son second avénement. Adam consolé remercie l'archange, et descend de la montagne avec Michel. Il éveille Eve, qui avait dormi pendant tout ce temps, mais dont l'esprit avait été calmé par des songes favorables. Michel les prend tous deux par la main, et les conduit hors du Paradis. On voit l'épée de feu flamboyante derrière eux, et les chérubins placés dans le jardin pour en garder les avenues.

LIVRE DOUZIÈME.

Semblable à un voyageur que la nature oblige à prendre du repos vers le milieu du jour, quoiqu'il soit pressé par le temps, ainsi l'archange, pour donner quelque relâche à l'attention d'Adam, s'arrêta entre le monde détruit et le monde réparé. Bientôt, prenant la parole, il poursuit en ces termes :

« Tu viens de voir un monde commencer, finir et renaître : je pourrais encore faire passer devant toi une foule d'événements; mais j'aperçois que ta vue mortelle commence à se lasser : tes sens ne sont point capables de soutenir longtemps les objets que le ciel leur présente : ainsi je vais me borner au récit de ce qui arrivera dans la suite des temps : écoute-moi.

« Tant que cette nouvelle tige aura peu de rejetons, et que la terreur des jugements de Dieu ne sera point dissipée, les mortels s'humilieront devant le Seigneur, et se gouverneront suivant les lois de la justice et de l'équité. Leur nombre se multipliera de jour en jour; ils cultiveront la terre, et ils feront des récoltes abondantes de blé, de vin et d'huile. Souvent on les verra choisir, parmi leurs nombreux troupeaux, des génisses, des agneaux, et de tendres chevreaux pour les offrir en sacrifice : les effusions de vin ne seront point épargnées aux saintes fêtes qu'ils célèbreront. Leurs jours s'écouleront dans une innocente joie, et la paix règnera parmi eux. Ils demeureront longtemps divisés par familles et par tribus sous le gouvernement paternel, jusqu'à ce qu'il s'élève un homme ambitieux et superbe qui, renversant l'aimable égalité de l'état fraternel, s'arrogera une injuste domination sur ses frères. Il bannira la concorde et la tranquillité de la terre; il étouffera la voix de la nature; et renonçant à la chasse des animaux pour persécuter les hommes, il emploiera la force et la surprise contre ceux qui refuseront de se soumettre à son empire tyrannique. De là le titre de puissant chasseur devant le Seigneur, soit que son autorité vienne du ciel, soit qu'il l'usurpe contre la volonté du Très-Haut. Il traitera les autres de rebelles; mais il sera lui-même caractérisé par un nom dérivé de la rébellion.

» Suivi d'une horde que rassemble l'ambition de régner avec lui ou sous lui, le voici, ce pervers, marchant de l'orient à l'occident; il trouve une plaine où l'enfer vomit à gros bouillons un noir bitume sur la terre. Ce bitume leur sert de ciment; ils y joignent des briques pour construire une ville et une tour dont la hauteur, s'élevant jusqu'au ciel, puisse transmettre leur nom à la postérité. Ils veulent s'immortaliser avant que de se disperser dans des terres lointaines, sans considérer que la mémoire des pervers, ou meurt avec eux, ou ne laisse que des idées d'horreur. Mais Dieu, qui, tout invisible qu'il est, visite souvent les hommes, et parcourt leurs habitations pour observer leurs œuvres, les aperçoit du haut des cieux; il descend pour voir leur ville impie, et par dérision il envoie parmi eux un esprit de discorde qui, confondant leur langage naturel, leur substitue un mélange bizarre de mots inconnus : aussitôt des dissensions bruyantes s'élèvent parmi les ouvriers; ils s'adressent la parole, et ne s'entendent point; ils commencent par des cris, ils finissent par des coups. L'édifice gigantesque est abandonné, et l'ouvrage imparfait, monument éternel de la folie, prend le nom de Confusion. »

Les entrailles de père s'émeuvent dans Adam; et, transporté d'une juste colère, il s'écrie : « Fils exécrable, peux-tu donc sans remords écraser tes frères, et t'arroger sur eux une tyrannique autorité? L'Eternel nous a bien ordonné l'empire absolu sur les animaux; mais il abhorre l'injuste oppresseur des humains. Néanmoins cet ambitieux est le fléau de la terre; sa tour même outrage le Tout-Puissant, et lui déclare une guerre impie. Chétif mortel! quelle nourriture porterait-il au-dessus des nues pour subsister avec son armée téméraire? un air trop subtil déchirerait ses poumons grossiers, et il périrait faute de respiration, quand même il ne manquerait pas d'aliments. »

» Tu as justement horreur, reprit Michel, de ce fils qui trouble le repos de la terre; cependant sache que, depuis la chute originelle, la liberté n'est plus la même, et que la raison humaine est sensiblement affaiblie. Sitôt que les hommes étouffent ou rejettent cette lumière intérieure, les désirs déréglés et les passions s'élevant en tumulte prennent l'ascendant sur la raison, et la réduisent en servitude : alors le Très-Haut, par un juste jugement, soumet encore leurs membres corporels à des maîtres violents qui les resserrent dans un dur esclavage. Dieu hait les tyrans, mais la tyrannie est inévitable. Les peuples se plongent quelquefois dans un débordement si affreux qu'une fatale et juste malédiction les dégrade de leur liberté extérieure : témoin le fils insolent de celui qui construit l'arche : l'affront que cet indigne fils fait à celui qu'il devait le plus respecter condamne par la bouche paternelle sa postérité vicieuse à être l'esclave même des esclaves.

» Ce dernier monde, ainsi que le premier, dégénère de jour en jour. Enfin Dieu, fatigué de l'iniquité des hommes, les abandonne, et détourne ses saints regards, formant la résolution de les livrer à la dépravation de leurs cœurs. Il choisit entre tous les peuples, pour y placer son culte, un peuple particulier, un peuple descendu d'un homme fidèle, né dans le sein de l'idolâtrie, sur les bords de l'Euphrate. Pourras-tu croire que les mortels, pendant la vie du patriarche sauvé du déluge, deviendront assez stupides pour abandonner le Dieu vivant, et pour adorer comme de vraies divinités leurs propres ouvrages, le bois et la pierre ?

» Mais le Très-Haut parle dans une vision à ce juste, dont il adopte les enfants : il lui ordonne de renoncer à la maison de son père, à sa famille, à ses amis, pour aller dans une terre qu'il lui montrera : il suscitera de lui une nation puissante, et il répandra par lui ses bénédictions sur tous les peuples du monde. A la voix de Dieu il obéit sans hésiter; et, quoiqu'il ne sache point quelle est cette terre, il croit fermement. Je vois, mais tu ne le saurais voir, avec quelle foi vive il quitte ses dieux, ses amis, et son pays natal, Ur de Chaldée. Il passe maintenant le gué de Haram, suivi d'une multitude de troupeaux et de serviteurs nombreux. Ce n'est pas le besoin qui lui fait entreprendre ce voyage : il remet ses biens entre les mains de la providence, qui l'appelle dans une terre inconnue. Le voilà qui entre à Chanaan. Je vois ses tentes dressées aux environs de Sichem, dans la plaine voisine de Moreh : là, dans une vision, l'ange du Tout-Puissant promet à sa postérité toute cette terre, depuis Hamath, au nord, jusqu'au désert vers le midi (j'appelle ces contrées par les noms qu'elles auront un jour), et depuis Hermon au levant, jusqu'à la grande mer occidentale. Suis-moi dans ces pays lointains. Voilà le mont Hermon; voici la mer; sur la côte est le mont Carmel : ici le fleuve du Jourdain, qui tire ses eaux d'une double source, et dont le cours servira de limites vers l'orient.

» Les enfants du patriarche s'étendront jusques en Sénir; c'est cette longue chaîne de montagnes. Pèse bien cette grande promesse : *Toutes les nations de la terre seront bénies en sa race.* Cette race signifie ton grand libérateur, dont tu auras bientôt une révélation plus claire, celui qui écrasera la tête du serpent. Ce bienheureux patriarche, qui dans la suite du temps sera nommé le fidèle Abraham, laisse un fils, et de son fils un petit-fils, tous deux héritiers de sa foi, de sa sagesse et de sa renommée. Le petit-fils, avec douze enfants, part de Chanaan pour une terre qui portera le nom d'Egypte, et qui sera divisée par le Nil : suis le cours de ce fleuve, et vois-le se dégorgeant par sept bouches dans la mer. C'est en un temps de famine que le petit-fils d'Abraham vient habiter cette terre; il y vient invité par un de ses plus jeunes enfants, un fils que ses dignes actions ont élevé, dans cet empire, au degré le plus éminent où puisse aspirer un heureux sujet. C'est là que meurt le saint vieillard. Sa postérité se multiplie, devient un peuple, et cause de l'ombrage à un nouveau roi. Ce monarque les considère comme des hôtes dangereux par leur nombre; et, suivant les conseils d'une cruelle politique, il se propose d'arrêter leur accroissement excessif; il leur impose le joug de l'esclavage, met à mort leurs enfants mâles. Enfin, sous la conduite de deux frères que suscite l'Eternel pour tirer son peuple de la captivité (ces deux frères s'appellent Moïse et Aaron), ils retournent, couverts de gloire et chargés de dépouilles, à la terre qui leur avait été promise. Mais auparavant il faudra que le parjure tyran qui prétend ne point connaître leur Dieu, et qui ne veut point avoir d'égard à son message, y soit forcé par des signes et des jugements terribles; il faudra que les rivières soient converties en sang qui n'aura point été versé; il faudra que les grenouilles, la vermine et les moucherons inondent ses royaumes et son palais, et que la mortalité frappe ses troupeaux. Des pustules et des ulcères sillonneront toute la chair de son corps, et celle de son peuple. Le tonnerre uni à la grêle, et la grêle mêlée de feu, déchireront le ciel de l'Egypte, et ravageront la terre. Un nuage épais de sauterelles descendra en essaims nombreux; elles dévoreront tout ce qui se trouvera sur leur passage; et rongeant les herbes, les fruits et les blés échappés à la grêle, elles ne laisseront aucune verdure. Des ténèbres, palpables par leur épaisseur, couvriront ses états d'un bout à l'autre, et la lumière disparaîtra pendant trois jours : ensuite les premiers-nés d'Egypte seront d'un même coup frappés de mort vers le milieu de la nuit. Ainsi, dompté par dix plaies, le dragon des fleuves se soumet : il consent à laisser partir ses hôtes ; mais son cœur se rendurcit aussitôt, ainsi que la glace après un faux dégel. Il rétracte sa parole, et poursuit ceux dont il venait de jurer la liberté. Il s'avance, mais c'est pour périr dans les flots, tandis que le peuple chéri passe à pied sec entre les ondes comme entre deux murs de cristal. Dociles à la verge de Moïse, elles restent divisées jusqu'à ce que ceux qu'il délivre aient gagné le rivage.

» Tel est le pouvoir merveilleux que l'Eternel remettra à son prophète : ne se reposant point sur l'homme du salut de son peuple, il sera lui-même le conducteur de ses enfants ; et, toujours présent dans la personne de son ange, il marchera devant eux, le jour dans un nuage, et la nuit dans une colonne de feu : il leur tracera le chemin, et passera comme une barrière entre eux et leurs ennemis, pendant que le monarque obstiné marchera sur leurs pas. Le prince furieux les poursuivra toute la nuit ; mais les ténèbres venant à la traverse l'empêcheront de s'approcher ; il attendra que l'aurore paraisse. Enfin le jour vient : le Tout-Puissant se produit à travers le nuage et la colonne de feu : il regarde l'armée impie, la met en désordre, et brise les roues de ses chariots. Par son ordre, Moïse étend encore une fois sa verge puissante ; la mer obéit, les vagues retombent sur les bataillons de l'Egypte, et toute leur armée est ensevelie.

» Cependant l'Israélite sauvé des mains de ses ennemis s'avance du rivage vers Chanaan, à travers l'inhabité désert. Il ne prend point le plus court chemin, de peur que la guerre ne l'épouvante s'il entrait sans expérience sur les terres du Chananéen alarmé, et que la crainte ne le fasse retourner en Egypte, préférant aux fatigues de la guerre une vie inglorieuse dans la servitude ; car la vie plaît aux braves comme aux lâches, avant que par une cruelle habitude ils aient pris du goût pour les armes. Leur long séjour dans le vaste désert leur procure encore un avantage : ils y fondent le plan de leur gouvernement ; ils choisissent parmi les douze tribus leur grand sénat, pour commander suivant des règles que Dieu prescrira lui-même du haut du mont Sinaï. Le sommet nébuleux de cette montagne s'ébranlera au moment où l'Éternel y descendra au milieu du tonnerre et des éclairs, et au bruit éclatant des trompettes, pour leur donner des lois. Les unes régleront la justice civile ; les autres établiront la forme des sacrifices, et leur feront connaître par des figures et des types ce divin rejeton qui doit écraser le serpent, et consommer la délivrance du genre humain. Mais la voix du Seigneur est terrible aux oreilles des mortels ; les Israélites le supplient de leur transmettre sa volonté par l'organe de Moïse, et de faire cesser la terreur. Le Très-Haut leur accorde ce qu'ils demandent ; il leur apprend par là que l'on ne peut avoir accès auprès de lui sans un médiateur. Moïse remplit alors en figure cette haute fonction, afin de préparer la voie à un plus grand médiateur : il en prédira l'avénement, et tous les prophètes chanteront en leur temps le jour du Messie.

» La bonté de Dieu ne se borne pas à établir leurs lois et leurs cérémonies : il se plaît tellement parmi les hommes dociles à sa volonté, qu'il daigne placer au milieu d'eux son tabernacle ; et le Saint, l'Unique, veut bien habiter avec les mortels. Suivant la forme qu'il a prescrite, un sanctuaire de cèdre est construit et revêtu d'or ; dans ce sanctuaire est une arche, et dans l'arche sont déposés le témoignage et les titres de son alliance. Par-dessus tout s'élève le trône d'or de la miséricorde, entre les ailes de deux éclatants chérubins. Devant ce trône brûlent sept lampes, représentant, comme dans un zodiaque, les feux de la voûte céleste. Un nuage pendant le jour, un sillon de feu pendant la nuit, reposent sur la tente, excepté lorsque l'armée est en marche. Enfin, conduit par l'ange du Seigneur, ce peuple choisi arrive à la terre promise à Abraham et à sa postérité. Je ne finirais point si je voulais te raconter toutes les batailles livrées ; combien de rois domptés et de royaumes conquis; comment le soleil, au milieu des cieux, s'arrêtera un jour entier, et reculera l'arrivée de la nuit, à cet ordre émané de la bouche d'un homme : *Soleil, arrête-toi sur Gabaon, et toi, lune, sur la vallée d'Ajalon, jusqu'à ce qu'Israël remporte une entière victoire.* »

Adam prit ici la parole. « Divin envoyé, qui vient de dissiper mes ténèbres, combien de belles choses tu m'as révélées, particulièrement celles qui concernent le juste Abraham et sa postérité! Mes yeux commencent à s'ouvrir. Mon cœur, auparavant inquiet de mon sort et de celui du genre humain, se sent infiniment soulagé. Je vois maintenant le jour de celui en qui toutes les nations seront bénies : cette faveur, je ne la méritais pas, moi qui cherchai par des voies défendues une connaissance qui m'était interdite. Cependant je ne conçois point encore pourquoi l'on donne tant de lois différentes à ceux parmi lesquels Dieu daignera habiter sur la terre : ce grand nombre de lois prouve une furieuse inclination pour le mal. Comment le Seigneur pourra-t-il résider parmi eux?»

« N'en doute pas, reprit Michel, le péché règnera parmi ces hommes : ils sont tes descendants. La loi leur a été donnée pour leur faire sentir leur perversité native, qui excite sans cesse le péché à combattre contre la loi. Ainsi, voyant que la loi peut bien donner la connaissance du péché, mais qu'elle ne saurait l'extirper, puisqu'elle ne lui oppose que de faibles ombres d'expiation, le sang des taureaux et des boucs, ils conclueront d'eux-mêmes qu'un sang plus précieux doit satisfaire pour l'homme, celui du juste pour l'injuste. Ce sera par cette justice étrangère, qui leur sera appliquée au moyen des sacrements divinement institués, qu'ils trouveront leur justification devant Dieu, et la paix intérieure de la conscience.

» L'homme aussi ne pourrait pas, de lui-même et par ses propres forces, accomplir les maximes de la loi; et ne les accomplissant pas, il ne saurait avoir de part à la vie. L'insuffisance de la loi est donc sensible : son objet est de préparer les nations à entrer un jour dans une plus glorieuse alliance, à passer de l'ombre des figures à la vérité, de la chair à l'esprit, de l'imposition des lois étroites à une libre acceptation de grâces abondantes, de la crainte servile à la crainte filiale, des œuvres de la loi aux œuvres de la foi. Moïse est particulièrement chéri de Dieu, mais il n'est que le ministre de la loi : il ne conduira point son peuple en Chanaan : ce sera Josué, que les Gentils appelleront Jésus. Cet homme, qui portera le nom de celui qui doit un jour écraser le serpent, et ramener en triomphe, au séjour du bonheur éternel, l'homme longtemps égaré dans le désert du monde, ce Josué introduira les Israélites dans la terrestre Chanaan, où ils demeureront longtemps en paix : ils y vivront heureusement, jusqu'à ce que les péchés de la nation, interrompant le cours de leurs prospérités, provoqueront Dieu à leur susciter des ennemis. Cependant, toutes les fois qu'ils seront touchés de repentir, il les sauvera de leurs mains, d'abord par des juges, ensuite sous des rois. Le second de ces rois, renommé tant par sa piété que par ses hauts faits, recevra la promesse irrévocable que son trône durera pour jamais. Toutes les prophéties chanteront pareillement que de la souche royale de David (tel est le nom de ce roi), il sortira un fils : ce fils est le rejeton qui t'a été prédit, qu'Abraham a entrevu ; ce Sauveur, l'espoir des nations, annoncé aux rois, est le dernier des rois ; car son règne n'aura point de fin. Mais auparavant il y aura une longue suite de souverains. Le fils qui succède à ce roi si pieux sera célèbre dans tout le monde par son opulence et par sa sagesse : il placera dans un temple superbe l'arche de Dieu couverte d'une nuée, retirée jusqu'alors sous un tabernacle errant. Ceux qui le suivent seront inscrits dans l'histoire, partie au nombre des bons, partie au nombre des mauvais : la plus longue liste sera celle des mauvais. Leurs infâmes idolâtries et leurs prévarications, accumulées avec les iniquités du peuple, enflamment la colère du Tout-Puissant. Il s'éloigne d'eux ; il abandonne leur terre et leur ville, son temple, sa sainte arche avec tous ses vases sacrés, comme des objets de mépris ; il les livre en proie à cette ville superbe dont tu as vu les hautes murailles laissées dans la confusion, et qui de là a pris le nom de Babylone.

Il les y laisse dans la captivité l'espace de soixante-dix années ; puis, se ressouvenant de sa miséricorde, et de l'alliance qu'il a jurée à David, et qui est invariable comme les jours du ciel, il les ramène dans la cité sainte. Revenus de Babylone, avec l'agrément des rois leurs maîtres, que Dieu dispose en leur faveur, ils relèvent la maison du Seigneur. Une sage modération met pendant quelque temps un frein à leurs désirs : mais leur multitude et leurs richesses venant à s'augmenter, ils forment entre eux diverses factions. C'est dans le temple d'abord qu'on voit naître la dissension au milieu des prêtres et des ministres de l'autel, dont la paix devrait être le précieux ouvrage. Leurs divisions introduisent l'abomination jusque dans le lieu saint. Enfin, sans égard pour les fils de David, ils se saisissent de la couronne ; le sceptre sort de leurs mains, et passe dans celles d'un étranger, afin que le véritable oint de Dieu, le Messie, naisse dans l'abjection.

» A sa naissance, une étoile que l'on n'avait jamais vue dans le ciel annonce son avénement, et guide les sages d'orient, qui s'informent de sa demeure, et viennent lui offrir l'or, la myrrhe et l'encens. Un ange publie solennellement le lieu de sa naissance à de simples bergers qui veillaient pendant la nuit. Ils y courent avec joie, et ils entendent ses louanges chantées par les célestes chœurs. Une vierge est sa mère, mais son père est la vertu du Très-Haut. Il montera sur le trône héréditaire : son empire s'étendra jusqu'aux extrémités de la terre, et les bornes de sa gloire seront celles des cieux. »

A ce récit, Adam fut saisi d'un saint transport. L'excès de sa joie faisait couler de ses yeux des larmes de tendresse : il en suspendit le cours pour faire éclater en ces termes sa reconnaissance :

« Agréable prophète, tu mets le comble à mon espérance, tu me dévoiles clairement le grand ouvrage de ma rédemption. Je te salue, Vierge mère, la bien-aimée du Tout-Puissant. Tu viendras de mes reins, et le fils du Très-Haut sortira de tes entrailles. Ainsi Dieu s'unissant avec l'homme, le serpent ne saurait éviter d'avoir la tête brisée d'un coup mortel. Mais dans quel lieu, en quel temps sera leur combat? quel sera ce coup qui blessera le talon du vainqueur?»

« Ne te représente point, lui répliqua Michel, leur combat comme un duel. La tête et le talon ne sont que des figures. Ce n'est point pour combattre son ennemi avec plus d'avantage que le Fils joint l'humanité à la divinité. Satan n'est pas ainsi surmonté, et la blessure qu'il s'est faite en tombant du ciel ne l'a point mis hors d'état de te donner le coup de la mort. C'est ce coup que ton Sauveur doit guérir, non en détruisant Satan, mais en détruisant son ouvrage. Cette œuvre ne sera consommée que par une entière soumission à la volonté de Dieu que tu n'as point respectée. Il faut que ton libérateur se mette en ta place, qu'il subisse la mort, la mort due à ton crime et à ceux que tes descendants commettront à ton exemple : ainsi la justice divine sera satisfaite. Il accomplira exactement la loi de Dieu par l'obéissance autant que par l'amour, quoique l'amour seul accomplisse parfaitement la loi. Il prendra une chair; et, s'exposant à une vie chargée d'opprobres et à une mort infâme, il souffrira pour toi une dure punition. Il annoncera la vie à tous ceux qui fonderont leur espérance en sa rédemption et en sa justice, et qui ne mettront de leur part aucun obstacle à l'application de ses mérites infinis. Que le salut des hommes lui coûtera cher! il sera haï, blasphémé, arrêté, jugé, condamné à une peine ignominieuse. Il sera cloué sur la croix par ceux de sa propre nation, et mis à mort pour donner la vie au monde; mais il attachera tes ennemis à cette même croix : il effacera de son sang le décret de ta condamnation et de celle du genre humain.

» Il meurt donc, et bientôt il ressuscite. La mort n'usurpera pas un long empire sur lui. Avant que la troisième aube du jour revienne, l'étoile du matin le verra sortir du tombeau brillant comme l'aurore naissante; il aura payé ta rançon, la rançon qui rachète l'homme du trépas. Cet acte divin annule ta condamnation; cet acte brisera la tête de Satan, et détruira sa force par la défaite du Péché et de la Mort, ses deux plus terribles suppôts. Par là les propres dards de ces deux monstres seront enfoncés dans la tête de ton ennemi beaucoup plus profondément que la mort temporelle ne blessera le talon du vainqueur ou celui des prédestinés. La mort qu'ils souffriront, semblable à un sommeil, ne sera qu'un doux passage à une vie plus heureuse.

Après sa résurrection, il ne restera sur la terre qu'un certain temps pour se montrer à ses disciples qui le suivirent toujours pendant sa vie. Il les chargera d'enseigner aux nations ce qu'ils auront appris de lui, et de leur donner la connaissance du salut. Ils baptiseront dans l'eau pure. Ce signe sacré lave les hommes de la souillure du péché, et les réconcilie avec Dieu. Ils instruiront les nations; car depuis ce jour le salut sera prêché dans toute l'étendue du monde, non-seulement aux enfants des reins d'Abraham, mais aux enfants de la foi d'Abraham. C'est ainsi que les nations seront bénies en sa race. Il montera triomphant au ciel des cieux, au milieu des airs, de ses ennemis et des tiens. Alors il entrera dans la gloire, et reprendra sa place à la droite de Dieu, exalté au-dessus des noms les plus respectables du ciel. De là, quand le temps de la dissolution du monde sera révolu, il viendra, revêtu de gloire et de puissance, juger les vivants et les morts; juger la mort infidèle, mais récompenser les justes et les recevoir dans la béatitude. »

Ainsi parla le grand archange; et, parvenu à cette période qui achève les destins du monde, il s'arrêta. Notre premier père s'écria dans une sainte extase :

« O bonté immense, que tu es adorable! Du mal même tu sais tirer les plus grands biens. Le prodige qui d'abord, par la création, tira la lumière du sein des ténèbres mérite moins d'être admiré. Je doute maintenant si je dois m'attrister encore du péché que j'ai commis et occasionné : ma faute fait d'autant mieux éclater la gloire de Dieu, sa bonne volonté pour l'homme, et la grâce surabonde là où avait abondé la colère. Mais, dis-moi, si notre libérateur s'en retourne au ciel, que deviendra le troupeau des fidèles qu'il aura laissé parmi la foule des infidèles ennemis de la vérité? Dans son absence qui est-ce qui guidera son peuple ; qui le défendra ? Ne traiteront-ils pas plus durement ses serviteurs qu'ils ne l'ont traité ? »

« Ils le feront certainement, dit l'ange ; mais du haut du ciel il enverra à ses disciples un consolateur, la promesse du Père, son Esprit, qui habitera en eux. Il gravera dans leur cœur la loi de foi qui opère par les œuvres, afin de les guider dans les voies de la vérité, et de les couvrir d'une armure spirituelle capable de résister aux attaques de Satan, et d'amortir ses dards les plus aigus. Avec ce secours ils regarderont la mort d'un œil tranquille ; ils braveront les tourments que la rage des hommes pourra inventer contre eux. Au fort des supplices, ils seront soutenus par nos consolations intérieures, et leur fermeté étonnera leurs plus cruels persécuteurs. L'Esprit saint, d'abord répandu sur ses apôtres, et ensuite sur ceux qui seront baptisés, leur communiquera des dons surprenants, comme celui de parler toutes les langues et de faire les miracles que leur maître faisait avant eux. Ainsi ils détermineront un grand nombre d'hommes de toutes nations à recevoir avec joie la céleste doctrine. Enfin, après avoir rempli leur ministère sacré, parcouru glorieusement leur carrière, et laissé par écrit leur doctrine et leurs actes, ils mourront.

» Aux apôtres succéderont les pasteurs qu'ils auront établis, et l'intégrité de la foi sera conservée par une suite admirable de pontifes dont la chaîne se perpétuera jusqu'au dernier jour du monde. De temps à autre s'élèveront des sectes qui, altérant les dogmes et la morale du christianisme, produiront des doctrines nouvelles, propageront des hérésies pernicieuses. De là naîtront de fréquentes persécutions contre les fidèles serviteurs du Christ ; de là partiront d'atroces calomnies contre les défenseurs de son Eglise.

» Ainsi toujours dans le monde continuera la guerre impie de l'erreur contre la vérité, jusqu'au temps où les justes respireront enfin, et où les méchants disparaîtront pour jamais. L'avénement de celui qui t'a été d'abord annoncé d'une manière obscure, mais que tu connaîtras après pour ton Sauveur et pour ton maître, amènera cette mémorable époque. C'est lui, ce fils de la femme, qui doit à la fin des temps se manifester du haut des nues, au milieu de la gloire paternelle. Il viendra dissoudre Satan avec son monde pervers, et il formera de la masse ardente et purifiée par la flamme de nouveaux cieux et une nouvelle terre. Les fidèles qu'il ordonnera seront inébranlablement fondés sur la droiture, la paix et l'amour, et porteront pour fruits la joie et la béatitude éternelle. »

Il finit ; et pour la dernière fois Adam répondit :

« Avec quelle promptitude, Esprit bienheureux, ta prédiction n'a-t-elle point parcouru ce monde passager, et la carrière où le temps vole jusqu'à ce qu'il vienne à se fixer ! ce qui se trouve au-delà n'est qu'un grand abîme ; c'est l'éternité dont nul œil ne peut voir le terme. Grâce à tes instructions, mon désespoir s'est calmé, la paix renaît dans mon cœur, et j'emporte avec moi autant de connaissances que ce vase d'argile en peut contenir. Quelle était ma folie de les vouloir étendre sans bornes ! désormais je me contenterai de savoir que le mieux est d'obéir à Dieu, de l'aimer avec crainte, de marcher sans cesse comme étant en sa présence, de tourner toujours les yeux vers sa Providence, et de placer en lui son espoir. Sa miséricorde s'étend sur tous ses ouvrages : il surmonte toujours le mal par le bien ; et choisissant les plus vils et les plus méprisables selon le monde, il confond les puissants de la terre par des instruments faibles en apparence, et les sages mondains par les simples de cœur. Je conçois aussi qu'il est plus glorieux de souffrir pour la cause de la vérité que de vaincre ses ennemis, et qu'aux fidèles la mort est la porte de la vie. J'en suis convaincu par l'exemple de celui que je connais aujourd'hui pour mon Rédempteur, que je veux glorifier sans cesse, et que je prends pour principe de mes actions comme pour terme unique de mon bonheur. »

L'ange lui répondit aussi pour la dernière fois : « Si tu as bien appris ces vérités, tu es parvenu au comble de la sagesse. N'espère pas aller plus haut, quand même tu connaîtrais par leur nom toutes les étoiles, toutes les puissances célestes, tous les secrets de l'abîme, et tout ce qui existe dans le ciel, dans l'air, sur la terre ou dans la mer ; quand tu posséderais tous les trésors de ce monde, et que tu le gouvernerais comme un seul et unique empire. Ajoute seulement des œuvres qui répondent à tes connaissances ; ajoute la foi, ajoute la vertu, la patience, la tempérance ; ajoute l'amour qui portera un jour le nom de charité : ce sera l'âme de tout le reste. Tu regretteras moins de quitter ce paradis : tu posséderas en toi un paradis bien plus heureux. Mais descendons maintenant de ce sommet de spéculation ; l'heure précise exige que nous partions : vois les gardes que j'ai campés sur cette colline ; ils sont tous prêts à marcher. Regarde l'épée flamboyante : son mouvement terrible est le signal de la retraite ; nous ne saurions rester plus longtemps. Va, éveille Eve, je l'ai calmée aussi par des songes consolants, et j'ai disposé son esprit à la soumission. Toi, dans un temps convenable, fais-lui part de ce que tu as entendu, et surtout de ce qu'il importe à la foi de savoir. Explique-lui le grand mystère de la rédemption. C'est du sein de la femme que sortira le salut du genre humain. Méritez tous deux, par la sainteté de votre vie, qu'elle vous soit prolongée. Vivez unis dans une même foi : gémissez au souvenir de votre crime ; mais réjouissez-vous en songeant à votre heureuse délivrance. »

A ces mots ils descendirent du haut de la montagne. Sitôt qu'ils furent arrivés en bas, Adam courut au berceau où Eve s'était endormie : il la trouva éveillée ; et elle le reçut avec ces paroles qui marquèrent que sa tristesse était calmée :

« Je sais d'où tu viens, et où tu étais allé. Dieu conduit le sommeil ; et les songes, quand il lui plaît, sont un langage divin : il m'en a envoyé de propices et de favorables, au moment où, accablée de chagrins et d'afflictions de cœur, je me suis assoupie. Guide-moi, je te suis sans balancer : aller avec toi, ce serait rester ici ; et rester ici sans toi, ce serait m'en croire exilée : tu me tiens lieu de tout. C'est pour l'amour de moi que tu as perdu ce séjour délicieux. J'emporte encore cette dernière consolation : quoique mon crime m'ait rendu indigne d'aucune grâce, le ciel m'accorde la faveur que le Sauveur du monde sortira de mes entrailles. »

Le Paradis perdu.

Adam l'entendit avec plaisir, mais il ne répondit pas. L'archange le pressait, et les chérubins, en ordre brillant, descendirent vers le poste qui leur était assigné. On les vit glisser sur la surface de la terre comme des météores. Ainsi le brouillard, s'élevant d'un fleuve à la fin du jour, s'avance sur les marécages, et fait doubler le pas au laboureur qui regagne sa cabane. L'épée de l'Eternel marchait à leur tête, flamboyant comme une comète désastreuse; les feux qu'elle jetait allaient tout dévorer. L'ange, se hâtant, prit par la main nos premiers pères dont la fuite aurait été trop lente. Il les conduisit à la porte qui était du côté de l'orient, et après les avoir remis dans la plaine au pied du rocher, il disparut. Ils tournèrent les yeux et virent la partie orientale du paradis, naguère leur heureux séjour, couverte du cercle rapide de cette épée de feu. La porte s'offrit à leurs regards obstruée de figures redoutables et d'armes étincelantes. Là nature leur fit verser quelques larmes qu'ils essuyèrent promptement. Le monde entier se présentait devant eux; ils y pouvaient choisir un lieu pour s'établir, et la Providence était leur guide. Ils se donnèrent la main, et traversant la campagne d'Eden, ils s'avancèrent à pas lents dans un monde inconnu.

FIN.

TABLE

DES MATIÈRES.

LIVRE I. — Milton expose d'abord, en peu de mots, le sujet du poëme, la désobéissance de l'homme et sa punition. Il nomme ensuite l'auteur du péché, le Serpent, ou plutôt Satan, qui, sous la forme du serpent, séduisit nos premiers pères pour se venger de Dieu, dont la justice redoutable l'avait chassé du ciel en le précipitant dans l'abîme avec les compagnons de sa révolte. Après avoir passé légèrement sur cette action, le poète entre en matière, et présente Satan et ses anges au milieu des enfers, qu'il ne place point au centre du monde, puisque le ciel et la terre n'existaient point encore, mais dans les ténèbres extérieures, qui sont mieux connues sous le nom de *Chaos*. Ils y paraissent plongés dans l'étang de feu, évanouis et foudroyés. Le prince des ténèbres reprend ses esprits, et, revenu à lui-même, il adresse la parole à Belzébuth, le premier après lui en puissance et en dignité; ils confèrent ensemble sur leur chute malheureuse. Satan réveille ses légions. Elles s'élèvent hors des flammes. On voit leur nombre prodigieux, leur ordre de bataille, et leurs principaux chefs sous le nom des idoles connues par la suite en Chanaan et dans les pays voisins. Le prince des démons les harangue et les console par l'espérance de regagner le ciel. Il leur parle aussi d'un nouveau monde et d'une nouvelle créature qui devait un jour exister, car plusieurs Pères croient que les anges ont été créés longtemps avant ce monde visible; il propose d'examiner en plein conseil le sens d'une prophétie sur la création, et de déterminer ce qu'ils peuvent tenter en conséquence. Ses associés y consentent et construisent en un moment *Pandæmonium*, palais de Satan. Les puissances infernales s'y assemblent pour délibérer.

LIVRE II. — Satan agite dans le conseil s'il est à propos de hasarder encore une bataille pour recouvrer le ciel. Quelques-uns sont de cet avis; d'autres s'y opposent. Un troisième parti prévaut. On conclut qu'il faut avant tout suivre l'idée de Satan, et éclaircir la prophétie ou la tradition du ciel, au sujet du nouveau monde destiné à des créatures peu inférieures aux anges, et qui devaient exister à peu près dans ce temps. Embarras pour savoir qui sera envoyé à la découverte du monde. Satan se charge tout seul de cette entreprise; il reçoit des honneurs et des applaudissements. Le conseil fini, les esprits se dispersent, et, pour charmer leurs maux, s'occupent à différents exercices en attendant le retour de leur grand général. Satan arrive aux portes de l'enfer qu'il trouve fermées et gardées par des monstres affreux. Après quelques éclaircissements les portes lui sont ouvertes. Il aperçoit le gouffre entre l'enfer et le ciel : il traverse l'abime avec beaucoup de difficultés. Le Chaos, qui préside dans cet espace, lui désigne sa route vers le monde qu'il cherchait. 34

LIVRE III. — L'Eternel, du haut de son trône, voit Satan qui vole vers le monde nouvellement créé. Il le montre à son Fils assis à sa droite. Il prédit que l'homme se rendra coupable, et fait voir qu'on ne peut accuser sa justice ni sa sagesse en ce qu'il a créé l'homme libre et capable de résister à la tentation. Il déclare qu'il lui fera grâce, parce que l'homme n'est pas tombé de lui-même, comme Satan, mais par séduction. Le Fils de Dieu glorifie son Père, et lui rend grâce de sa bonne volonté pour le genre humain; mais le Tout-Puissant lui témoigne que sa justice divine veut une satisfaction, que l'homme a offensé la majesté suprême en aspirant à son rang, et qu'ainsi il doit mourir avec toute sa postérité, à moins que quelqu'un, capable d'expier l'offense de l'homme, ne subisse la punition. Le Fils de Dieu s'offre immédiatement; le Père l'accepte, consent à son incarnation, et prononce qu'il sera exalté au-dessus de tous sur la terre et dans le ciel. Il commande aux saints anges de l'adorer; ils obéissent, et tous les cœurs, unissant leurs voix aux doux sons de leurs harpes, célèbrent la gloire du Père et du Fils. Satan descend sur la surface extérieure de ce monde; de là il passe à l'orbe du soleil. Il aborde Uriel, conducteur de cette sphère lumineuse; mais avant de le joindre il se transforme en ange de lumière, et, prétextant que le zèle lui a fait entreprendre ce voyage pour contempler la nouvelle création et l'homme que Dieu y avait placé, il s'informe du lieu de sa demeure. Après l'avoir apprise, il part et s'abat sur le sommet du mont Niphatès. 59

LIVRE IV.—La vue d'Eden et du lieu où Satan doit exécuter l'attentat qu'il a projeté contre Dieu et contre l'homme commence à l'intimider. Il se trouve agité de plusieurs passions, d'envie, de crainte et de désespoir;

mais il se confirme dans le mal, et s'avance dans le Paradis. Description de la montagne au haut de laquelle il est situé. Il franchit tous les obstacles, se transforme en vautour, et se perche sur l'arbre de vie, qui s'élevait au-dessus de tous. Peinture de ce jardin délicieux. Satan considère Adam et Eve. La noblesse de leur figure et le bonheur de leur état le frappent d'étonnement. Il persiste dans la résolution de travailler à leur ruine. Pour les mieux connaître, il épie en secret leurs discours. Par ce qu'il leur entend dire, il apprend qu'il leur était défendu de manger du fruit de l'arbre de la science; il fonde là-dessus le plan de sa tentation, et se propose de les engager à désobéir. Il diffère son attaque, afin de s'instruire plus particulièrement de leur état avant de rien entreprendre. Uriel, descendant sur un rayon du soleil, avertit Gabriel, à qui la garde des portes du Paradis était confiée : il lui fait entendre qu'un esprit infernal s'était échappé, qu'il avait passé vers l'heure du midi par sa sphère, sous la forme d'un ange heureux; qu'il s'était transporté en Paradis, et que ses gestes furieux sur le mont l'avaient trahi. Gabriel promet de le trouver avant le lever du soleil. Adam et Eve s'entretiennent ensemble, et se retirent à la fin du jour pour goûter les douceurs du sommeil. Leur prière du soir. Gabriel fait faire la ronde aux esprits qui étaient de garde, et il détache deux anges vers le berceau d'Adam, de peur que le malin esprit n'entreprenne quelque chose contre nos premiers pères pendant leur repos. Ils le trouvent à l'oreille d'Eve, occupé à la tenter dans un songe, et ils l'amènent de force vers Gabriel. Il répond fièrement et se prépare au combat; mais effrayé par un signe du ciel, il s'enfuit hors du Paradis. 77

LIVRE V. — Au lever du jour, Eve raconte à Adam un songe qui l'a troublée pendant la nuit. Quoiqu'il en soit attristé, il la console. Ils sortent pour prendre soin du jardin. Leur cantique du matin à la porte du berceau. Dieu, pour rendre l'homme inexcusable, envoie Raphaël afin qu'il l'avertisse de ne point s'écarter de l'obéissance, de faire un bon usage de sa liberté, et d'être en garde contre son ennemi. Il le charge de lui découvrir quel est cet ennemi, la cause de sa haine, et ce qui peut être utile à Adam. Raphaël descend au Paradis. Son apparition. Adam, assis à la porte de son berceau, l'aperçoit de loin; il va à sa rencontre, et le conduit à sa demeure où il l'invite à un repas champêtre. Leurs discours pendant ce repas. Raphaël s'acquitte de sa commission, avertit Adam de son état, lui découvre son ennemi. Il lui apprend, pour satisfaire à sa prière, quel est celui qui le veut détruire, et quel est le sujet de son inimitié. Il lui expose le commencement et la cause de la rébellion qui arriva dans le ciel; comment Satan entraîna ses légions du côté du nord, les pressa de se révolter, et les séduisit, excepté le seul Abdiel, séraphin zélé, qui disputa contre lui et l'abandonna. 103

LIVRE VI.—Raphaël continue sa narration. Il apprend à Adam comment Michel et Gabriel eurent ordre de marcher contre Satan et ses anges. Description du premier combat dans le ciel. Satan et ses puissances se retirent à la faveur de la nuit. Il assemble un conseil, invente des machines infernales qui, dans le combat suivant, causent quelque désordre dans l'armée de Michel; mais enfin les bons anges arrachent les montagnes et enterrent les machines de Satan. Le désordre s'augmente de plus en plus; l'Eternel envoie son Fils, à qui l'honneur de cette bataille était réservé. Il vient sur le champ de bataille, revêtu de la puissance du Père, et, défendant à ses légions de faire aucun mouvement, il pousse son char, et s'avance la foudre à la main. Ses ennemis sont d'abord renversés; il les poursuit jusqu'à l'extrémité du ciel qui s'ouvre en deux : les démons se précipitent jusques au fond de l'abîme que la justice divine leur avait creusé. Le Messie triomphant retourne vers son Père. 127

LIVRE VII.—A la prière d'Adam, Raphaël explique comment et pourquoi le monde a été créé. Il lui apprend que Dieu, après avoir chassé du ciel Satan et ses anges, déclara le dessein qu'il avait de produire un autre monde et d'autres créatures pour l'habiter. Il envoie son Fils avec un glorieux cortége d'anges pour accomplir l'ouvrage des six jours. Les esprits célestes en célèbrent la consommation par des hymnes et des cantiques, et remontent au ciel à la suite du Créateur. 154

LIVRE VIII.—Adam fait diverses questions sur les mouvements célestes. Il reçoit une réponse douteuse, et une exhortation de chercher plutôt à s'instruire de ce qui lui peut être utile. Il y souscrit, et pour retenir Raphaël il lui rapporte ses premières idées après sa création; comment il fut enlevé dans le paradis terrestre; son entretien avec Dieu touchant sa solitude. Il obtient une compagne, et raconte à l'ange quels furent ses transports en la voyant. Raphaël lui fait là-dessus une leçon utile, et retourne au ciel. 169

LIVRE IX.—Satan ayant parcouru la terre, et s'étant armé de malice, revient de nuit comme un brouillard dans le Paradis. Il s'insinue dans le serpent tandis qu'il dormait. Adam et Eve sortent au lever de l'aurore pour leurs occupations ordinaires. Eve propose de s'écarter l'un de l'autre, et de travailler séparément. Adam s'y oppose, alléguant le danger prochain, et la crainte qu'il a que l'ennemi dont ils ont été avertis ne vienne la tenter quand elle sera seule. Eve, touchée de ce qu'il ne la croit pas assez circonspecte ni assez ferme, persiste dans sa première idée, afin de faire preuve de sa vertu. Adam se rend à la fin. Le serpent la trouve seule et l'aborde avec souplesse. D'abord il la regarde, ensuite il lui parle en terme flatteurs, et l'élève au-dessus de toutes les créatures. Eve, surprise de l'entendre parler, lui demande comment il a acquis la voix et la raison humaine, qu'il n'avait point dans son origine. Le serpent répond que le fruit d'un certain arbre du jardin lui a procuré ces avantages. Eve le prie de la conduire à cet arbre. Elle trouve que c'est celui de la science qui leur était interdit. Le serpent l'engage à manger du fruit; elle le trouve exquis, et elle délibère quelque temps si elle en fera part à Adam, ou non. Enfin elle lui porte une branche garnie de ses fruits. Adam est d'abord consterné; mais, par un excès d'amour, il prend la résolution de périr avec elle, et, s'aveuglant lui-même, il mange du fruit. Quels en furent les effets. Ils cherchent d'abord à couvrir leur nudité; ensuite la discorde se met entre eux, et ils en viennent aux reproches. 185

LIVRE X.—Aussitôt que les Anges ont connu la désobéissance de l'homme, ils abandonnent le paradis et remontent au ciel pour justifier leur vigilance. Le Fils de Dieu, envoyé pour juger les coupables, descend, prononce le jugement, et, touché de compassion, il les habille tous deux et remonte. Le Péché et la Mort, assis jusque là aux portes de l'enfer, sentant par une sympathie merveilleuse le succès de Satan dans ce nouveau monde, et le crime de ceux qui l'habitent, prennent la résolution de ne pas rester davantage aux enfers, mais de se transporter vers la demeure de l'homme pour trouver Satan. Ils font une communication de l'enfer à ce monde, et construisent un pont à travers le chaos, en suivant la route que Satan avait d'abord tenue; ensuite, se préparant à descendre sur la terre, ils le rencontrent qui revenait tout fier de ses succès. Leur congratulation mutuelle. Satan arrive à Pandœmonium: il raconte avec vanité dans une pleine assemblée la victoire qu'il a remportée sur l'homme. Au lieu des applaudissements qu'il comptait recevoir, il entend un sifflement général. Les Anges de ténèbres sont changés tout-à-coup en serpents: ils rampent tous, suivant le jugement prononcé dans le Paradis. Un bois de la même nature que l'arbre défendu s'élève auprès d'eux. Ils montent avidement sur les branches pour prendre du fruit, et mâchent de la poussière et des cendres amères. Le Péché et la Mort infectent la nature. Dieu prédit que son Fils les détruira un jour tous deux. Il commande à ses Anges de faire diverses altérations dans les cieux et parmi les éléments. Adam, s'apercevant de plus en plus du changement de son état, pleure amèrement, et repousse Eve, qui met tout en usage pour le consoler. Elle redouble ses efforts et l'apaise enfin: elle songe à détourner la malédiction qui devait tomber sur leur postérité, et propose à Adam des moyens violents qu'il n'approuve point. Il conçoit de meilleures espérances: il lui rappelle la promesse qui leur a été faite, que sa race tirera vengeance du serpent, et il l'exhorte à se joindre avec lui pour apaiser, par la pénitence et par les prières, la Divinité offensée. 217

LIVRE XI.—Le Fils de Dieu intercède pour nos premiers pères, qui confessent leur faute; il présente leurs prières à son Père. Le Seigneur les exauce; mais il déclare qu'ils ne sauraient rester plus longtemps dans le Paradis. Il envoie Michel avec une légion de chérubins pour les chasser du Jardin de délices : il lui ordonne cependant de révéler auparavant à Adam ce qui arrivera dans la suite des temps. Descente de Michel. Adam fait observer à Eve quelques signes funestes. Il discerne l'arrivée de Michel, et s'avance au-devant de lui. L'Ange lui annonce l'arrêt de son exil. Lamentations d'Eve. Adam tâche d'obtenir grâce; enfin il se soumet. L'Ange le conduit sur une hauteur du Paradis, et lui découvre, dans une vision, ce qui doit arriver jusqu'au déluge. 247

LIVRE XII. — Michel expose dans une narration ce qui suit le déluge. Abraham lui donne occasion d'expliquer à Adam quelle sera la race de la femme, suivant la promesse qui leur avait été faite dans le jugement prononcé sur eux ; l'Incarnation du Fils de Dieu, sa Mort, sa Résurrection, son Ascension, l'état de l'Eglise jusqu'à son second avénement. Adam consolé remercie l'Archange, et descend de la montagne avec Michel. Il éveille Eve, qui avait dormi pendant tout ce temps, mais dont l'esprit avait été calmé par des songes favorables. Michel les prend tous deux par la main, et les conduit hors du Paradis. On voit l'épée de feu flamboyante derrière eux, et les chérubins placés dans le jardin pour en garder les avenues. 273

FIN DE LA TABLE.

ISLE. — IMP. ARDANT FRÈRES.

www.ingramcontent.com/pod-product-compliance
Lightning Source LLC
Chambersburg PA
CBHW071126160426
43196CB00011B/1820